Dietrich Kerlen
Edgar Allan Poe

DIETRICH KERLEN

Edgar Allan Poe
Der schwarze Duft der Schwermut

Biographie

PROPYLÄEN

Die Deutsche Bibliothek – CIP-Einheitsaufnahme

Kerlen, Dietrich:
Edgar Allan Poe – der schwarze Duft der Schwermut;
Biographie / Dietrich Kerlen. – Berlin: Propyläen, 1999
ISBN 3-549-05823-3

© 1999 by Ullstein Buchverlage GmbH & Co. KG, Berlin
Propyläen Verlag
Alle Rechte vorbehalten
Satz: Dörlemann Satz, Lemförde
Druck und Verarbeitung:
Graphischer Großbetrieb Pößneck GmbH, Pößneck
ISBN 3 549 05823 3
Printed in Germany 1999

Gedruckt auf alterungsbeständigem Papier
mit chlorfrei gebleichtem Zellstoff

Für
Heike, Tilman, Sibylle

INHALT

Ein Mann liegt in der Gosse. Fahles Frühlicht über den Hafenkais von Baltimore. Möwengekreische. Die Pflastersteine glänzen vom nächtlichen Regen. Pfützen sammeln sich zwischen den Steinen. In den Lagerhäusern beginnt es zu rumoren, von der Chesapeake Bay her weht frischer Wind. Ein Mann ist zusammengebrochen. Ist er tot, ohnmächtig, volltrunken? Schwer zu erkennen im Morgengrauen. Der Brustkorb hebt und senkt sich. Der Mann lebt also. Sein Gesicht wirkt unrasiert, ein kleiner Oberlippenbart, hohe Stirn. Ein alter Strohhut trudelt im Wind. Der Mann stöhnt, er hat Schmerzen. Wie schäbig seine Kleider sind! Eine abgewetzte Jacke, schmierige hellgraue Hosen, weder Weste noch Halstuch, die Hemdbrust verdreckt. Mittleren Alters der Physiognomie nach. Er röchelt, Speichel rinnt aus dem Mundwinkel. Wie kam er hierher?

Wenige Stunden zuvor: Ein vornehm gekleideter Herr war in *Baltimore Station* dem aus Philadelphia kommenden Zug entstiegen, der damals in der Gegenrichtung bis zum Susquehanna River pendelte. Dort setzten die Passagiere mit einer Fähre über und bestiegen am jenseitigen Ufer einen anderen Zug, der sie in die Hauptstadt Pennsylvanias brachte. Der Gentleman hatte geschäftlich dorthin reisen wollen, doch die Fähre hatte wegen Sturm und starker Strömung ausgesetzt. Da reiste er im selben Zug wieder zurück. Der

Schaffner erinnerte sich an ein Musterexemplar von Gentleman: »Seine ganze äußere Erscheinung nahm mich für ihn ein. Er war ganz in Schwarz gekleidet, seine Jacke bis zum Hals zugeknöpft.«

Der Gentleman und der Mann in der Gosse waren der Dichter Edgar Allan Poe. Drei Tage später, am 7. Oktober 1849, wird er tot sein. *Miserable Man.*

Miserable Child. 8. Dezember 1811: ein nächtliches Pensionszimmer in Richmond, Virginia, weit nach Mitternacht. Eine junge Frau röchelt und hustet, gepeinigt von Schwindsucht. Ihre zwei Kinder schlafen im selben Zimmer, das knapp einjährige Mädchen fest und tief. Doch der fast dreijährige Junge wird von der Unruhe angesteckt, von der Hilflosigkeit und der permanenten Husterei der Mutter.

Irgendwann ist der Todeskampf der Frau zu Ende, ihr Atem setzt aus. Bleierne Stille im Raum. Das Kind findet keinen Schlaf. Dringt bereits Dämmerung durchs Fenster? Der kleine Junge muß etwas beobachtet haben. Menschen, die an Tuberkulose starben, liegen mit auffällig entblößten Zähnen da, der klaffende Mund bezeugt den Kampf, der über die Atemwege gegangen ist. Das Bild von der toten Mutter mit den bleckenden Zähnen: Der kleine Edgar Poe hat diesen Anblick in sich eingesogen. Das erste Grauen. *Ein Kind weint in der Nacht.*

Später, am Vormittag, ist die Szene verändert. Die Pensionswirtin und einige Frauen aus Richmond haben die Kinder beiseite genommen. Die junge Tote wird im Schlafraum aufgebahrt, mit geschlossenem Mund, geschminkt und frisiert. Am Kopfende des Bettes flackern Kerzen. Die beiden Kinder trägt man ans Totenbett: ein friedliches Abschiedsbild zur Erinnerung. Aber das nächtliche Erinnerungsbild ist stärker.

Es wird im Werk des Dichters allgegenwärtig sein: sterbende schöne Frauen, Perlenkette der Zähne, Wehmut des Verlustes, Anmut des Todes – um nur einige Motive zu nennen. Sosehr darin auch Versatzstücke der Romantik mit ihrem Kult um die Schwindsucht verarbeitet sind: Das Bild war an einer zentralen Stelle der Biographie erlebt worden und blieb prägend für Poes Lebensweg. Es riß Abgründe auf und spiegelte sich in allen seinen seelischen Konflikten. *Miserable Existence.*

Die Poes und die Allans

Die Geschichte der Poes begann in Irland. Im Jahr 1741 hatte John Poe, Edgar Allan Poes Urgroßvater, die Pfarrerstochter Jane McBride geheiratet. Aus der Ehe gingen zwei Söhne hervor, George und David. Letzterer war Edgars Großvater. Da sich John Poe mit der britischen Vorherrschaft nicht abfinden mochte und in der bitteren Armut Irlands auf eine bessere wirtschaftliche Zukunft hoffte, folgte er dem Vorbild eines älteren Bruders und emigrierte um 1750 nach Nordamerika, wo er sich alsbald in Baltimore niederließ.

David Poe heiratete eine ebenfalls eingewanderte Irin, Elizabeth Cairnes, und machte 1775 einen Laden und Reparaturbetrieb für Spinnräder auf. Des Dichters Großvater verkörperte sozialen Aufstieg. Die große Chance bot sich ihm allerdings nicht in seinem Beruf als Spinnradhändler, sondern durch den amerikanischen Unabhängigkeitskrieg von 1775 bis 1783, als sich die dreizehn Kolonien Nordamerikas gegen die britische Oberherrschaft auflehnten. Die Erzählungen seines Vaters von der jahrhundertelangen britischen Zwangsherrschaft über seine alte Heimat Irland veranlaßten David Poe, den Unabhängigkeitskampf seiner Wahlheimat gegen die Briten heldenhaft zu unterstützen. Er wurde zunächst Offizier, dann ab 1779 *Assistant Deputy Quartermaster General* für Baltimore. Er hatte Verpflegung und Ausstattung der Armee in diesem Bezirk zu organisieren und mit viel Geschick zu budgetieren, wobei er des öfteren in seine eigene Börse greifen mußte, ohne daß ihm die Ausgaben später erstattet wurden. Jedenfalls nicht in Münzen.

General Poe wurde zu einer Symbolfigur für Opferbereitschaft und Patriotismus. Noch 1814, im Alter von einundsiebzig Jahren, nahm er aktiv an der Schlacht von North Point teil und half, die britische Einnahme von Baltimore zu verhindern. Er starb 1816. Der neue Staat zeigte sich erkenntlich. Seine Frau Elizabeth erhielt bis zum Lebensende eine Pension. Als der berühmte Marquis de Lafayette – französischer General im amerikanischen Unabhängigkeitskrieg 1777 und im Frankreich der Revolution von 1789 Führer der Nationalgarde – 1824 die USA besuchte, fragte er in Baltimore ausdrücklich nach General Poe, besuchte dessen Grab und kniete davor nieder. Er soll dabei folgenden Ausspruch getan haben: »Ici repose un cœur noble.« – »Hier ruht ein edles Herz.«

Vom irischen Bauernsohn zum geachteten US-amerikanischen General: kein Wunder, daß David Poe seinen zweiten Sohn »George Washington Poe« nannte. Der neue Nationalismus der Freiheit hatte ihn ganz gefangengenommen. Sein Enkel Edgar dagegen, der die Anfänge der amerikanischen Nationalliteratur prägte, hatte mit der Freiheits- und Fortschrittsideologie der jungen USA einige Probleme. *Nation* war damals ein ganz neuer Begriff. Er war im Frankreich der Revolution von 1789 unter Fanfarenstößen in die Welt getreten.

Der genealogische Übergang vom Handwerker und voll integrierten, hochdekorierten Bürger David Poe zum Poeten und Kulturinnovator Edgar Poe birgt indessen ein wichtiges Zwischenglied – David Poe jr.

Für die Elite des neuen Staates war Kunst ein ambivalentes Phänomen. Trotz der politischen Loslösung von Großbritannien waren die USA kulturell eine Kolonie. Ob Architektur, bildende Künste oder Literatur: England war das Vorbild. Doch früh bildete sich eine typisch amerikanische Form der Kulturentwicklung heraus. In deren Zentrum standen erfolgreiches Handeln, Pragmatismus und Nützlichkeitsdenken mit klaren Fortschrittsperspektiven. Der amerikanische Protestantismus befürwortete diese Ideale. Die Bibel, das Gesangbuch, die Erbauungsblättchen: Diese Druckmedien waren demnach zur kulturellen Stützung völlig ausreichend. Was darüber hinaus an Literatur angeboten wurde, stand unter dem Stigma der *Dekadenz*: Hatte nicht schon der *Dean of Dublin*, Jonathan Swift, höchst liederliche Literatur verfaßt, gespickt mit Ironie und Sarkasmus? Was sollte denn an solcher Literatur konstruktiv sein, didaktisch wertvoll? Sie war doch bloß für ein dekadentes Publikum von reichen britischen Erben gedacht, die auf ihren Gütern als *Landlords* auf Kosten der arbeitenden Bevölkerung lasterhaften Neigungen nachgehen. Für einen aufrechten US-amerikanischen Patrioten ist sie nicht schicklich. Und dann noch die Theater und die zugehörige Halbwelt, die sich jetzt auch in den nordamerikanischen Großstädten breitmachen! Hätte man doch mit den Briten auch gleich die Theatermischpoke rausgeworfen!

Solche Sätze waren zu hören, als 1786 in Baltimore ein Theater eröffnet wurde, »eine sprudelnde Quelle von Liederlichkeiten, Ausschweifungen und Unmoral«, wie es in einer Resolution des Stadtrates von Baltimore im Jahr 1785 hieß.

Religiöse Vorurteile hatten in der Kolonialzeit lange die

Entwicklung von Theatern verhindert. Um 1700 traten in angemieteten Räumen erstmals Schauspieltruppen auf, aber nur in großen Städten wie New York. In den kulturfreundlicheren Südstaaten faßten Theater eher Fuß: 1716 errichtete man in Williamsburg, Virginia, ein erstes Theatergebäude – doch mangels Nachfrage wurde es 1745 zum Rathaus umfunktioniert. Regelrechte Theaterverbote wurden 1750 in Massachusetts, 1759 in Pennsylvania und 1762 in Rhode Island verfügt – eine Reaktion auf steigende Nachfrage: In Boston war es 1750 beim Sturm auf Eintrittskarten zu Tumulten gekommen. So bekam Williamsburg 1750 bereits ein neues Theater. 1767 wurde das John Street Theater in New York eröffnet. Boston zog 1794 nach, als die gesetzlichen Verbote gelockert worden waren. Um 1800 erlebten die Theater allenthalben einen rasanten Aufschwung.

Diese Welt faszinierte den Sohn des ehrgeizigen Einwanderers: David Poe jr. war 1800 sechzehn Jahre alt. Er sollte Jurist werden, ein angesehener Rechtsanwalt der Stadt war bereit, ihn auszubilden. Aber David gründete statt dessen den »Thespis Club«, eine Laienspielertruppe für jugendliche Theaterfans. Ein angeheirateter Onkel gab zu Protokoll:

Sie versammelten sich wöchentlich in einem großen Raum des Hauses, das »General« Poe gehörte, rezitierten Passagen aus klassischen Dramen oder führten, zu ihrem eigenen Vergnügen oder zur Unterhaltung ihrer Freunde, Stücke aus dem zeitgenössischen Repertoire auf. David Poe entwickelte eine solche Leidenschaft für die Bühne, daß er eines Tages heimlich sein Elternhaus in Baltimore verließ und sich nach Charleston begab, wo alsbald sein erster öffentlicher Auftritt bekanntgegeben wurde. Einer seiner Onkel jedoch, William Poe, las die Ankündigung in der Zeitung, reiste nach Charleston, holte David von der Bühne und steckte ihn in eine Anwaltskanzlei in Augusta, Georgia.

Doch alle Disziplinierungsversuche der Familie nützten nichts. Die Aufregung über seine Fehltritte bestärkte ihn eher noch, hatte er doch in der Literatur alle denkbaren Argumente gegen Bigotterie und Borniertheit finden können. Er setzte sich schließlich völlig ab und wurde von seiner Familie nie wieder gesehen. Ab 1803 wird er als Schauspieler in Kritiken genannt und immer wieder in der Presse erwähnt. Das Schauspielerpersonal, das die wenigen US-Theater damals bevölkerte, stammte meist aus England. Zu diesen berufsbedingten Auswanderern gehörten auch David Poes spätere Ehefrau und deren Mutter. Elizabeth Arnold kam im Januar 1796 im Alter von neun Jahren mit ihrer Mutter in Boston an. Der Vater, ebenfalls ein Theatermann, war schon um 1790 gestorben; Mrs. Arnold war seit Anfang der neunziger Jahre im Londoner Covent Garden Theater als Sängerin aufgetreten. Sie arbeitete sich zu wichtigeren Nebenrollen empor, aber das reichte ihr nicht. Sie wollte jenseits des Atlantik ihr Glück versuchen. Allerdings in Begleitung: mit Charles Tubbs, Schauspieler und Klavierbegleiter. Er wurde 1796 ihr zweiter Ehemann.

Die Anfangserfolge übertrafen alle ihre Erwartungen: Von frenetischen Beifallsstürmen berichtet die Presse im Februar 1796. Bald zog Mrs. Arnold weiter in die Stadt Portland, wo sie eine Art schauspielerisches Familienunternehmen aufmachte. Ihr Mann fungierte als ihr Agent, und die kleine Tochter trat auf, um das Publikum in Rührung zu versetzen. Die Stationen von Mrs. Arnold, ihrem Mann und ihrer Tochter aus erster Ehe: Portland, Newport, Providence im Norden, Charleston in den Südstaaten, später Philadelphia. Auch wenn die Zuschauer in den Städten sich kaum zu unterscheiden schienen, existierten doch unterschiedliche kulturelle Kolorite. Im Norden dominierte der puritanische Protestantismus Großbritanniens, während in den Südstaaten unter französischer Vorherrschaft den Theaterleuten viel mehr Toleranz entgegengebracht wurde.

Frankreich hatte um 1700 in den südlichen Gebieten Nordamerikas massiv an Einfluß gewonnen. Die Spanier hielten die Region um den Golf von Mexiko besetzt, im Norden saßen die Engländer. Unter General La Salle waren die Franzosen von Kanada an den Großen Seen vorbei den Mississippi heruntergekommen und hatten dort Fuß gefaßt. Sie nannten das Territorium *Louisiana*, nach dem Sonnenkönig Louis XIV. (In Poes kurzer Erzählung *Morgen auf dem Wissahicon – Der Elch* von 1844 ist die Rede vom »weitgedehnten Tal Louisianas, in dem die ungestümsten Paradiesesträume Wirklichkeit geworden sind«.) Das Gebiet war von den Spaniern mehr und mehr vernachlässigt worden und galt als *no man's land*. Zwischen Kanada und Louisiana sollte eine Art französischer Achse entstehen. Wenige Jahrzehnte später verhinderten die Wirren im Mutterland eine stabile Außenpolitik jenseits des Atlantik, 1803 verkaufte Napoleon Louisiana an die Vereinigten Staaten.

Für die Kultur der Südstaaten blieb die französische Mentalität maßgeblich. Richmond, Charleston oder New Orleans galten als Hauptorte der Südstaaten-Kultur. Die Franzosen aus der Epoche des Absolutismus Louis' XIV. hatten einen ganz anderen Begriff von Kultur ins Land gebracht als die Puritaner im Norden. Während letztere im Zeichen der Gottwohlgefälligkeit hart arbeiteten, karg lebten und ihre Kultur ausschließlich auf religiösen Schriften aufbauten, waren von französischer Seite her wohliges Nichtstun, Flanieren und vor allem Unterhaltung propagiert beziehungsweise importiert worden: Musik, Theater und bildende Künste florierten. Das alles vertrug sich bestens mit dem Klima und der sozialen Schichtung des Südens. Die kulturelle Differenz zu den puritanischen Neuenglandstaaten im Norden kennzeichnet auch Edgar Poes Lebensweg.

David Poe jr. traf in Charleston auf die beiden Ladies Arnold. Er wurde von der Theatergruppe engagiert, die unter wechselnden Managern als »Charleston Players« auftrat. Die kleine Elizabeth wuchs in diesem Milieu auf. 1802 spielte sie die Ophelia; es war ihre erste tragende Rolle. Im selben Jahr, mit fünfzehn, heiratete sie einen Schauspielerkollegen, Charles Hopkins.

Elizabeth hatte eine kindliche Figur, dunkle, weit geöffnete Augen und eine Fülle lockigen, rabenschwarzen Haars. Sie habe das Gesicht einer Elfe, einer Undine, schrieb ein Bewunderer über die junge Schauspielerin. Sie spielte auch nach der Heirat weiter Theater und wurde bald eine enge Vertraute David Poes. 1804 standen sie erstmals gemeinsam auf der Bühne. Als ein Jahr später der Ehemann der jungen Frau starb, ergab es sich ganz natürlich, daß 1806 Elizabeth und David ein Ehepaar wurden. Ein Zweiundzwanzigjähriger heiratete eine neunzehnjährige Witwe. Doch wie um die puritanischen Vorurteile gegen das liederliche Theatervölkchen zu bestätigen, endete die Ehe in einer Katastrophe.

Talent und Erfolg der beiden schauspielernden Eheleute differierten zu sehr. Zwar war Elizabeth nicht gerade ein Star, große Charakterrollen wurden ihr nur selten übertragen. Aber sie stellte sich auf den Geschmack des Publikums ein, der in den jungen Städten der USA ja nicht – wie im britischen Königreich – in langer Tradition ausgebildet war. Sie gab also hauptsächlich die »leichte Muse« – und sie kam damit an. Die Pressekritiken waren durchweg voll des Lobes: »Niemals betrat sie die Bühne, ohne daß ein allgemeines Raunen das Theater erfüllte: Was für ein bezauberndes Wesen! Welch liebreizende Figur! Seht doch, diese lebendige und ausdrucksvolle Miene! Und wie gut sie spielt! Diese Stimme! Gab es jemals etwas Lieblicheres?« Ganz anders ihr Mann: Die mildeste Kritik sprach davon, daß er sich erst langsam entwikkele. Spätestens, wenn gefeierte Bühnenstars von der britischen Insel gastierten, wurden David Poes mittelmäßige Qualitäten offenkundig. Die männlichen Mimen glänzten an Elizabeths Seite, besonders John Howard Payne, der 1808 in Boston gastierte. Das stürzte die Ehe der Poes in eine Krise. David wurde nicht selten im Vollrausch aufgegriffen.

Ein weiterer Grund für den Zerfall der Ehe war – wie so oft – das Geld. Denn bald stellte sich Nachwuchs ein. Der erste Sohn, William Henry, kam im Januar 1807 zur Welt und mußte im Sommer bei den Großeltern in Baltimore abgeliefert werden, weil Geld und Geduld fehlten, das Kind aufzuziehen. Davids Schwester Maria, die später als Edgar Poes Ersatz- und Schwiegermutter eine Rolle spielen sollte, hat sich brieflich dazu geäußert:

Meine Eltern waren so verbittert über Davids Laufbahn, daß sie ihm nicht vergeben konnten; daher lernten wir seine Frau erst nach der Geburt des Kindes kennen; und da es das erste Enkelkind meines Vaters war, wurde ihnen verziehen und sie wieder in sein Herz und sein Haus aufgenommen.

Am 19. Januar 1809 kam das zweite Kind zur Welt, in einer Pension in der Südstadt von Boston, Nähe Haskins und Hollis Street: *Edgar*. Elizabeth war noch drei Stunden vor der Niederkunft als Bauernmädchen aufgetreten. Ihre Leibesfülle hatte sie durch den Bauernkittel kaschieren können. Mit diesem Kind wuchsen dem Schauspielerpaar die Finanznöte endgültig über den Kopf. David begann auf unwürdige Weise nahestehende Personen und Verwandte um Geld anzugehen – ganz wie später sein Sohn in einer unseligen Serie finanzieller Desaster. Als feste Ensemble-Mitglieder mußten beide sich mit einem kleinen Lohn begnügen, während die Gaststars Höchstgagen kassierten.

Im Sommer 1809 wechselte die Truppe von Boston nach New York. Dort wurde David von der Kritik regelrecht exekutiert – so wie es fast vierzig Jahre später seinem Sohn Edgar in derselben Stadt widerfuhr. David Poe jr. flüchtete in den Alkohol. Am 18. Oktober 1809 stand er zum letzten Mal auf der Bühne. Zwei Tage später mußte die Aufführung wegen Davids *indisposition* ausfallen. Wenig später verschwand er und wurde nie wieder gesehen. Manche sagten, er sei an Tuberkulose erkrankt. Sicher ist, daß ihn die Verrisse und die Finanznöte sehr gepeinigt hatten.

Die junge Frau blieb mit ihren Söhnen zurück. Zu allem Unglück war sie im Jahr 1810 erneut schwanger und brachte im Dezember ein Mädchen zur Welt, Rosalie, die zeitlebens geistig behindert war. Außerdem litt Elizabeth Poe an Schwindsucht, einer damals häufig anzutreffenden und bis auf weiteres unheilbaren Krankheit.

Unter diesen Umständen wurde Edgar sicher nur ein Minimum an Fürsorge und Zuwendung zuteil. Oft wird die Mutter ihn unbeaufsichtigt in dem kleinen Zimmer der Pension zurückgelassen haben – haben *müssen*, denn wovon hätte sie Hilfspersonal bezahlen sollen? Einmal wird indessen eine alte Frau als walisisches Kindermädchen genannt. Da ist auch die Rede von in Gin getauchtem Brot, eine damals nicht unübliche Art, Kleinkinder ruhigzustellen.

Nur unter Aufbietung äußerster Willenskraft konnte Elizabeth ihren Verpflichtungen nachkommen. Noch im März 1810 hatte sie neben den britischen Stars Thomas Cooper und John Payne in New York als Julia und als Ophelia auf der Bühne gestanden. Von Januar bis Mai 1811 nahm sie – jetzt mit zwei Kindern im Schlepptau, William Henry befand sich bei seinem Großvater – ein Engagement in Charleston an, wo ihr Ensemble gastierte. Sie war am Ende ihrer Kräfte. Doch ganz ohne Hilfe blieb sie nicht. Im Land der Einwanderer war praktische Nächstenliebe häufig, borniertes Spießertum, das sich abschottete, noch selten. In Norfolk, Virginia, wurde im Juli 1811 eine Benefiz-Vorstellung eigens für die kranke Elizabeth Poe organisiert, wozu am 26. Juli 1811 ein Leserbrief in der örtlichen Zeitung aufrief:

Jahr für Jahr riß sie das Publikum in Norfolk zu Beifallsstürmen hin, die sie auch verdiente. Niemals zuvor gab sich eine Schauspielerin größere Mühe zu gefallen und zu erfreuen. Nun aber hat sich die Szene gewandelt, schweres Mißgeschick lastet auf ihr. Allein gelassen muß sie nun sich selbst und ihre Kinder versorgen …

Eine weitere Hilfsaktion wurde, nachdem sie am 11. Oktober zum letzten Mal auf der Bühne gestanden hatte, Ende November in Richmond vom Direktor ihres Ensembles organisiert. In der Ankündigung zu dieser Benefiz-Vorstellung hieß es:»An alle Gutherzigen! Mrs. Poe siecht, umgeben von ihren Kindern, auf dem Krankenbett dahin. Sie bittet um Hilfe, möglicherweise zum letzten Mal!« Am 8. Dezember 1811 erliegt Elizabeth Poe – wie später die Frau ihres Sohnes – der qualvollen und tückischen Tuberkulose.

Die Frauen kamen am darauffolgenden Morgen. Nicht erst der Aufruf zur Benefizvorstellung zwei Wochen vor Elizabeths Tod hatte die Aufmerksamkeit des Richmonder Publikums erregt. Seit über einem Jahrzehnt war die junge Frau an der Ostküste aufgetreten. Die Realität ihrer *miserable existence* hinter dem Erfolg schuf ein Rührstück ganz eigener Art, das vor allem bürgerliche Damen auf den Plan rief. Die beiden Waisen blieben also nicht lange allein bei der Pensionswirtin.

Mrs. Frances Allan, die kinderlose Gattin des Kaufmanns John Allan, nahm sich Edgars an. Sie war siebenundzwanzig Jahre alt und hatte die Mutter noch gekannt, ihr in den Wochen vor ihrem Tod geholfen. Die Schönheit der Mutter zeigte sich bereits in dem Knaben. Den wollte sie unter ihre Fittiche nehmen.

Der kleine Edgar kam in eine neue Welt. Im Hause Allan präsentierte sich ihm eine veränderte Szenerie: gutbürgerliches Interieur, Wohlstand mit Hausbediensteten und vor allem keine Zänkereien zwischen den Eltern. Die Frau gehorchte dem Manne. Eine ganz andere Stimmung als die Jammerei und Keiferei in ärmlichen Pensionszimmern oder gar das Röcheln, Husten, Hungern in den letzten Wochen! Auch war er die lästige Konkurrenz seiner kleinen Schwester los. Eine andere Richmonder Familie, die Mackenzies, hatte sich des Mädchens angenommen. Und um das Glück des Dreijährigen zu vervollkommnen: Frances Allans ältere Schwester, die unverheiratete Ann Moore, war als »Tante Nancy« ebenso rührend um den Jungen bemüht wie die Pflegemutter. Es war wie bei *young Moses*, als das Findelkind in den Palast der Pharaonentochter aufgenommen wurde!

Aber das war nur die Oberfläche. Darunter bohrte und nagte der Trennungsschmerz. Das Bild der echten Mutter hatte sich in Edgars Gedächtnis eingeätzt: ihre zarten Gesten, der Duft ihrer Haut. Bei aller Unruhe und Hektik, die von Elizabeth ausgegangen war – sie war seine Mutter gewesen, sie hatte ihn geliebt. Trotz allen Wohlstands und Wohlwollens um ihn herum umgaben Edgar jetzt Fremde, mit anderen Gesten, Düften, Stimmen, Bewegungen, Tagesabläufen. Alles war neu, alles war befremdlich.

Das Haupt der Gastfamilie war nicht begeistert. John Allan hoffte auf einen Sprößling mit der rechtmäßigen Gattin. Doch da den Ehepartnern der Nachwuchs verwehrt geblieben war, willigte Allan schließlich ein. Am 3. Januar 1830 wird Edgar seinem Pflegevater in einem Brief vorwerfen, daß ihn eigentlich sein wohlhabender Großvater habe aufnehmen wollen und er, John Allan, den alten Poe nur mit dem Versprechen davon abgehalten habe, ihn zu adoptieren. Doch hatte er ihn nie wirklich adoptiert. Allans Frau litt unter ihrer Kinderlosigkeit, ihre Gesundheit war angeschlagen. So durften Frances und Tante Nancy denn ihren kleinen Prinzen behalten. Dieses Gespann wird Edgars nächste Jahre ebenso bestimmen wie zwanzig Jahre später das Frauenduett Maria Clemm und ihre Tochter Virginia. Edgar war sein Leben lang umgeben von verwöhnenden und anbetenden Frauen.

John Allan, der Fürst des Hauses, war in allem anders. Er war ein Mann von jenem Typ, der Amerika aufgebaut hat: ehrgeizig, diszipliniert, fleißig, voll Selbstvertrauen und Zuversicht in den Fortschritt, mit ausgeprägter ökonomischer Kompetenz. Alles mußte einem Kalkül unterliegen, berechenbar sein, planbar, herstellbar, kontrollierbar. Das Leben als rationales Bauwerk. Im Privatleben hatte die Berechenbarkeit allerdings ihre Grenzen, ob Allan das nun akzeptierte oder nicht. Da blieben – zumindest die legitimen – Nachkommen aus. Deshalb irritierte ihn die Ankunft des kleinen Edgar von Anfang an: Der war ein Tribut an das Gefühlsleben seiner Frau. Und Allans Versuche, den Pflegesohn seinem Kalkül zu unterwerfen, waren erfolglos. Darin wurde Allan das Opfer seiner eigenen Emotionen.

John Allan war 1780 in Schottland geboren worden. Seine Mutter führte einen kleinen Lebensmittelladen in Greenock. Die verwandten Familien Allan und Galt waren Kaufleute und kleine Schmuggler in den schottischen Häfen von Greenock und Irvine. Der Onkel William Galt war der Vorreiter, besser Voraussegler in die Neue Welt gewesen. Er war bereits in den siebziger Jahren des 18. Jahrhunderts nach Nordamerika emigriert und hatte in Richmond innerhalb kurzer Zeit durch Tabakhandel ein Vermögen gemacht. 1810 war er Seniorchef einer der bedeutendsten Handelsgesellschaften Virginias, Inhaber von Grundbesitz, Häusern, Schiffen, Lagerhallen und mehr. Er war John Allans großes Vorbild.

John hatte früh seine Eltern verloren. Die Galts in Schottland nahmen sich seiner an und schickten ihn in Irvine zur Schule. 1795 holte William Galt den Fünfzehnjährigen in die Neue Welt, nach Richmond. Dort lernte er Buchhaltung und freundete sich mit Charles Ellis an, der ebenfalls Buchhalter in Galts Imperium war. Fünf Jahre später, 1800, wagten die beiden Youngsters den Sprung in die eigene Existenz – von William Galt wohlwollend entlassen, denn der wußte: Nur Eigenständigkeit läßt Großes gedeihen. Zu Beginn ein ähnliches Schicksal wie Edgar Poe erleidend, hatte der junge Allan das Angebot des Onkels, auf dem *american way* nach vorne zu kommen, aufgegriffen. Ellis und er fingen mit Tabakexport an, doch diversifizierten sie bald ihren Handel, um auf dem Weltmarkt möglichst große Chancen zu haben. Ihr Großhandelssortiment wurde wie folgt beschrieben:

Die Geschäftspartner handelten mit Weizen, Heu, Mais, Mehl, Getreide, feinen Tee- und Kaffeesorten, Stoffen, Bekleidungsstücken aller Art, geblümtem Seidentuch für Herrenwesten, Saatgut, Weinen und Spirituosen, besonders Rotwein aus Philadelphia (›Philadelphia Claret‹); sie statteten Sklaven aus, versorgten Plantagen mit landwirtschaftlichen Geräten, Nägeln und Stahlwaren; charterten Schiffe und Küstenschoner; importierten Grabsteine – und sie waren sich auch keineswegs zu schade, Pferdehandel zu treiben, Schweine aus den Siedlungsgebieten von Kentucky zu verkaufen oder alte Sklaven bis zu ihrem Tode an die Kohleminen zu vermieten. Sie gaben außerdem Kredite und beteiligten sich am städtischen Immobilienmarkt; darüber hinaus besaßen beide (beziehungsweise die Familien ihrer Ehefrauen) Plantagen auf dem Land. Insgesamt war es eine gedeihliche, schottische, manchmal etwas trockene Geschäftsatmosphäre, in welcher sich Charles Ellis und sein Partner bewegten.

Bald konnte Allan aus den Erträgen seines Handels eine soziale Existenz aufbauen, die ihn über die Kaufmannskreise hinaus mit den reichen Pflanzern und Plantagenbaronen Virginias in Kontakt brachte. 1803 heiratete er als Dreiundzwanzigjähriger die neunzehnjährige »Fanny« Valentine, Tochter eines wohlhabenden Pflanzers aus der Gegend. Auch deren Eltern waren früh verstorben. Frances war zusammen mit ihrer ein Jahr älteren Schwester Ann in Richmond im Hause des Buchdruckers John Dixon aufgezogen worden. Allan wußte um die hohe Mitgift, dafür nahm er die Schwester in seinen Haushalt auf. Es war keine Liebesehe. Allan führte ein großes Haus, legte Wert auf ein ansehnliches Äußeres. Beide Ehepartner sahen, wie die Porträts beweisen, ausgesprochen gut aus.

Allan leistete sich diskrete Seitensprünge, aus denen drei uneheliche Kinder hervorgingen: Edwin Collier, ungefähr gleich alt wie Edgar Poe, und später noch einmal Zwillingsbrüder. Allan konnte sich das leisten. Er agierte vor einem imposanten ökonomischen Hintergrund. Nicht so sehr sein eigenes Geschäft war dafür maßgebend, da es den Schwankungen der Weltmärkte unterworfen war, sondern eher die Mitgift seiner Frau. Vor allem aber würde er große Teile des immensen Vermögens seines Onkels erben, der ohne Nachkommen geblieben war und den jungen Mann nicht ohne entsprechende Hintergedanken nach Virginia geholt hatte. Allans Unbehagen über seine Ehe und den fehlenden leiblichen Erben wurde vorerst durch die Aussicht auf die große Erbschaft aufgewogen.

Frances Allan war ein frommes Mitglied der Episkopalkirche und kompensierte die fehlende Mutterschaft durch tätige Nächstenliebe. Das brachte sie und ihre Schwester zu der raschen Entscheidung, den dreijährigen Sohn der verstorbenen Schauspielerin aufzunehmen, bevor er in ein Armenhaus gebracht wurde. Allan sah das mit gemischten Gefühlen. Er mißtraute dem Theatermilieu, dem das Mündel entstammte. Darüber hinaus steckte er 1811 in einer Geschäftsflaute, weil die englische Seeblockade gegen das napoleonische Frankreich den Tabakhandel, Allans Haupteinnahmequelle, empfindlich einschnürte. Ihm machte das große Sorgen, und neben dem Unterhalt für seinen ersten unehelichen Sohn Edwin Collier wollte er nicht auch noch für ein weiteres Kind aufkommen. Doch die sanfte Frances setzte sich durch. Selbst die Beerdigungskosten für Elizabeth Poe luchste sie ihrem knauserigen Gatten ab. Und sie setzte sich dafür ein, daß die beiden Waisenkinder getauft wurden. Rosalie, von der befreundeten Familie Mackenzie adoptiert, hieß jetzt Rosalie Mackenzie Poe, der Junge erhielt den Namen Edgar Allan Poe und wurde Mitglied der Familie.

Charles Baudelaire, Poes Entdecker für Europa, pflegte – wohl aus Abneigung gegen Allan und das, was er Poe angeblich angetan hatte – den *middle name* wegzulassen und nur von Edgar Poe zu sprechen. Da aber John Allan die Biographie Poes und dessen Entwicklung zum Dichter ganz wesentlich beeinflußt hat – auch Abneigung, die Kompensation hervorruft, ist Einfluß –, heißt der Dichter heute völlig berechtigt Edgar Allan Poe.

Nach den äußerst schwierigen ersten Lebensjahren befand sich *little Edgar* nun in sehr geordneten Verhältnissen, als Einzelkind verwöhnt von mehreren Frauen. Frances Allan kränkelte häufig, deshalb ging es in den Sommermonaten auf die Plantagen – *The Grove* in Buffalo Creek etwa – oder gar zu den Quellen von Sulphur Springs in Virginia zur Kur, und Edgar durfte immer mitkommen. Eine Privatlehrerin unterrichtete ihn. Im Januar 1814 zahlte John Allan einer Mrs. Clotilda Fisher für drei Monate Schulgeld; Edgar wurde demnach bereits im Alter von fünf Jahren unterrichtet. Er war ein aufgewecktes Kind. Die Zurückhaltung des Pflegevaters schmolz angesichts des charmanten Bübchens dahin.

Aufbruch ins Ungewisse

Das Meer! Ein großes Schiff! Die mächtigen Segel! Am Hafen von Norfolk drängte sich die kleine Gruppe zusammen: das Ehepaar, Frances' Schwester, der Knabe. Der Wind zauste Kleider und Hüte. Gleich sollte es über den schwankenden Steg an Bord des *Lothair & Steam Boat* gehen. Wochenlang hatte die Familie Allan diesem Moment entgegengefiebert. Wochen voller Unruhe, Packen und Möbelrücken, Kleiderkauf, Gelaufe und Gerenne, Schimpfen und trotzigem Schweigen. Vom Hauspersonal und dem alten Sklaven Scipio mußten sie sich trennen. Das ging bei dem sechsjährigen Edgar nicht ohne Tränen ab. Jetzt sollte es nach *Europa* gehen. Da konnte Stolz aufkommen. Doch was würde es bringen? Was sich vielleicht ändern? Würde ihm die schützende Wärme der neuen Familie bleiben? Edgar fröstelte, obwohl es Juni war.

Nach dem Ende der napoleonischen Ära mit kriegsbedingten Einfuhrverboten und Schutzzöllen hatten sich die Verhältnisse auf dem Weltmarkt wieder stabilisiert. Europa brauchte Tabak und Baumwolle aus Amerika, Amerika brauchte europäische Fabrikerzeugnisse vor allem auf dem Sektor der Investitionsgüter. Die Firma Ellis & Allan in Richmond hatte die Flaute einigermaßen überstanden. Aber um den Transatlantikhandel des Import-Export-Geschäftes richtig in Gang zu bringen, brauchte man einen Brückenkopf in

Europa. Da Allan als Partner eine relativ kleine Familie, vor allem keine reiche Kinderschar im Hause hatte, übernahm er den Part, in London eine Zweigniederlassung zu gründen. Im Sommer 1815 war es soweit. Der Herr des Hauses brach mit weiblichem Gefolge und Pflegesohn Richtung britische Inseln auf. Er zeigte sich zuerst bei seinen schottischen Verwandten und genoß deren Bewunderung als erfolgreicher *Entrepreneur* und designierter Erbe des großen William Galt. Edgar sog die neuen Eindrücke in sich auf. Schon die Schiffspassage war ein Abenteuer gewesen, dann das grüne Schottland, die herzliche Aufnahme bei den Verwandten. Allan konnte angeben, er war in guter Stimmung, auch seinem »Sohn« gegenüber freundlich. Edgar sonnte sich in dieser Position den schottischen Kindern gegenüber, spielte den kleinen Gentleman aus dem berühmten Amerika. Doch das war nur ein Vorspiel. Die Besuchsreise war kurz, die Pflichten des Kaufmanns in der Kapitale des Königreichs duldeten keinen Aufschub. In London holte Allan sehr schnell der Alltag ein mit all seinen Problemen in Beruf und Privatleben. Dies alles bedrückte ihn, er wurde unwirsch. Das bekam der Knabe bald zu spüren.

Statt daß Edgar im Hause bleiben und in London auf eine *Grammar School* oder Privatschule gehen könnte, verfügte Allan – in Erinnerung an seine eigene Schulzeit als Vollwaise –, daß der Junge im schottischen Irvine einzuschulen sei und bei einer Tante wohnen sollte. Er wurde seiner Meinung nach von Frances und Nancy zu sehr verwöhnt. An der Old Grammar School in Irvine hoch oben in Schottland, weit ab auch von den Ablenkungen der Großstadt, da wurde noch auf Disziplin, Fleiß und Abhärtung geachtet! Dort sollte der Junge hin. So wurde Edgar im dunklen November in eine Kutsche nach Schottland gesteckt. Nebel verdüsterte die schottischen Hügel, die jetzt nicht mehr so saftig grün leuchteten wie im Sommer. In der Erzählung *William Wilson* hat Poe später seine schottischen und englischen Schulerlebnisse verarbeitet. Er war wie der Held der Erzählung ein Einzelgänger mit für sein Alter untypischen Neigungen.

Die Kindheit des kleinen Edgar Allan in Richmond war sehr behütet gewesen. Umhegt von drei Frauen (das Kindermädchen, eine schwarze Mummy, kam noch hinzu), der oftmals bedrohlich wirkende Vater in der Ferne, keine Geschwister, auch wenig Einbindung in *peer groups* von Gleichaltrigen: Das hatte Symptome der Frühreife gezeitigt, des Sich-wichtig-Machens vor Gleichaltrigen und Erwachsenen. Edgar war sicher ein anstrengendes Kind, aber auch ein äußerst waches und sensibles. 1828/29 schrieb er unter dem Titel *Allein* dieses Gedicht:

> Von klein an ging ich eigne Bahn
> Ich sah nicht so, wie andre sahn;
> Was mich ergriff zu Lust und Pein
> Das mußte ungewöhnlich sein;
> Ich schöpfte Leid aus andrem Quell,
> und klang mein Herz in Freude hell,
> war's Klang, den nie ein andrer gibt;
> Ich liebte nur was ich geliebt.

Nachdem die Familie im Sommer 1815 nach England übergesiedelt war, hieß es in einem Brief, den Edgars zweiter Lehrer in Richmond, ein Mr. Ewing, am 27. November 1817 an Allan nach London schrieb:

Ich bin überzeugt, daß Edgar wie gewöhnlich keinen Anlaß zur Klage gibt und sich in seiner neuen Schule ebenso
wohl fühlt wie hier bei uns in Richmond. Er ist ein wirklich netter Junge, und es würde mich freuen zu hören,
welche Schule er jetzt besucht, was er treibt und auch,
was für Bücher er gerade liest.

Edgar las schon früh. Am 30. Oktober 1815 schrieb Allan an
Charles Ellis über den Sechsjährigen:»Edgar reading a little
Story Book.« Der Lesestoff bleibt spekulativ. Es ist anzu-
nehmen, daß in Allans Bibliothek nicht eben viel stand,
aber Enzyklopädien zur Stillung von Wissensdurst fand
Edgar sicher vor, dazu vielleicht Erzählungen von Walter
Scott, Alexander Pope und sicher auch Daniel Defoe. Poe
selber hat 1836 im *Southern Literary Messenger* einen Blick
zurück in seine kindliche Lektüre getan, in einer Rezension
über eine neue Ausgabe des *Robinson Crusoe* von Daniel
Defoe bei Harper in New York:

Wie liebevoll versetzen wir uns nicht in Gedanken in
jene zaubrischen Tage unsrer Knabenzeit zurück, da wir
zuerst lernten, überm Robinson Crusoe ernsthafte Augen zu machen – da wir zuerst spürten, wie der wilde
Abenteuergeist in uns Feuer fing; da wir, beim unsichren
Flammenschein, Zeile für Zeile, die wundersame Bedeutung jener Seiten mühsam herausbuchstabierten; und,
atemlos und zitternd vor Eifer darüberhin gebückt, so
gänzlich in Anspruch genommen – ›gefesselt‹ waren.
Ach ja!, die Tage der einsamen Inseln sind nicht mehr!

Dieses Bild vom einsam lesenden Robinson war *seine* Situation und sicher nicht die Regel unter dem Nachwuchs von Richmond und anderswo. Ein solcher Rückzug schuf ihm bereits dort und jetzt erst recht unter den schottischen Schulkindern eine Aura des Fremden, des Andersartigen. Er litt unter den Anfeindungen seiner des Lesens noch unkundigen Mitschüler. Mehr noch als das düstere Ambiente oder die Züchtigungen durch den Lehrer schmerzten ihn ihre Hänseleien. Gerade wegen seiner Neigung zu Hochmut und Besserwisserei wurde er zur Zielscheibe für deren Spott, da konnten ihm auch seine Verwandten nicht helfen, die Vettern Galt etwa, die auf dieselbe Schule gingen. Er schlug sich tapfer. Über einen Vetter erzählte man: »Der junge Galt war beeindruckt von der altmodischen und geschliffenen Redeweise des kleinen Burschen, seinem Selbstvertrauen und seiner ungewöhnlichen Furchtlosigkeit damals.«

Mochte Edgar auch geheime Bewunderer haben, die johlende Dorfjugend begegnete solchen Qualitäten nur voller Haß. So bekam er einen saftigen Spitznamen: *Chantie Poe!* schrien sie hinter ihm her. Hatte er nicht einen blöden Nachnamen? Pißpott hieß auf schottisch *chantie*, aber bekannt war für dieses Nachtwerkzeug auch das französische *pot* – allerdings mit stummem »t«. *Chantie Poe!*

Doch Edgar ließ sich nicht unterkriegen. Er führte sich bei der Verwandtschaft ausgesprochen wild auf. Er drohte auszureißen und auf eigene Faust nach London oder besser gleich in die USA zurückzureisen. Schließlich gab John Allans Schwester auf. Sie schickte den Knaben wieder nach London, wo dieser sich einem zürnenden Pflegevater gegenübersah. Edgar setzte sich durch.

Bei der Wahl der nächsten Ausbildungsstätte ging es

wohl eher nach dem Willen von Frances und Ann Valentine. Er wurde standesgemäß in ein Internat eingeschult, das von zwei Schwestern, den Dubourgs, geführt wurde – einem Frauenduo, wie er es liebte. Er bekam ein separates Zimmer und sogar einen Bediensteten. Jetzt war er *Master Allan*, und John Allan trug die hohen Kosten. Hatte ihn die Willensstärke des Knaben beeindruckt? Hatte er dessen Niveau – gerade im Kontrast zur schottischen Verwandtschaft und deren Nachwuchs – anerkannt? War er jetzt bereit, Edgar wie einen leiblichen Sohn zu akzeptieren? Oder war er einfach beruflich überfordert und wollte von Familiendingen nicht behelligt werden? Jedenfalls waren die eineinhalb Jahre bei den Dubourg Sisters für Eddy die beste Phase des England-Aufenthalts. An Wochenenden und Feiertagen war Edgar bei der Familie, sonst im angenehmen Ambiente des schulischen Pensionsbetriebes.

Im Herbst 1817 – Allan hatte eine sehr positive Geschäftsbilanz – wurde die Ausbildung noch verbessert. Der Achteinhalbjährige kam in das renommierte Institut der Manor House School in Stoke Newington bei London. Allan ließ es an nichts mangeln. Für Poe waren die Jahre in Stoke Newington sicher härter als die gemütliche Privatschule der Schwestern. Als »Eisen-Jahre« hat er sie in der Erzählung *William Wilson* beschrieben:

Ich muß in meiner Kindheit mit der Energie eines Mannes dasjenige empfunden haben, was ich noch heute meinem Gedächtnis in so lebendigen, tiefen & dauerhaften Linien wie in den *exergues* karthagischer Denkmünzen eingeprägt finde.
Dabei, in Wahrheit – der Wahrheit, wie die Welt sie ver-

steht – wie wenig Erinnernswertes fiel doch eigentlich so an! Jeden Morgen das Aufwecken, allabendlich das ins Bett Kommandiertwerden; das Auswendiglernen & Wiederhersagen; die regelmäßig wiederkehrenden freien Halbtage und Schulwanderungen; der Spielplatz mit all seinem Tumult, seiner Kurzweil, und seinen Cliquen-Ränken; – ihnen allen eignete, infolge eines längstverlernten mentalen Zaubertricks, eine wahre Wildnis von Empfindungen, eine Welt des reichsten Kleindetails, ein Universum vielfälteligster Emotionen, von allerleidenschaftlichen & geistaufrührerischsten 'regungen: ›*Oh, le bon temps, que ce siècle de fer!*‹

Ohne Ruhm zu melden war es so, daß Feuer, Begeisterung & Anmaßlichkeit meiner Veranlagung mich sehr bald zu einer Zentralfigur unter meinen Schulkameraden machten; und mir in zwar langsamer aber ganz organischer Stufenfolge ein Übergewicht über Alle verschafften, die nicht gerade beträchtlich älter als ich selber waren …

Etwas realistischer äußerte sich der Rektor der Schule selber, der wie die Figur in Poes Erzählung Reverend John Bransby hieß:

Edgar Allan war ein kluger Bursche mit einer raschen Auffassungsgabe, und er wäre ein Musterschüler gewesen, wenn ihn seine Eltern nicht allzusehr verwöhnt hätten. Aber sie verwöhnten ihn eben und gestatteten es auch, daß er stets über ein ungewöhnlich hohes Taschengeld verfügte, mit dem er eine Menge Unruhe stiftete und das ihm die Gelegenheit zu allen möglichen Streichen gab.

Und selbst der gestrenge Allan meldete im September 1819 seinem Onkel William Galt nach Richmond: »Edgar entwickelt sich wundervoll und erfreut sich guter Reputation, ist sowohl fähig als auch willig, Anweisungen zu befolgen.« Bis Sommer 1820 blieb Poe in diesem Internat. Auf dessen Stimmung hat Baudelaire in seiner Lebensbeschreibung Poes die Formel vom *parfum noir*, vom schwarzen Duft, bezogen. Als Poe im Alter von elf Jahren das Institut verließ, konnte er Französisch sprechen und leichte lateinische Autoren verstehen. In Geschichte und Literatur drückte er sich besser aus als viele, die unter günstigeren Umständen aufgewachsen waren. 1820 mußte Allan, dessen ökonomisches Engagement in England in einem finanziellen Fiasko endete, zurück in die Staaten.

Auch wenn man angesichts der Poesie äußere Ursachen von inneren Gründen trennt, also erstere nicht einfach mit den später produzierten Inhalten kurzschließen darf, so sind es doch biographische Konstellationen, die – mit zeitlicher Verzögerung – Poesie hervortreiben. *Stoke Newington*, ein düsteres englisches Internat mit Gebäuden in neogotischer Formensprache: Da ist schon das Stichwort »Düstere Gotik«, ein Assoziationsglied zu den *Gothic Tales*, der Literaturgattung der englischen und schottischen Schauergeschichten um 1800. Wenn Edgar Allan Poe in seinem Œuvre solche Themen später aufgreift und weniger die positiven Töne anschlägt, die sonst in der jungen amerikanischen Literatur erklingen (»God bless you, America!«) – was liegt näher, als auf seine drei Jahre Internatsexistenz in Stoke Newington zu verweisen, zumal in der Erzählung *William Wilson* direkt darauf Bezug genommen wird?

1820 also war alles wieder vorbei. Allan hatte es nicht geschafft. Wirtschaftliche Krisen in England hatten die Zahl seiner Schuldner unter den Kaufleuten vermehrt, auf der anderen Seite drängten die Gläubiger. Er schrieb seinem Partner und Freund Charles Ellis sehr offene Briefe nach Richmond, bat um Hilfe, solange es noch Sinn hatte. Doch dann entschlossen sich beide zur Aufgabe der Filiale. Allan, so ihr Beschluß, sollte nach Amerika zurückkehren. Frances, die ständig kränkelte und klagte und bereits einige kostspielige Badereisen ins mondäne Cheltenham hinter sich hatte, graute zunächst vor den Schrecknissen der fünfwöchigen Überfahrt, doch am Ende überzeugte sie die Aussicht auf das liebliche Richmonder Klima im Kontrast zu den britischen Kältegraden. Auch Schwester Nancy, deren üppiger Leibesumfang in Allans Briefen regelmäßig kommentiert wird, war die Aussicht auf Heimkehr angenehm. Diese Stimmung wird auch den elfjährigen Edgar angesteckt haben – zumal die Zeit im Internat ihm lang und freudlos vorgekommen war. Vor allem die sportlichen Spiele in Richmonds freier Natur mußte er vermißt haben: Wenn er sich nur den glitzernden Strom des James River im Sommer vorstellte, wo sie den ganzen Tag im und am Wasser verbracht hatten!

Im Juni schiffte sich die Familie Allan in Liverpool ein, nicht ohne den schottischen Verwandten noch einen Besuch abgestattet zu haben. Mit dem Segelschiff *Martha* waren sie 36 Tage unterwegs und kamen am 21. Juli in New York an. Frances, der es sehr schlecht ging, hatte um frühzeitiges Verlassen des Schiffes gebeten, das bis Norfolk weiterfuhr. Sie mußte erst einmal einen Arzt aufsuchen. Zwei Wochen später trafen sie in Richmond ein, wo die Familie Ellis sich ihrer sehr freundlich annahm. Allan stürzte sich ins Geschäft, und Edgar kam bereits im September in die Schule Joseph Clarkes. Es begann eine ruhige Zeit in gewohnter Umgebung.

Ein glitzernder Tag. Frühmorgens schon waren die Freunde zum Flußufer gelaufen. Edgar Allan, jetzt vierzehn, hatte mal wieder geprahlt: Die sieben Meilen flußabwärts bis nach Warwick Bar seien leicht zu schaffen! Der James River passiert Richmond relativ träge, manchmal kommt der Tidenhub vom Ozean der Strömung entgegen. Ein halbes Dutzend Konkurrenten waren da, fünfzehn oder sechzehn Jahre alt, mit durchtrainierten Muskeln. Auf Zuruf sprangen sie vom Fährboot in die Fluten. Freunde liefen am Flußufer mit, spornten durch Zurufe an. Mr. Burke, der Lehrer, begleitete die Gruppe im Ruderboot, lange blieb Eddy im Mittelfeld. Aber die Gruppe zog sich kaum mehr als fünfzig Yards auseinander, erst ab der Hälfte der Strecke fielen einige ab oder gar aus. Da endlich zog der junge Allan mit kräftigen Stößen an den anderen vorbei. Außer Atem, schnaufend und prustend langte er am Ponton bei Warwick Bar an – als erster. Robert Mayo jr., ein Schulkamerad, erinnerte sich später:

Ich schwamm zuerst mit Poe los, als er die Strecke von Richmond bis Warwick Bar sechs Meilen den James River stromabwärts zurücklegte, eine Leistung, die damals einiges Aufsehen erregte. Es war ein drückend heißer Tag. Meine Kräfte erlahmten bei Tree Hill, drei Meilen von der Stadt entfernt. Poe jedoch hielt der sengenden Sonne stand, gab nicht auf und erreichte sein Ziel, stieg aber mit einem bösen Sonnenbrand auf Gesicht, Schultern und Rücken aus dem Wasser.

Ein glitzernder Tag des Ruhmes. Die Jungen jubelten mit ihm, sein bester Freund Ebenezer Burling legte ihm Tücher über die Schultern.

Doch die Freude wurde jäh getrübt, als er oben das Ufer absuchte. Wo waren die Eltern? Hatte John Allan nicht versprochen, wenigstens zum Zielpunkt zu kommen? Zusammen mit Ma und Tante Nancy? Wo waren sie? Mit der Kutsche war es doch ein Katzensprung! Mitten im Jubel der Freunde wurde ihm kalt. Der Alte gönnte ihm nichts! Es war zum Verzweifeln.

Man könnte die Zeit zwischen 1820 und 1826 Poes glückliche Jugendzeit nennen, doch wurde das Glück unterspült von der wachsenden und wechselseitigen Aversion zwischen ihm und seinem Pflegevater. Gegen Ende dieser Phase entstanden Poes erste Dichtungen, die sich in vielen Partien auf die Jugendzeit beziehen. In dem Gedicht *Dreams* aus dem Jahr 1827 heißt es:

Mein junges Leben – blieb's doch nur ein Traum!
Erwachte doch mein Geist nicht, bis im Raum
der Ewigkeit ein Strahl den Morgen brächte!
Ja! Denn selbst hoffnungsleer durchträumte Nächte
wär'n besser als die kalte Wirklichkeit
des wachen Lebens dem, der allezeit
ein Herz besaß, von Leidenschaft verworrn,
seit auf die schöne Erde er geborn.

Diese Zeilen schrieb Poe nach Abbruch des Universitätsstudiums. Das war »die kalte Wirklichkeit des wachen Lebens«. Verglichen damit wirkte die Jugendzeit in Edgar wie ein glücklicher Traum nach. Das Gedicht beschwört die Vision einer immerwährenden Jugend, die nicht erwachsen werden will – »Erwachte doch mein Geist nicht« – bis in die Ewigkeit. Das wird zum *Cantus firmus* von Poes Leben: Probleme mit den Regeln der erwachsenen Existenz.

Allan war in Edgars Augen *der* Repräsentant dieser Erwachsenenwelt, und die Konflikte mit ihm förderten seine Abneigung. Einer der Freunde Edgars, Jack Mackenzie aus der Pflegefamilie seiner Schwester Rosalie, hat Allan charakterisiert:

> Mr. Allan war auf seine Weise schon in Ordnung, aber Edgar liebte ihn nicht besonders. Er war ein harter und strenger Mann, und mit seiner langen, gebogenen Nase und seinen stechenden, durchdringenden Augen unter den buschigen Augenbrauen erinnerte er mich immer an einen Raubvogel. Ich weiß, daß er oftmals, wenn er zornig auf Edgar war, damit drohte, ihn davonzujagen, und daß er ihn nie vergessen ließ, wie sehr dessen Schicksal von seiner Wohltätigkeit abhing.

Edgar verlebte seine Jugend in einer topographisch freundlichen und klimatisch angenehmen Umgebung: Richmond war 1737 in der Nähe der Wasserfälle des James River gegründet worden. Der Fluß erinnerte den Gründer William Byrd an die Themse bei London. 1780 wurde Richmond Hauptstadt des Staates Virginia. Trotz relativ geringer Einwohnerzahl bekam die Stadt früh politische Bedeutung, weil die sogenannte Virginia-Aristokratie die ersten Präsidenten der USA stellte: George Washington, James Madison, Thomas Jefferson. Letzterer hatte mit seinem Sinn für politische Symbolik, wie sie sich unter anderem in Architektur äußert, dafür gesorgt, daß das Virginia State Capitol in den Jahren nach 1785 dem Vorbild der »Maison Carrée« nachempfunden wurde, einem Tempelbau der römischen Antike im französischen Nimes. Das Kapitol wurde zur augenfälligen symbolischen Krone eines Gemeinwesens, das als Finanz- und Handelszentrum eines Hinterlandes diente, wo man vor allem lukrativen Tabakanbau betrieb. Kulturell war Richmond von minderer Bedeutung. Geschichte machte vor allem der große Theaterbrand vom 26. Dezember 1811 – wenige Wochen nach dem Tod von Edgar Poes Mutter –, bei dem einundsiebzig Personen und der Gouverneur George W. Smith ums Leben kamen. Richmond war seiner üppigen Flora wegen beliebt, die duftenden Gärten waren sprichwörtlich. In den Straßen und am James River war Edgar jahrelang zu Hause gewesen – und doch wieder nicht.

Poes Zugehörigkeit zur Kultur der Südstaaten kann mit deren kulturellen Wurzeln in Verbindung gebracht werden, dem Einfluß der Franzosen etwa, deren Sinn für Themen und Mentalitäten jenseits puritanisch-pietistischer Borniertheit. Doch spielen auch äußere Gründe wie das Klima hinein. Generell kann man das *hurry and bustle*, die hektische Geschäftigkeit der mittleren Ostküste der USA um New York, Philadelphia oder Baltimore, mit dem dortigen Klima in Zusammenhang bringen. Im Sommer heiß, aber windig, weil die Großstädte am Wasser liegen, Gewitter und Stürme fegen die Atmosphäre frei, das Wetter wechselt häufig, die Winter sind kurz. Das hält die Menschen auf Trab.

Im hohen Norden sind Industrialisierung und Handelsentwicklung nicht ohne Grund bescheiden geblieben. Ob Maine oder Vermont oder Quebec auf kanadischer Seite: lange, schneereiche, stille Winter und kurze, kühle, geschäftige Sommer; keine eisfreien Häfen; Transport und Maschineneinsatz durchs Klima behindert; Beschränkung auf Pflanzen und Feldbestellung: Das alles macht oder hält die Menschen ruhiger.

Im Süden hingegen, je weiter unten, desto mehr: Lähmung der Energien durch feuchte Hitze. Das Klima mag bei Edgar Allan Poe psychosomatische Zustände befördert haben, die bestimmte Fiktionsformen hervorbrachten. Das ist später bei William Faulkner oder Tennessee Williams ähnlich gewesen.

Die Pubertät wurde zum Prüfstein der Vater-Sohn-Beziehung zwischen Allan und Edgar, an der sie beide scheiterten. In einem Brief an Edgars älteren Bruder Henry vom 1. November 1824 beklagte sich Allan bitter über Edgars Verhalten, das sich so grundsätzlich von der Zeit in England unterscheide, wo er ein mustergültiger Knabe gewesen sei. Man könnte das als normale pubertäre Schwierigkeiten abtun, doch der Riß zwischen Pflegevater und Pflegesohn klaffte tiefer als üblich, weil Allan nicht zu echter Vaterliebe fähig war. Die Aufsässigkeiten hielten sich im normalen Rahmen, aber die Vertrauensbasis fehlte.

Der Sohn von Allans Partner – Thomas Ellis – hatte ein besonderes Verhältnis zu Edgar:

Keiner der Jungen hatte größeren Einfluß auf mich als Edgar. Er war sowieso schon ein Anführer unter den Jungen. Aber meine Bewunderung für ihn kannte keine Grenzen. Die Folge war, daß er mich zu manch verbotenen Dingen verführte, für die ich dann bestraft wurde. Nur einmal, so viel ich weiß, wurde er von Mr. Allan aus-

43

gepeitscht. Das war, als er mich in die Felder und Wälder hinter Belvidere mitgenommen hatte, eines Samstags, und wir uns dort den ganzen Tag bis in die Dunkelheit aufgehalten hatten, ohne daß jemand wußte, wo wir steckten. Bei der Gelegenheit schossen wir eine ganze Menge von Haushühnern, die dem Besitzer von Belvidere gehörten. Edgar lehrte mich schießen, schwimmen, Schlittschuh fahren, Schlagball. Einmal rettete er mich vorm Ertrinken. Er hatte mich kopfüber in die Wasserfälle gestoßen, damit ich mich selbst ans Ufer rettete – doch fand er es dann doch nötig zu helfen, sonst wär's wohl zu spät gewesen.

In der Schule ordnete sich Edgar nur schwer ein. Er sonderte sich oft ab und neigte wegen seiner guten Leistungen zur Arroganz. Auch lud er niemals Klassenkameraden zu sich nach Hause ein. Er schämte sich, weil sie wußten, daß er nicht Allans leiblicher Sohn war und ein schwieriges Verhältnis zu diesem hatte. Ein Mitschüler erinnerte sich der ausgezeichneten Leistungen Poes in Latein und Französisch; auch im Schreiben und Dichten glänzte er, ebenso in Sport. Aber:

Bei all seiner Überlegenheit auf den verschiedenen Gebieten war er nicht der führende Kopf, der »Musterschüler« des Instituts, ja, er war nicht einmal allgemein beliebt. Ich glaube, diese Stellung kam eher Howard zu. Wenn ich mir den Eindruck ins Gedächtnis rufe, den Poe auf mich machte, so war er eigensinnig, launenhaft und stets dazu geneigt, den Ton anzugeben; und obwohl von großzügiger Wesensart, wechselten seine Stimmungen oft, so daß er unfreundlich, ja sogar verletzend wirken konnte.

Sosehr sich Edgar auch anstrengte und durch Leistungen brillieren mochte, die Liebe seines Pflegevaters blieb ihm versagt. Auch Frances konnte ihm nicht mehr die frühere Zuwendung geben. Mehr und mehr spann sie sich in ihre Leiden ein und war so dem Heranwachsenden kaum eine Hilfe. Die Schule, die ja unter anderem auf eine berufliche Existenz vorbereiten soll, war ihm kein Ersatz für die fehlende häusliche Unterstützung. Dabei waren die Lehrer und Institutsleiter dem jungen Zögling in der Regel gewogen, weil er so gescheit war.

Zu Beginn des 19. Jahrhunderts steckte das öffentliche Schulsystem in den USA wie in Europa noch in den Anfängen. Es setzte einen starken Nationalstaat voraus, dessen Regierung ein allgemeines Schulrecht verfassungsrechtlich verankert hatte und es auch durchsetzte. Zuvor war das Schulwesen in der Regel in privaten Händen gewesen. Die Lehrer waren ein wenig angesehener Stand, ihre Bezahlung (ob aus privater oder aus öffentlicher Hand) war gering, allenfalls ein Drittel vom Gehalt eines Geistlichen etwa. Ihrem schwächlichen Sozialstatus entsprechend galten sie als ignorant, inkompetent, faul und versoffen – auch wenn es Idealisten unter ihnen gab. Die Lehrenden rekrutierten sich aus vier Lagern: Prediger an religiösen Gemeindeschulen; junge College-Absolventen, die sich auf eine Berufslaufbahn in Rechtswesen, Medizin oder Theologie vorbereiteten; freigelassene Bedienstete, die sich ihre Freiheit durch Lehrtätigkeit erkauften; schließlich Frauen und Männer, die sich ganz freiwillig in den Dienst vernünftiger Erziehung stellten.

Edgar Poe hatte bis zu seinem Studienbeginn am 14. Februar 1826 nur private Lehrer und Schulen. John Allan verhielt sich standesgemäß, wie es sich für einen Angehörigen der oberen Mittelschicht gehörte. Erst holte er Lehrerinnen beziehungsweise Lehrer ins Haus, dann gab er den Zögling auf private Institute: Clotilda Fisher 1814, März 1815 die Schule von William Ewing, in England die Dubourg Sisters sowie Stoke Newington, ab September 1820 die *English and Classical School* von Joseph Clarke in Richmond, ab Januar 1823 überführt ins *Seminary* von William Burke. Dort bleibt Edgar bis März 1825, um den Rest der Schulzeit auf dem Institut des Ehepaars Ray Thomas zu verbringen. Mit sieben verschiedenen Personen und Institutionen hatte Edgar eine stattliche *diversity and variety* kennengelernt. Letztlich waren es instabile Verhältnisse, die Edgars häusliches Unsicherheitsgefühl noch verstärkten.

Nirgends war er wirklich zu Hause. Daher schien ihm die einzig verläßliche Sphäre mehr und mehr die Welt der Texte. Sicher waren in den vielen wechselnden Stimmungslagen Bücher seine treuesten Begleiter. Die Zeilen aus einem frühen Gedicht, *Tamerlan* von 1826/27, wirken befremdlich:

> Einer Sommersonne gleicht die Knabenzeit,
> deren Verschwinden bringt ödeste Traurigkeit.
> Denn alles, was wir wissen sollen, ist erkannt,
> alles, was zu halten wir suchen, verschwand.
> Laß – wie die Blume des Tages – das Leben fallen
> mit der Schönheit des Mittags – das ist alles.

Wenn ein Siebzehnjähriger rückblickend die Kindheit als »Mittag des Lebens« hinstellt und davon schwadroniert, daß alles, was zu wissen sich lohnt, bereits angeeignet wäre, dann muß das befremden. Die Sommersonne der Kind- und Jugendzeit leuchtete dann nicht aus oder über realen Erlebnissen, sondern aus der Literatur. Poes *Text*existenz – die sich später so vehement von seiner Existenz als realer, lebenspraktischer Person unterscheidet – hat ihre Wurzeln in der Kindheit. Erst heißt es nur Lesen, Lesen, Lesen – mit sechzehn oder siebzehn Jahren verschiebt sich diese Passion immer mehr zum Schreiben hin. Später wird Schreiben zur Lebensaufgabe – auch Schreiben über die eigene ständige Lektüre. Ein Leben aus, von und mit Texten.

Als Kind war Edgar der lesende Robinson auf seiner fiktionalen Insel gewesen. Im Alter von dreizehn oder vierzehn Jahren begann er, erste Gedichte zu verfassen. Für Musik und für den Klang der Worte hatte er früh ein Sensorium, so daß er nicht mehr nur Spottverse auf die Lehrer verfaßte, sondern auch fein komponierte Lyrik. Außerdem entdeckte er die Welt der auf einer Bühne dargestellten Literatur. Wie seine Eltern faszinierte ihn das Theater, und er gründete einen kleinen Theaterzirkel, *The Thespian Society*. Das führte zu neuen Konflikten mit Allan. Natürlich war der Vater stolz auf Edgars schulische Leistungen, obwohl er ihm die Leichtigkeit der Aneignung mißgönnte, und es imponierte ihm, daß Edgar den großen Shakespeare ebenso zitieren konnte wie die antiken Klassiker. Aber er geriet außer sich vor Wut, als er erfuhr, was Edgar mit seinem *Thespis Club* anstellte. Hatte er doch ein Zelt mit einigen Dutzend Plätzen aufgebaut und führte darin mit seinen Freunden selbst einstudierte Dramen auf – für einen Cent Eintritt! *Diese* Ökonomie konnte Allan keineswegs imponieren. Und er kürzte seinem Pflegesohn prompt das Taschengeld. Bestürzt sah er Edgars Herkunft als Menetekel an der Wand erscheinen und verbot dem Jungen jegliche Weiterarbeit in der Theatergruppe.

Man kann sich denken, wie es in Edgar brodelte! Von – im Sinne Allans – »besserer« Einsicht war da sicher nichts zu spüren. Vielmehr läßt sich vermuten, daß sich in ihm Häme und Sarkasmus über die rechnerische Rationalität des Geschäftsmanns entwickelten. Allans Heftigkeit hatte in der Tat einen finanziellen Hintergrund. 1824 stand die Firma Ellis & Allan fast vor dem Bankrott. William Galt half aus, indem er den beiden Partnern eine Immobilie zur Verfügung stellte. Das alles reizte Allan. Außerdem peinigte ihn die Wassersucht. Da war ihm der intelligente und freche Edgar ein dauernder Dorn im Auge.

Erst als William Galt im März 1825 stirbt und das Erbe verteilt wird, prasselt auf die Allan-Familie in Form von Gütern, riesigen Grundstücken und Rücklagen ein Segen hernieder. Schon lange hatte Galt John Allan als Haupterben ausersehen. Die wenigen Zeilen seines Testamentes bedeuten für diesen das Ende aller finanziellen Schwierigkeiten: »Ich bestimme und vermache besagtem John Allan meine drei Landgüter ... mit Sklaven, Vieh und allem, was dazugehört ... Frances Allan, Gattin von John, erhält alle meine Kutschen und Pferde ... Miss Valentine bekommt zweitausend Dollar ...« Eine Nichte von Frances, die mit dem älteren Adoptivsohn William Galt jr. verlobt ist, bekommt tausend Dollar, die Stammplätze in der First Presbyterian Church gehen an Allan und an Galts zwei Adoptivsöhne.

Edgar wurde mit keinem Wort bedacht. Dabei waren die Beziehungen zu Johns Onkel einmal familiär gewesen. Im November 1819 und Januar 1820 hatte John aus London an den alten Galt geschrieben: »Edgar ist ein sehr guter Junge und ein guter Schüler.« Und: »Du bist unter den wenigen, an welche Edgar sich noch genau erinnert: Onkel Galt und

Onkel Roland sind seine alten Freunde …« Jetzt sieht es anders aus. So wie Galt wird auch Allan Edgar nicht an seinem Vermögen teilhaben lassen.

Allan dokumentierte seinen neuen Status, indem er in die prächtige Villa »Moldavia« zog. Das konnte Edgar keineswegs behagen, da Allan ihn von jetzt ab immer häufiger mit wegwerfenden Gesten bedachte. Der Bruch zwischen ihnen nahm endgültige Formen an. Edgars erste Liebe mit der angesehenen Bürgerstochter Elmira Royster fällt in diese Zeit. John Allan beobachtete diese Beziehung argwöhnisch und intrigierte gegen sie, als Poe nach Charlottesville auf die Universität ging.

Edgar zog sich ins Schreiben zurück. Wie in den Erinnerungen seiner Altersgenossen immer wieder hervorgehoben wird, neigte er zu Schwermut. Bei aller Sportlichkeit fehlte ihm die seelische Robustheit, die vieles einfach wegsteckt. Er litt und artikulierte das Leiden.

Als Vierzehnjähriger hatte er 1823 die Mutter eines Schulkameraden kennengelernt, Mrs. Jane Stanard. Sie war eine sensible Natur, sehr belesen und ging oft und gern ins Theater. Er verliebte sich in sie und verknüpfte die Muttergestalt mit der Kunstsinnigen (was er bei Frances Allan vermißte) zu einer idealen Figur. Doch bald erkrankte Mrs. Stanard. Sie litt an einem Gehirntumor, verfiel in geistige Verwirrung und starb im Januar 1824. Edgar wurde Zeuge ihres Verfalls, des Verfalls einer schönen Frau. Es ergab sich eine ähnliche Konstellation wie zwölf Jahre zuvor, als seine Mutter starb. Eines der vielen Gedichte, die Poe dem Thema der schönen, intellektuell sensiblen, sterbenden Frau widmete, stammt im Kern aus dieser Zeit: *To Helen*.

Deine Schönheit, Helen, sie gleicht für mich
der nikeischen Barke aus alter Zeit,
die sanft über duftende Wasser strich
und den weg-wunden, wehen Wanderer im Flug
ans Gestade der ersehnten Heimat trug.

Von lange durchirrter Meere Gefahr
dein klassisches Antlitz mich heimwärts wies,
Najade, dein hyazinthenes Haar,
zu der Glorie, die Hellas hieß,
und der Größe, die Rom einst war.

Sieh! auf der prächtigen Galerie
stehst du, wie je nur ein Standbild stand.
die achatene Lampe in marmorner Hand!
Ah, Psyche, aus Regionen, die
sind heiliges Land!

Düfte *(perfumed sea, hyacinth hair, Naiad airs)* mit Schwermut getränkt, Heimweh nach Heimat und Heiligem Land: ein schwül-schwülstiges Gedicht. Dieser Tod einer schönen und geliebten Frau war für Poe ein Schock. Jack Mackenzie aus der Pflegefamilie von Edgars Schwester Rosalie erinnerte sich: »Weder in seinen Jugendjahren noch später bemerkte ich jemals ein Anzeichen von Morbidität oder Melancholie in ihm, außer damals, als Mrs. Stanard starb und er eine Zeitlang sehr bekümmert und niedergeschlagen war.« Zweifellos, Edgar litt. Doch er genoß auch den süßen Schmerz der Melancholie, den *schwarzen Duft der Schwermut.*

Gastspiel auf der Universität

Eine laue Sommernacht auf dem Campus der University of Charlottesville. Man schreibt das Jahr 1826. Die *jeunesse dorée* der Südstaaten hat erst seit etwas mehr als einem Jahr die weißen Gebäude im klassizistischen Stil bezogen. In West Range Nr. 3 residiert Edgar Allan Poe. Jeder weiß um dessen Status, seit John Allan 1825 den großen William Galt beerbte. Erste Adresse! Dieser Status will inszeniert sein. Edgar muß buchstäblich eine Rolle spielen.

In Poes Zimmer, durchzogen von Alkohol- und Rauchschwaden, von wenigen Kerzen beleuchtet, treffen sich junge Männer, die familiären Zwängen entflohen sind und spielerisch eine neue Existenzform erproben – mit all den Unsicherheiten und ungewohnten Freiheiten. Viele der ausländischen Dozenten sind ebenfalls neu und hilflos, kennen die Bräuche Virginias nicht. Der *spiritus rector* des Ganzen und Gründer der Universität, der »Alte von Monticello«, Thomas Jefferson – ehemaliger Präsident der USA und einer der Gründer der Union –, ist vor kurzem gestorben. Noch gibt es keinen rigiden Zwang, noch lasten keine Traditionen auf der Bildungseinrichtung wie an den ehrwürdigen Universitäten von Harvard oder Princeton. In den ersten Jahren werden in Charlottesville viele Disziplinarverstöße vermeldet.

Die gut zwei Jahrhunderte von der Gründung des Harvard College im Jahr 1636 bis um 1860, vor Ausbruch des

Bürgerkrieges, gelten als die Frühphase des Hochschulsystems der USA. Denn erst ab Mitte des 19. Jahrhunderts wurde an den Universitäten das Selbstverwaltungs- und Wahlsystem eingeführt. Wichtiger noch war die Veränderung im Bildungsangebot: Die klassischen Studien wurden durch die Naturwissenschaften verdrängt, und die erhöhte Nachfrage nach Ausbildung in Agrikultur und Technik veränderte die Universitätsprogramme nachhaltig. Jeffersons Modellgründung 1825 in Charlottesville, Virginia, war an den Idealen der Aufklärung und der politischen Revolutionen in Amerika und Frankreich orientiert. Seine Jahre in Frankreich (1785 bis 1789) hatten den Staatsmann mit dem Gedankengut um die Leuchtwörter *Egalité, Liberté, Fraternité* vertraut gemacht. Mit der University of Virginia setzte er sich schon Jahrzehnte vor den Änderungen der Universitätsverfassungen um 1860 deutlich von der Frühphase ab, in der – von Neuengland aus gesteuert – die Religion einen wesentlichen Einfluß auf die höhere Erziehung ausgeübt hatte: *education in knowledge and godliness*, Erziehung in Wissen und Gottesfurcht war in der Harvard-Charta von 1650 als Ziel formuliert worden. Jefferson dagegen setzte auf die Ideale der säkularen Aufklärung: Selbstbestimmung und Selbstverantwortung. Der klassizistische Architekturkanon war das äußere Symbol dieser Bildungsideale.

Der Zögling Poe war bis zu seinem siebzehnten Lebensjahr nirgends positiv motiviert worden, was grundsätzliche Lebensziele betraf. Für die Frömmigkeit der kränkelnden Pflegemutter konnte er sich nicht erwärmen – Jugendliche neigen selten zu Religiosität. John Allans geldorientiertes Nützlichkeitsdenken stieß ihn ab – die Frontstellung zum Vater ist in der Pubertät ohnehin fast naturgegeben. Auf der

Universität hätte er sich mit anderen Werten identifizieren können – zumal Jeffersons Ideale Bigotterie und Borniertheit ausschlossen. Doch es sollte anders kommen.

Der Pflegesohn Allans spielte den Filou. Er konnte aus knappster Kenntnis heraus verbal improvisieren, er war sprachgewandt, witzig, ironisch und mit einem enormen Gedächtnis begnadet – stets *on top of the things*. Obendrein brillierte er in Sport. Dabei war er keinesfalls ein schüchterner Streber oder Bücherwurm. Trunk, Spiel, Flirts: Nirgends wollte er zurückbleiben. Zu guter Letzt dichtete er noch.

Hin und wieder trug Edgar seine Texte in geselliger Runde vor, doch stieß er durchaus nicht immer auf Verständnis, wie uns ein Kommilitone überliefert:

Eines Abends las Poe einigen seiner Freunde eine Geschichte von größerer Länge vor; die Kumpels befanden sich jedoch in ausgelassener Stimmung, fingen an, darüber zu witzeln, und äußerten die scherzhafte Kritik, daß der Name seines Helden *Gaffy* zu oft darin vorkomme. Poes Stolz konnte einen so offenen Tadel nicht ertragen, und in einem Anfall von Zorn warf er, bevor seine Freunde ihn daran hindern konnten, alle Manuskriptseiten ins Feuer. Auf diese Weise ging eine Erzählung verloren, die stellenweise höchst originell und – im Gegensatz zum Großteil seiner Geschichten – auch sehr amüsant war, völlig frei von seinem üblichen düsteren Kolorit und den tragischen Ausgängen, die in Nebel undurchdringlicher Schwermut gehüllt waren. Noch lange danach wurde er von allen, die in der besagten Runde dabeigewesen waren, *Gaffy Poe* genannt – ein Spitzname, den er nicht ausstehen konnte.

Im März 1825 war die staatliche Universität eröffnet worden, am 14. Februar 1826 wurde Poe dort immatrikuliert. Noch hatte sie keine fest definierten Studiengänge, sondern bot eine Palette von Vorlesungen an, aus der sich die Studenten ihren Semesterplan zusammenstellten. Statt thematisch eng begrenzter Abschlüsse gab es nur den Nachweis über Lehrveranstaltungen, an denen man teilgenommen hatte. Das Ideal des Akademikers war – ganz im Sinn des Idealismus Thomas Jeffersons und beeinflußt von Europa, möglicherweise auch von Wilhelm von Humboldts Berliner Universitätsreform von 1810 – der allseits gebildete Mann (Frauen studierten nicht). Viele Staatsbeamte – oft Juristen, die nebenher schriftstellerten – hatten neben dem Fachstudium ein geisteswissenschaftliches *studium generale* absolviert. Poes Intention wird es gewesen sein, später eine feste Anstellung mit der Möglichkeit dichterischer Produktion zu kombinieren. Ökonomie war damals ein »Fach«, das in der Praxis *gelernt*, nicht an der Universität *studiert* wurde, ähnlich stand es mit Medizin.

Poe stürzte sich mit Genuß in sein Studium. Endlich konnte er die Welt der Texte in ihrer ganzen synchronen und diachronen Vielfalt kennenlernen. Der erste Semesterplan zeigt seine Neigungen: klassische Sprachen bei Professor George Long, einem Engländer; neue Sprachen (Spanisch, Italienisch, Deutsch) bei dem Deutschen Georg Blaettermann sowie Geschichte und Geographie – jeweils an drei Tagen der Woche zwei volle Stunden.

Neben den Studien führten die jungen Männer – gerade weil das Pensum und der Leistungszwang nicht übermäßig waren – ein munteres Leben. Poe machte kräftig mit. Er mußte – um seinen ambivalenten Sozialstatus wissend – immer um besondere Aufmerksamkeit buhlen. Das kostete Geld. Doch gerade das hatte er nicht.

Es war der Fluch des Finanziellen, der den Überflieger wie Ikarus zum Absturz brachte. Die Flügel, die sein Pflegevater konstruiert hatte, trugen nicht – um in dieser Metapher zu bleiben. Allan schickte seinen Pflegesohn quasi aus der Beletage der Gesellschaft heraus auf eine Elite-Universität, aber er stattete ihn nicht mit dem nötigen Geld aus, um diese Statusrolle angemessen spielen zu können. Poe mußte Schulden machen, bat seinen Pflegevater wieder und wieder um Geld, das der ihm verweigerte. So mußte Poe schließlich nach nur zehn Monaten Charlottesville verlassen.

Man mag John Allan schottischen Geiz vorwerfen, aber die Ursachen seines Verhaltens liegen tiefer. Vielleicht eine unbewußte Mißgunst gegenüber der anderen Lebensart seines Zöglings, die ihm möglicherweise auch Angst einflößte. Was man beim eigenen Sohn und Erben lächelnd als Intermezzo hinnimmt, lehnt man bei einem jungen Mann, zu dem man auf Distanz geht, rundweg ab. Vielleicht war es auch der späte Versuch einer Erziehung zur Sparsamkeit. Hier tat sich der Konflikt auf, der fast alle Künstlerexistenzen begleitet: der Kaufmann und der Künstler. So rief Friedrich Hölderlin aus: »Krämer, Krämer, keine Menschen!«, so scheiterte Heinrich Heine am »Erziehungswillen« seines reichen Onkels Salomon, so hungerten sich Paul Verlaine und Arthur Rimbaud durchs Leben.

Über vier Jahre später, im Januar 1831, hat Poe in einem sehr offenen und ehrlichen Brief an den Pflegevater die Situation an der Universität noch einmal Revue passieren lassen:

Jedoch gedenke ich mich durchaus nicht all dessen schuldig zu sprechen, was gegen mich vorgebracht worden und was ich bis hierher erduldet, einfach weil ich zu stolz war, darauf zu erwidern. Ich will's nur kühn sagen, daß es einzig und allein Ihr eigener verfehlter Geiz war, welcher all die Schwierigkeiten verursachte, in die ich während meines Aufenthalts in Charlottesville geriet. Die Kosten am Institut betrugen bei niedrigstem Anschlag $ 350 pro Jahr. Sie schickten mich mit $ 110 dorthin. Von diesen waren $ 50 unmittelbar für die Immatrikulation zu erlegen – $ 60 als Kolleg-Gelder für zwei Professoren – und selbst da konnten Sie die Gelegenheit nicht vorüberlassen, mich darum zu beschimpfen, daß ich nicht bei dreien hörte. Dann waren weitere $ 15 für Zimmermiete zu bezahlen – denken Sie bitte daran, daß all dies *im voraus* zu entrichten war – von $ 110! – Des weiteren $ 12 für ein Bett – und nochmals $ 12 für Zimmermöblierung. Ich hatte natürlich den Verdruß, mich in Schulden stürzen und ein offizielles Darlehen aufnehmen zu müssen – gegen die bekannten Regeln des Instituts, und ward so gleich zu Anfang im Lichte eines Bettlers betrachtet.

Es wird Ihnen erinnerlich sein, daß ich innerhalb einer Woche nach meiner Ankunft an Sie um etwas mehr Geld schrieb und um Bücher – Sie antworteten in Ausdrücken der äußersten Beschimpfung – wäre ich der niederträchtigste Schurke auf Erden gewesen, Sie hätten mich nicht ärger schmähen können, als Sie's taten, und das bloß, weil ich's nicht imstande war, $ 150 mit $ 110 zu bezahlen! Ich hatte Ihnen in meinem Briefe (Ihrem ausdrücklichen Befehl gemäß) eine Aufstellung der aufgelaufenen Kosten beigeschlossen, welche sich auf $ 149 beliefen –

der zu zahlende Ausgleich betrug mithin $ 39 – Sie legten mir $ 40 bei und ließen mir somit einen Dollar für die Tasche. Kurze Zeit darauf empfing ich ein Paket Bücher, bestehend aus dem *Gil Blas* und den *Cambridge Mathematics* in zwei Bdn.: Bücher, für welche ich auch nicht die mindeste Verwendung hatte, da mir die Mittel fehlten, die mathematischen Vorlesungen zu besuchen. Doch Bücher mußte ich haben, wenn ich am Institut zu bleiben beabsichtigte – und sie wurden demzufolge *auf Kredit* gekauft.

In dieser Weise häuften sich die Schulden, und ich mußte bei Juden in Charlottesville zu Wucherzins Geld aufnehmen – denn ich war genötigt, eine Bedienung anzustellen, Feuerung zu bezahlen, meine Wäsche wegzugeben und tausend andere Notwendigkeiten mehr. Da geschah es denn, daß ich unordentlich wurde, denn wie hätte sich's anders noch richten lassen? Mit anderen Studenten konnte ich keinen Umgang halten, außer mit solchen, welche in ähnlicher Lage waren wie ich – wenn schon aus anderer Ursache – sie aufgrund von Trunksucht und Verschwendung – ich, weil es mein Verbrechen war, niemanden auf Erden zu haben, der sich um mich bekümmerte oder mich liebte. Ich rufe Gott zum Zeugen an, daß ich niemals an ausschweifendem Leben Gefallen gefunden habe – wer mich kennt, der weiß, daß meinen Bestrebungen und Gewohnheiten alles Derartige sehr fern liegt! Doch ich wurde von meinen Gefährten hineingezogen. Selbst ihre Freundschaftsbekundungen – so hohl sie waren – bedeuteten mir ein Labsal.

Gegen Ende des Semesters sandten Sie mir $ 100 Dollar – doch es war zu spät, um noch irgendwie dazu zu dienen, mich meinen Schwierigkeiten zu entreißen. – Ich hielt mich einige Zeit damit – in dem Gedanken, ich würde, wenn sich weiteres erhalten ließe, meinen Ruf doch noch wiederherstellen können. Ich wandte mich an James Galt – doch er lehnte es ab, aus den allerbesten Motiven, wie ich glaube, mir etwas zu leihen – da faßte mich Verzweiflung, und ich spielte – bis ich mich schließlich so weit verfangen hatte, daß nichts mehr zu retten war. Wenn mir für all dies die Schuld zu geben ist – versetzen Sie sich doch in meine Lage und sagen Sie mir, ob es Ihnen nicht gleichso ergangen wäre.

Ein überzeugendes Plädoyer. In der Erzählung *William Wilson* zeichnet Poe übrigens ein sehr kritisches Porträt von einem »lasterhaften Studenten«, den seine »eitlen Eltern« mit *zu viel* Geld ausgestattet hätten.

Ob Poe tatsächlich von seinen Kumpanen in Schwierigkeiten hineingezogen wurde, mag dahingestellt bleiben. Im Verhältnis zu ihnen erlebte er eher die von der Schule her bereits bekannte Mischung aus Bewunderung und insgeheimer oder offener Abneigung. Beliebt war er ganz sicher nicht, eher anstrengend, bizarr, unberechenbar – nach lärmender Teilnahme an Eskapaden verschloß er sich melancholisch in Einsamkeit. Er war schwer einzuschätzen. Wenige Monate vor seinem Tod, im Juni 1849, hat Poe in einer seiner *Marginalien* im *Southern Literary Messenger* den Typus des »Überfliegers« skizziert. Wahrscheinlich war ihm diese Sonderstellung von seiner Universitätszeit her besonders in Erinnerung geblieben – weil sie damals sozusagen rein war, noch nicht konterkariert durch sozialen Absturz und ständige Armut wie in späteren Jahren. Es heißt in dieser *Marginalie*:

Ab und an hab' ich mich über dem Versuch ergötzt, mir vorzustellen, was wol das Loos eines Menschen sein möchte, der begabt – oder vielmehr geschlagen – wäre mit einem sämmtlichen Art-Genossen bei Weitem überlegenen Geist. Natürlich wär' solch ein Mensch sich seiner Ueberlegenheit durchaus bewußt und könnte auch gar nicht anders (da er ja in allen anderen Dingen ein gewöhnlicher Mensch bliebe), als dies Bewußtsein an den Tag zu legen. Dergestalt aber würd' er sich an allen Ecken und Enden Nichts denn Feinde machen, und da überdies seine Ansichten und Speculationen von denjenigen der *gesammten* Menschheit ganz erheblich differiren müßten, liegt's auf der Hand, daß man ihn für einen Tollhäusler ansehen würde. Welch entsetzlich qualvolles Loos! Nicht einmal die Hölle könnt' eine ärgere Tortur aussinnen, als Derjenige sie empfinden muß, welcher sich um seiner abnormen Stärke willen einer abnormen Schwäche bezichtigt sieht.

In jenem unseligen Jahr 1826 hatte Poe unter einer weiteren Schikane zu leiden. Noch vor Beginn seines Studiums, als sich die Familie Allan in der Prachtvilla »Moldavia« einzurichten begann und den Wohlstand sichtlich genoß (selbst Frances' Kränklichkeiten und Allans Wassersucht verloren angesichts der Geldschwemme an Wichtigkeit), hatte Poe sich erstmals in eine Gleichaltrige, die sechzehnjährige Sarah Elmira Royster, verliebt. Die Familien Royster und Allan waren miteinander befreundet, Elmiras Vater war wie Frances ein aktiver Christ der presbyterianischen Kirche.

»Mira«, wie Poe sie nannte, zeichnete im Rückblick folgendes Porträt:

Er war ein schöner Junge – nicht sehr gesprächig. Wenn er mit mir plauderte, war er angenehm und wohlerzogen, aber von seinem Wesen und seinem Auftreten her schien er mir stets etwas bedrückt und traurig zu sein – seine wirklichen Eltern erwähnte er nie, aber er liebte die erste Mrs. Allan abgöttisch und sie ihn. Er hatte nur wenige Freunde, aber er war stets mit Ebenezer Burling zusammen ... Die beiden besuchten unser Haus sehr oft. Wir wohnten damals Poe gegenüber auf der Fifth Avenue. So kam es auch, daß ich seine Bekanntschaft machte. Unsere Beziehungen wurden unterbrochen, als er auf die Universität kam; er schrieb mir regelmäßig während der Studienzeit, aber mein Vater fing die Briefe ab, weil er meinte, wir seien noch zu jung – aus keinem anderen Grund. Edgar hat mir kein einziges Gedicht gewidmet ... er hatte strenge Grundsätze und haßte alles Grobe und Gewöhnliche ... Er war so freudig und feurig bei allem, was ihn interessierte, so ausgesprochen enthusiastisch und impulsiv!

Edgar und Elmira verlobten sich heimlich. Aus den gesellschaftlichen Spielregeln heraus, die Poe – besonders nach dem Aufstieg von Allan – wie selbstverständlich auf sich bezog, wäre eine Heirat *comme il faut* gewesen. Der angehende Akademiker – wahrscheinlich Alleinerbe des vermögenden Allan – war eine gute Partie. Und so schrieb er von Charlottesville zärtliche Briefe an Elmira und wunderte sich, daß ihre Antworten ausblieben. Mr. Royster hatte nicht nur die Briefe abgefangen, sondern seiner Tochter auch jeden weiteren Kontakt zu Edgar untersagt. Sicher geschah dies im Einverständnis mit Allan, der nicht daran glaubte, daß der liederliche Bursche sein Studium überhaupt abschließen würde.

Als Poe Ende 1826 aus Charlottesville nach Richmond zurückkehrte, hatte er nicht nur seine akademische Laufbahn beenden müssen. Mira begrüßte ihn als offizielle Verlobte eines Mr. Shelton. Eine Welt brach für ihn zusammen.

Allans Angebot, Edgar in seinem Kontor eine kaufmännische Lehre absolvieren zu lassen – Buchführung, Rechnungswesen, Geschäftskorrespondenz –, beendete alle hochfahrenden Pläne. Bitter war es, ausgerechnet rechnen lernen zu müssen bei jemandem, dessen Berechnungskompetenz an entscheidender Stelle versagt hatte! Poe empfand das als Zumutung. In einen Brief an Allan vom März 1827 beschrieb er seine Ambitionen:

Seit ich denken kann, habe ich mit all meinen Gedanken danach getrachtet, es zu Ansehen im öffentlichen Leben zu bringen – ein Streben, zu dem Sie selbst mich erzogen haben –, aber niemand kann dies ohne eine gute Erziehung erreichen, und eine solche wird einem nicht auf einer Grundschule vermittelt. Eine Universitätsausbildung war daher mein innigster Wunsch, und Sie ließen mich glauben, daß er einmal erfüllt werden würde – aber in einer plötzlichen Laune ließen Sie meine Hoffnung zunichte werden, fürwahr wegen einer Meinungsverschiedenheit, bei der ich gezwungen war, meine Ansicht offen zu äußern.

Noch gab Edgar nicht auf. Ihm jetzt schon die Überzeugung zu unterstellen, er sei zum Dichter berufen, wäre plausibel – sicher aber nicht die Absicht, als freier Schriftsteller leben zu wollen. Der Achtzehnjährige wußte, daß Dichtung das eine,

Subsistenzbasis das andere ist. Deshalb gelobte er Allan Besserung und wollte mit Rechtswissenschaften einen neuen Anfang machen. Aber selbst das schlug ihm der väterliche Feind ab. Er bestand auf einer kaufmännischen Lehre, auf einer Ausbildung zum Geschäftsmann. Das war für Poe inakzeptabel, ließ es sich – im Unterschied zur Juristerei oder zu einer staatlichen Anstellung – doch nicht mit dichtender Tätigkeit kombinieren. Auch hegte er grundsätzliche Vorbehalte gegen die Berufsgruppe der Kaufleute. 1840 wird er den *Business Man* und dessen Unverständnis gegenüber allem, was nicht nützlich ist oder sich in bare Münze umrechnen läßt, in einer Satire karikieren. Der Geschäftsmann spricht zu sich selber:

Wenn es irgend nur etwas auf Erden gibt, das ich hasse, so ist es ein Genie. Diese Genies sind allesamt abgefeimte Esel – und für diese Regel gibt es keinerlei Ausnahme. In Sonderheit kann man aus einem Genie keinen Geschäftsmann machen – so wenig als Geld aus einem Juden oder Muskatnüsse aus Piniolen. Diese Kreaturen lassen sich dauernd plötzlich auf irgendeine phantastische Beschäftigung ein oder eine lächerliche Spekulation, welche vollkommen im Widerspruch zur »Zwecklichkeit aller Dinge« steht, und betreiben keinerlei Geschäft, das man überhaupt als ein solches betrachten dürfte.

Kaufmann und Künstler – der klassische Gegensatz. Vor die Alternative »Geschäftsmann oder poetischer Genius« gestellt, war Edgar die Entscheidung klar. Indem Allan ihm ein praxisnahes Jurastudium verweigerte, schien Poe endgültig auf einen Weg verwiesen, der damals allenfalls als *ultima ratio* existierte: Geldverdienen durch Schriftstellerei. Seine Versuche, als Privatlehrer oder Dozent an einem Lehrinstitut unterzukommen – im 18. Jahrhundert in Europa bei Dichtern eine häufige Haupt- oder Nebentätigkeit, man denke an Christoph Martin Wieland oder Friedrich Hölderlin –, blieben ergebnislos.

Die Situation war hoffnungslos verfahren. Waren hier die Keime angelegt für Poes bleibende Melancholie? Man fühlt sich angesichts dieser Lage an Herman Melvilles Feststellung in *Redburn* erinnert: »Es gibt keinen größeren Misanthropen als einen enttäuschten Jungen, und so einer war ich, dem all die Widerwärtigkeiten die warme Seele hinausgeprügelt hatten.«

Während die Söhne der Reichen, der Mayos, der Poiteaux, der Stanards oder der Sheltons, von ihren Eltern großzügig unterstützt, ihren Studien nachgehen konnten und sich zu Hause auf Jagden und Bällen amüsierten und in ihren Eskapaden mild belächelt wurden, verdichteten sich um Edgar Allan Poe vernichtende Gerüchte: Er sei ein liederlicher Mensch. Von wüsten Exzessen in Charlottesville ging die Rede. Und ihm fehlte die familiäre Unterstützung, die solche Gerüchte verstummen oder gar nicht erst weitere Kreise ziehen läßt.

Da faßte Poe den Entschluß, seinen eigenen Weg zu gehen. Am Montag, dem 19. März 1827, schrieb er aus einer Taverne in Richmond folgenden Brief an Allan:

Mein Herr, nach dem, wie Sie mich gestern behandelt haben, und nach unserem Wortwechsel heute morgen wird Sie der Inhalt dieses Briefes kaum überraschen. Mein Entschluß steht nun endgültig fest – Ihr Haus zu verlassen und zu versuchen, irgendeinen Ort in dieser weiten Welt zu finden, wo man wenigstens anders mit mir umgeht, als *Sie* es taten. – Dies ist keine übereilte Entscheidung; ich habe lange darüber nachgedacht, und es gibt nichts, was mich davon abbringen könnte …

Allan reagierte zunächst nicht, auch nicht auf Edgars Wunsch, ihm einen Koffer mit Wäsche und Büchern zu überlassen. Das besorgte Frances Allan heimlich durch einen Bediensteten. Auch seine Manuskripte wurden ihm zugestellt. Ein letztes vorwurfsvolles Schreiben Allans unterbrach schließlich den Briefkontakt für zwei Jahre. Edgar verließ das Haus und die Stadt seiner Pflegeeltern. Frances Allan sollte er niemals wiedersehen.

Soldat Perry

Edgar war mutig. Die Kalkulation Allans, der Junge werde bald reumütig zurückkehren, ging nicht auf. Erst wollte Poe mit seinem Busenfreund Ebenezer Burling gemeinsam ausreißen, doch der hielt nur wenige Tage durch, bis Norfolk. Edgar zog allein weiter, per Schiff die Ostküste hoch in seine Geburtsstadt Boston. Dort versuchte er zunächst, als Journalist oder als Schauspieler Anstellung zu finden, doch – abgesehen von einer Aushilfsstellung bei einer Bostoner Zeitung, die nur kurz währte – vergebens. Immerhin befreundete er sich mit dem Drucker Calvin Thomas, mit dem zusammen er erstmals seine Gedichte herausbrachte, in einer Auflage von fünfzig Exemplaren: *Tamerlane and other Poems, By a Bostonian*. Er erfüllte sich damit einen langgehegten Wunsch. 1820 bereits hatte Allan mit Edgars Lehrer Joseph Clarke besprochen, wie es wäre, Eddys Poeme drucken zu lassen, doch Clarke hielt das Projekt bei einem Elfjährigen für Unsinn. Jetzt erfolgte die Drucklegung der wenigen Exemplare auf eigene Kosten und wirkte fast wie ein später Jungenstreich (Thomas fing auch gerade erst an, er war neunzehn). Die Bezeichnung »Bostonian« erlaubte sich Poe in Anspielung auf seine Geburt in dieser Stadt, mit der ihn sonst nichts verband. Das Büchlein, ganze zwölfeinhalb Cents teuer, fand weder Beachtung noch Absatz. All diese Versuche, sich in der Szene der Druckmedien zu arrivieren, dauerten nur wenige Wochen.

Am 26. Mai 1827 tat Poe einen verzweifelten, doch in seiner Situation vernünftigen Schritt: Er verpflichtete sich für fünf Jahre beim US-Militär als gemeiner Soldat, unter dem Namen *Edgar A. Perry*. Das verschaffte ihm Lohn und Brot.

Doch warum unter Pseudonym? Bereits in Richmond hatte er einmal halb scherzhaft den Decknamen *Henri le Rennet* angenommen. Als er nun in Boston einen Studienkollegen aus Charlottesville traf, bat er ihn, seinen Namen nicht laut auszusprechen. Er wollte inkognito sein Glück machen, nachdem er das Elternhaus verlassen hatte. Natürlich war es nicht zweckmäßig, mit der Angabe des Namens Allan Nachfragen zu provozieren, die seine Misere offenbart hätten. Außerdem wird angenommen, er habe in Charlottesville Gläubiger gehabt, die ihn nach wie vor verfolgten. Er mußte mithin Spuren verwischen.

Mit Sicherheit hat Poe den Dienst als gemeiner Soldat, als *Private Perry*, als nicht standesgemäß empfunden. Doch er hat diese Erniedrigung mit bewundernswerter Disziplin gemeistert. Später verleugnete er im übrigen diese Phase seines Lebens und gab vor, eine Weltreise à la Byron gemacht zu haben, nach Europa, zu den Freiheitskämpfen im Süden und auch in den Nordosten nach St. Petersburg.

Achtzehn Jahre war Edgar alt, als er Berufssoldat in der *United States Army* wurde. Was für eine Organisation war die Army? Während der Unabhängigkeitskriege hatte sich die *Continental Army* der Unionsstaaten gebildet, um die Engländer abzuwehren. Im Prinzip folgte man der Idee einer Berufsarmee, aber die einzelnen Staaten hielten sich außerdem eine Freiwilligen-Miliz. Die übergeordnete ständige Nationalgarde garantierte die innere Sicherheit. General George Washington gilt als der Begründer der *Continental Army*. Hier wurden – je nach Bedarf – Berufsarmee und Miliz gemischt. West Point, ein Plateau von vierzig Morgen Größe, dreißig Meter über dem Hudson nördlich von New York gelegen, wurde zum Symbol, zu einer nationalen Verteidigungs-Zitadelle. Für George Washington, der 1779 dort sein Hauptquartier aufschlug, war dieser Ort der *Key of America*, der Schlüssel Amerikas. 1802 wurde West Point zur *U.S. Military Academy* erhoben. Es ist der älteste Militärstützpunkt der USA. Über ihm wehte permanent die Staatsflagge.

Die zwanziger Jahre des 19. Jahrhunderts – als Poe sich in Boston rekrutieren ließ – waren für die Vereinigten Staaten eine Periode des Aufschwungs und der zunehmenden Demokratisierung im Zeichen des *common man*. Dieses Schlagwort hatte der Demokrat Andrew Jackson auf seine Fahnen geschrieben, nachdem es mit der aristokratischen Virginia-Dynastie der Präsidenten Thomas Jefferson und James Madison zu Ende gegangen war. Durch den Beitritt von Florida, Indiana, Mississippi, Illinois und Alabama zur Union waren die Vereinigten Staaten um 1820 gehörig angewachsen. Die sozialen Umschichtungen wirkten sich auch auf die Politik aus: 1832 wurde das allgemeine Wahlrecht eingeführt, sowohl die Präsidentschaftskandidaten als auch der Präsident selber wurden vom Volk bestimmt.

Die Armee spielte eine entscheidende Rolle beim Aufbau und bei der Konsolidierung des Staatswesens. Jefferson hatte in einer Militärreform von 1808 drastische Einschränkungen des Militärwesens vorgenommen. Küstenbefestigungen und kleinere Kriegsschiffe sollten genügen, also Verteidigung und *splendid isolation*. Das rächte sich, als das Piratenwesen und vor allem die Angriffe der Briten an der Ostküste die Lage verschärften. Jetzt waren auch Truppen zu Lande wichtig, weil die Engländer an Gebieten in Kanada und Florida interessiert waren. So wurde das Militärbudget wieder aufgestockt. 1811 beschloß Madison die Verstärkung der Marine, die den Briten bisher hoffnungslos unterlegen gewesen war. Als die US-Army endlich erste Siege zur See errang, stabilisierten diese auch das Staatswesen. Andrew Jackson profitierte davon, als er 1814 New Orleans einnahm und damit zum Helden wurde.

Das Jahr 1825, in dem der Bostoner John Quincy Adams die Präsidentschaft übernahm, bezeichnete das endgültige Ende der Virginia-Herrschaft. Der schwache Adams wurde 1829 durch Jackson ersetzt, der den Kampf gegen die Geld- und Landaristokratie zum Programm gemacht hatte. Er verlieh dem Militärwesen ein demokratisches Selbstbewußtsein, wie es bei europäischen Soldaten – von denen Frankreichs abgesehen – noch völlig unbekannt war.

Vier Jahre verbrachte Edgar Allan Poe beim Militär. In der Liste der Neuzugänge vom Mai 1827 wurde das Äußere des Soldaten Perry »mit grauen Augen, braunem Haar und heller Hautfarbe«, seine Körperlänge mit umgerechnet 1,69 Meter angegeben. Man ordnete ihn einem Artillerie-Regiment zu, das auf Fort Independence am Boston Harbour stationiert war: Quartier in Mannschaftsräumen, Rekrutenuniform, regelmäßige Verpflegung und fünf Dollar Sold pro Monat. Damit waren alle Unsicherheiten ausgeräumt. Edgar blieb sogar Geld übrig, das er in sein Druckprojekt stecken konnte. Der Dienst in diesen Friedenszeiten war nicht sonderlich anstrengend, und so blieb ihm genügend Zeit für die Dichtung. Was zunächst als Verzweiflungstat erschien, stellte sich als durchaus vernünftige Lösung heraus.

Ende Oktober 1827 wurde das Regiment Edgar A. Perrys

nach South Carolina verlegt, auf das Fort Moultrie auf Sullivan's Island in der Mündung des Charlotte River. Deutlich heißer war es dort, mehrere hundert Meilen südlich von Boston. 1843 hat Poe die Insel in seiner Erzählung *Der Goldkäfer* beschrieben:

> Das Eiland ist wohl einzig in seiner Art. Es besteht aus wenig mehr denn Seesand und hat rund drei Meilen Länge. Seine Breite geht an keiner Stelle über eine Viertelmeile hinaus. Vom Festlande trennt es ein kaum bemerklicher Bach, der durch eine Wildnis von Schilf und Schlamm dahinsickert, einem Lieblingsaufenthalt des Sumpfhuhns … im übrigen ist die gesamte Insel, mit Ausnahme dieser westlichen Spitze und eines Streifens harten weißen Strandes an der Seeseite, mit dichtem Unterwuchs von jener süßduftigen Myrte bedeckt, welche bei den Gartenbaukünstlern Englands so ausnehmend geschätzt wird. Das Buschwerk erreicht hier oftmals eine Höhe von fünfzehn oder zwanzig Fuß und bildet ein fast undurchdringliches Dickicht, dessen Wohlgeruch lastend in der Luft liegt.

Poe las wenig in jener Zeit. Viele Bücher konnte er als gemeiner Soldat ohnehin nicht mitschleppen. Auf dieser Insel des Wohlgeruchs brach er aus den Lesewelten aus und öffnete seine Sinne der betörenden Flora und Fauna des Eilands. Wie ein Naturwissenschaftler machte er sich Notizen und Skizzen von der Landschaft, den Pflanzen und Tieren. Die Erzählungen, die er später schrieb, profitierten davon.

Poe schien sich in einen disziplinierten jungen Mann verwandelt zu haben. Die Vorgesetzten lobten ausdrücklich seine Abstinenz – eine Tugend, die unter Studenten und Soldaten damals wie heute auffallen muß. Endlich konnte er frei atmen. Vor allem aber konnte er dichten.

Über ein Jahr lang blieb die Truppe Edgars an der Mündung des Charlotte River. Doch so sicher und sorgenfrei Poe auch die Situation empfand, auf Dauer trug sie den Keim der Langeweile in sich, denn sie war ohne Perspektive. Zweifellos kam er gut mit den Kameraden aus, obwohl sie als Publikum für seine Dichtungen kaum taugten – aber sie hatten Spaß an seinen ironischen Versen über die Vorgesetzten. Die Offiziere schätzten den aufrechten jungen Mann und waren an intelligenten Gesprächen mit ihm interessiert. Doch sie gehörten einer anderen sozialen Schicht an. Das wurmte Poe. Unrast befiel ihn.

Völlig unerwartet betrieb er Ende 1828 seine Entlassung aus dem einfachen Dienst. Dazu brauchte er eine Sondergenehmigung, die er nur bekam, wenn er im Offizierskorps verständnisvolle Gönner fand. Die gab es zwar, aber sie knüpften an ihre Gunst und Förderung die Bedingung, daß Poe sich mit seinem Pflegevater zu versöhnen habe. Ein Lieutenant namens James Howard schrieb im November einen Brief an John Allan, in dem er Edgars gute Führung lobt und dessen weitere Absichten mitteilt. Auf diesen Brief reagierte der Vater äußerst kühl und sprach sich gegen die Absprungpläne aus, einen begleitenden Brief von Poe ließ er unbeantwortet.

Anfang Dezember 1828 wurde das Regiment nach Fort Monroe an die Mündung des James River verlegt, ungefähr hundertfünfzig Kilometer flußabwärts von Richmond. Sein Protegé Howard empfahl ihn dem vorgesetzten Colonel James House. Dieser hatte einen guten Eindruck von dem

jungen Mann und versetzte Private Perry zum Schreib-
stubendienst beim Adjutanten, was ihm den üblichen Mili-
tärdienst ersparte. Dennoch startete Poe einen neuerlichen
Versuch, seine Entlassung zu betreiben. In einem Brief an
Allan vom 22. Dezember 1828 schrieb er:

Colonel House war sehr zuvorkommend, sagte mir, daß
er mit meinem Großvater, Gen. Poe, sowie Ihnen selbst
und Ihrer Familie bekannt gewesen sei und sagte mir
erneut meine sofortige Entlassung zu, insofern Sie Ihre
Einwilligung dazu erklären würden. Ich empfand es als
sehr traurig, daß Fremde einen solchen Anteil an meinem
Wohlergehen nahmen, während Sie, der Sie mich einst
Ihren Sohn nannten, es nicht einmal aus Höflichkeit für
notwendig befanden, meinen Brief zu beantworten. Sollte
es Ihr Wunsch sein, zu vergessen, daß ich Ihr Sohn gewesen bin, so bin ich zu stolz, Sie daran zu erinnern – ich
bitte Sie nur, sich zu vergegenwärtigen, daß Sie selbst es
waren, der eigentlich dafür die Verantwortung trug, daß
ich Ihr Haus verließ – indem Sie mich lehrten, ehrgeizig
zu sein. Wenn die Richtung, die mein Ehrgeiz nahm, auch
nicht Ihrer Vorstellung entsprechen mag, so ist er sich
doch seines Zieles nicht weniger sicher. *Richmond und
die Vereinigten Staaten waren eine zu enge Sphäre für
mich – die Welt soll meine Bühne sein ...* Nie zuvor empfand ich ein innigeres Gefühl der Zufriedenheit über mich
selbst und (ausgenommen vielleicht, daß ich Ihre Gefühle
verletzte) mein Betragen – mein Vater, verstoßen Sie mich
nicht! ich werde Ihrem Namen Ehre machen.

Auch dieser Brief änderte Allans Haltung nicht.

Am 1. Januar 1829 wurde Poe zum *Sergeant Major*, zum Wachtmeister, befördert, sein Sold verdoppelte sich auf zehn Dollar im Monat. Er konnte stolz sein, doch die Ignoranz Allans seinen Plänen gegenüber bedrückte ihn. Seine Vorgesetzten, die erkannt hatten, daß er im einfachen Dienst unterfordert war, rieten ihm, sich als Kadett auf der Militärakademie in West Point zu bewerben. Da in West Point nur ein geringer Prozentsatz der Bewerber angenommen wurde, mußte er John Allan, der einflußreiche Freunde in Washington hatte, wiederum um Hilfe bitten. Ende Februar 1829 kam der seit Dezember erwartete Antwortbrief Allans endlich in Fort Monroe an – aber statt erleichternder Zustimmung enthält er die kurze und kühle Aufforderung, sich nach Richmond zu begeben: Mrs. Allan liege im Sterben.

Frances Allan starb am 28. Februar 1829, nur einen Tag, nachdem Edgar den Brief erhalten hatte. Er traf erst nach ihrem Begräbnis, am Abend des 2. März, in Richmond ein. Von James Galt erfuhr er, wie Mrs. Allan auf dem Sterbebett gejammert habe, daß sie ihn nicht ein letztes Mal in die Arme schließen könne. Zum zweiten Mal hatte Edgar eine Mutter verloren.

An Mrs. Allans Grab auf dem Shokoe Hill Cementary wird Poe manches Mal gestanden haben. Das Grab von Mrs. Stanard, der Mutter des Schulfreundes, die er so verehrt hatte, lag nicht weit davon entfernt. Und irgendwo in seiner Erinnerung schwebte das Bild von der sterbenden Mutter, ebenfalls hier in Richmond empfangen. Drei Frauen, die sein Herz berührt hatten.

Die Melancholie, der »schwarze Duft der Schwermut«,

wird zu einem zentralen Thema seines Œuvre. Siebzehn Jahre später, 1846, heißt es in der *Methode der Komposition*:

… fragte ich mich jetzt: »Welcher ist unter allen melancholischen Gegenständen dem *allgemeinen* menschlichen Verständnis nach der *melancholischste*?« Der Tod – war die naheliegende Antwort. »Und wann«, fragte ich mich, »ist dieser melancholischste Gegenstand am poetischsten?« … »Wenn er sich aufs innigste mit der Schönheit verbindet; der Tod einer schönen Frau ist also fraglos der poetischste Gegenstand auf Erden.«

Aus der Zeit nach Frances Allans Tod stammt dieses Gedicht:

Ligeia! ich seh' / deine Schönheit wie nie, / deren grellste Idee / noch wird Melodie – / oh! ist es dein Wille, / zu treiben im Reich / des Winds? oder stille, / dem Albatros gleich, / zu ruhn auf der Nacht / (wie auf Lüften sie) / in entzückter Wacht / über all' Harmonie?

Ligeia, du Schöne! – / wo immer dein Blick, / kein Zauber je trenne / von dir die Musik! / Viel Augen du senkst / in schläfrigen Bann – / doch immer noch lenkst / Melodien du hinan: / des Regens Laute, / die niederhüpfen / und tanzend in traute / Blühkelche schlüpfen – / das Murmeln, entspringend / dem wachsenden Gras – / Musik sind sie, klingend / nach himmlischem Maß –

Fort denn in Schnelle, / oh! suche den Gral / der klarsten Quelle / im Mondesstrahl – / des Sees Wellen, / die träumen voll Lust / ob der Sternjuwelen, / die geschmückt deine Brust – / Wo Blumen wild / ihren Schatten gestreut, / da schläft nun mild / gar so manche Maid, / entflohen dem Wind / und der Lichtung Blauen – / Weck sie, mein Kind, / auf Moorland und Auen –

Geh! hauche leise / ihrem Schlummer ins Ohr / die melodische Weise, / die ruft sie empor – / denn was wohl erweckt / einen Engel so bald, / den der Schlummer deckt / unterm Monde kalt / wie der Zauber, des' Kreise / kein Schlaf je besiegt, / die rhythmische Weise, / die zur Ruh ihn gewiegt?

1849 endet eines seiner berühmtesten Poeme mit dieser Strophe:

> Denn der Mond mir nicht blinkt,
> ohn' daß Träume er bringt
> von der lieblichen Annabel Lee;
> in den Sternen gewahr
> ich die Augen klar
> meiner lieblichen Annabel Lee;
> und so lieg' alle Nachtzeit
> ich wachend zur Seit'
> meiner Lieb', der ich lebte,
> die einst ich gefreit,
> in dem Grabe, nicht weit von hie –
> in der Gruft, nicht weit von hie.

Über die persönliche Erfahrung hinaus greift Poe (wie in der *Ligeia*-Passage aus *Al Aaraaf* zu erkennen, gedichtet Ende der zwanziger Jahre) auf Versatzstücke der zeitgenössischen Romantik zurück, in welcher der Tod einer Frau wieder und wieder thematisiert wurde. Unverkennbar ist der abgehobene melancholische Ton, der während Poes Laufbahn immer mehr ins Morbide entgleitet. Unter dem Schlagwort der *décadence* ist diese poetische Tonart später von Charles Baudelaire, Paul Verlaine, Stéphane Mallarmé und Arthur Rimbaud aufgegriffen worden. Von Verlaine stammt die Formulierung: »La décadence, c'est l'art de mourir en beauté.« Dekadenz ist die Kunst, in Schönheit zu sterben.

Baltimore und das Desaster
von West Point

Im April 1829 wurde Poe in Ehren aus Fort Monroe entlassen, versehen mit den besten Zeugnissen und Empfehlungen für die Akademie in West Point. Seine Vorgesetzten hatten nicht weiter auf dem Junktim zur Versöhnung mit Allan bestanden.

Nun, da er als Pflegesohn in der Familie Allan nicht mehr akzeptiert war, suchte er den engeren Kontakt zu den Verwandten seines leiblichen Vaters, David Poe jr., in Baltimore. Seine hochbetagte Großmutter, die Witwe des Generals, lebte immer noch mit ihrer Tochter Maria zusammen. Davids Schwester war mit einem Mr. Clemm verheiratet gewesen, der sie und ihre Kinder – den mittlerweile elfjährigen Henry (der sich bereits als Tagelöhner verdingen mußte) und die siebenjährige Virginia – nach seinem Tod in bitterer Armut zurückließ. Auch Edgars älterer Bruder Henry gehörte zum Haushalt. Er war von seinen Weltreisen als Matrose gebrochen zurückgekehrt und dem Alkohol verfallen. Maria, der gute Geist der Familie, nahm Edgar auf.

Poe hauste im Dachgeschoß seiner Verwandten, wo er mit seinem Bruder ein Zimmer teilen mußte. Henry – ob nüchtern oder nicht – war ein großer Erzähler. In den letzten beiden Jahren hatte er eine Reihe von Texten veröffentlicht. Erlebt hatte er jedenfalls genug, und sein jüngerer Bruder sog das Erfahrungsmaterial in sich ein. Die Erzählung

Manuskriptfund in der Flasche, mit der Edgar 1833 seinen ersten Literaturpreis erringen sollte, hat sicher von Henrys »Seemannsgarn« profitiert.

Edgar war in seiner Dachkammer von geräuschvollem Stadtleben umgeben. Baltimore – 1729 gegründet und nach dem Initiator des Staates Maryland, Cecil Calvert Baltimore, benannt – war eine prosperierende Stadt von ungefähr achtzigtausend Einwohnern. An der weit ins Land reichenden Chesapeake Bay gelegen, dort, wo der Patapsco River mündet, lebte die Hafenstadt vom Handel, hatte sich aber bald zum Zentrum des Versicherungsgewerbes entwickelt. Kultur spielte – verglichen mit Philadelphia und New York – keine bedeutende Rolle. Ab 1827 wurde von Baltimore aus die erste Eisenbahn der USA gebaut: *The Baltimore and Ohio Railroad* Richtung Westen. Der junge Poe hat deren Bau unmittelbar miterlebt.

Nach wie vor wollte er sich in West Point bewerben, schrieb Briefe, organisierte Empfehlungen und antichambrierte bis hin nach Washington. Ebenso intensiv betrieb er die Veröffentlichung seiner poetischen Texte in Zeitschriften oder Buchverlagen. Er verfolgte diese Doppelstrategie durchaus rational und konsequent. Mit einem West-Point-Diplom mußte er nicht unbedingt Berufsoffizier werden, er konnte eventuell eine angesehene Stelle im Staatsdienst erwarten. Das hätte ihm – wie bei vielen anderen Akademikern seiner Zeit, die nach ihrem Studium eine Stelle bekamen – die ökonomische Basis für die eigene Literaturtätigkeit garantiert.

Edgar fehlte es nicht an Selbstvertrauen: Kaum in Baltimore, wandte er sich an William Wirt, einen anerkannten Literaten, der bis vor kurzem Justizminister der Staaten gewesen war. Ob er ihm denn einmal seine Dichtungen zeigen könne? Der alte Herr, dem Edgar sich als Enkel des General Poe vorgestellt hatte, reichte ihn an gewichtige Kritiker in Philadelphia weiter, damals Verlags- und Literaturhauptstadt der USA. Poe hatte ein längeres Versepos mit dem Titel *Al Aaraaf* fertiggestellt. Er zögerte nicht, sich mit Wirts Empfehlungen nach Philadelphia aufzumachen. Als erstes wandte er sich an den Verleger Isaac Lea, Inhaber des bedeutenden Verlages Carey, Lea and Carey in Philadelphia (also kein Dilettant wie Calvin Thomas in Boston). Nachdem ein persönliches Treffen, durch einen Mittelsmann eingefädelt, nicht zustande kam, obwohl Edgar eigens angereist war, setzte er sich in sein Hotelzimmer und schrieb einen Brief an Mr. Lea:

> Ich übersende Ihnen hiermit, zu Ihrer einfühlsamen Prüfung, ein Gedicht … Es heißt »Al Aaraaf« … Da dessen drei Teile nicht ausreichen werden, ein Buch zu füllen, möchte ich »Al Aaraaf« ein paar kürzere Gedichte hinzufügen – da das Werk von seinem Charakter her jedoch auf das Hauptgedicht abgestimmt sein sollte, erscheint es mir noch nicht notwendig, hier ausführlicher darauf einzugehen.
> Ist dieses Gedicht erst veröffentlicht, mag es gefallen oder nicht, *bin ich »unwiderruflich ein Poet«* …

Poes Zugriff auf den Verleger ist fast professionell, auch wenn Lea ihn zunächst höflich abwimmelte und auf andere Kritiker und Verleger verwies. Amerikanische Originalautoren hatten einen schweren Stand – erst recht ein Newcomer und Nobody wie Poe. Noch gab es kaum eine amerikanische Nationalliteratur.

Die kulturelle Eigenentwicklung folgt der politischen in aller Regel mit Verspätung. So setzte sich trotz der politischen Unabhängigkeit der Vereinigten Staaten der kulturelle Kolonialismus der Briten fort. Als endlich eine eigenständige amerikanische Literatur zu sprießen begann, verhinderten ökonomische und juristische Umstände deren Verbreitung. Das Fehlen eines international gültigen Copyrights erlaubte US-Verlegern einen ungehinderten Raubdruck von Werken aus den englischen, das heißt sprachidentischen Buchmärkten. Das war extrem kostengünstig, weil Übersetzungs- sowie Autoren- und Lizenzhonorare entfielen und man außerdem Werke verlegen konnte, die sich auf anderen Buchmärkten bereits bewährt hatten. Im Fall von Charles Dickens war das besonders eklatant und für den Autor höchst ärgerlich, entgingen ihm auf diese Weise doch enorme Honorarsummen. Warum sollte man – sagten sich die Verleger – Bücher mit Langtexten oder eine Sammlung von Kurztexten einheimischer Autoren ins Programm nehmen, die zum einen keinen Namen hatten und zum anderen auch noch Honorar forderten? Das Risiko war ihnen zu groß. Folglich wurden kaum amerikanische Schriftsteller publiziert.

Doch in einer anderen Sphäre der Printmedien bekamen die Autoren eine – wenn auch geringe – Chance. Die Zeitschriften (wöchentlich, monatlich, vierteljährlich) wurden mehr und mehr zum Bestandteil der anspruchsvollen Bürgerhaushalte, wo sie nicht nur auf dem *coffeetable* herumlagen, sondern auch mit Interesse gelesen wurden. Dort konnten sich literarisch versierte und schreibkundige Personen – auch Frauen – als Redakteure verdingen und ihre Texte unterbringen, allerdings mit gewissen Einschränkungen, was den Umfang betraf. Originalautoren konnten in

Zeitschriften nur mit kurzen Texten reüssieren. Eine neue Gattung nahm Form an, die *short story*, deren Entstehung den Eigenarten des amerikanischen Printmedienmarktes zu verdanken ist. Poe, der sich darin zum Meister entwickeln sollte, legte als erster eine poetologische Theorie für diese neue Gattung vor. 1842 entwickelte er in einer Besprechung von Nathaniel Hawthornes *Twice Told Tales* seine Ansichten zum Vorzug der Kurzgeschichte:

Verlangte man aber von uns die Namhaftmachung jener Literatur-Gattung, welche ... am ehesten dem hochfliegenden Genius entspricht, will sagen, ihm den günstigsten Spielraum zur Entfaltung seiner Möglichkeiten gewährt, so würden wir ohne zu zögern jene Art der Prosa-Erzählung nennen, welche Mr. Hawthorne uns mit den vorliegenden Bänden in die Hand gibt. Was wir meinen, sind Prosa-Stücke, deren Lektüre das Zeitmaß einer halben Stunde nicht übersteigt. Der übliche Roman ist um seiner Länge willen nicht zu empfehlen ... Da er nicht in einem Zuge gelesen werden kann, entbehrt er schon von sich aus jener immensen Kraft, welche sich aus der *Ganzheit* einer Wirkung herleitet. Alltags-Dinge schieben sich in den Lese-Pausen ein und modificieren, annulliren oder bekämpfen mehr oder weniger die Eindrücke, welche das Buch uns vermitteln will. An sich würd' ja schon ein simples Aussetzen der Lektüre hinreichen, die ächte Geschlossenheit unsres Eindrucks zu zerstören. Dem gegenüber ist's dem Autor in der kurzen Erzählung möglich gemacht, alle seine Intentionen zu realisiren, von welcher Art immer sie sein mögen. Während solcher Lese-Stunden wird die Seele des Lesers beständig vom Autor controllirt, und keinerlei äußere oder sonstige, nicht zum Gegenstand gehörende Einflüsse machen sich geltend – weder aus Ermüdung noch als Folge irgendwelcher Unterbrechung.

Wegen seiner Reflexionen über das Wesen der Kurzgeschichte und wegen seiner eigenen Kunstfertigkeit im Verfassen solcher Texte gilt Edgar Allan Poe zu Recht als Vater der *short story*.

Edgar war zuversichtlich. Auf seinen Brief hin kam es doch noch zu einem Gespräch mit Isaac Lea. Auch wenn er keine Zusage erhalten konnte, fühlte er sich geachtet und ermuntert, diesen Weg weiter zu beschreiten. Motive *ex negativo* hatte er genügend: chronischer Geldmangel und die hingehaltene Hoffnung auf eine Aufnahme in West Point. Ab und zu bekam er auf seine Bettelbriefe hin von Allan ein paar Dollar geschickt, doch die reichten nicht weit. Poe zog sich in das ärmliche Familienidyll der Poe-Clemm-Familie in Baltimore zurück. Mit Beharrlichkeit und Energie versenkte er sich in seine Dichtung. Da konnte ihn selbst sein für gewöhnlich alkoholisierter Bruder nicht stören – ganz im Gegenteil: Dessen Erzählungen boten ihm die wunderbarsten Vorlagen.

Die Mannschaft mißt das Deck mit unruhigen & tremulierenden Schritten; aber über ihren Angesichtern liegt es eher wie ein Ausdruck eifernden Hoffens denn wie die Resignation der Verzweiflung.
Inzwischen haben wir den Wind noch immer von achtern; und da wir unter solchem Press von Segeln fahren,

hebt es das Schiff zuzeiten buchstäblich aus der See – Oh Grauen über Grauen! Das Eis öffnet sich plötzlich zur Rechten; auch zur Linken; und wir wirbeln wie betäubt, in immensen konzentrischen Kreisungen, so rund wie rund wie rund herum, in einem gigantischen Amfi=Theater, dessen Wändungen sich nach obenhin in Dunknis & Distanz verlieren. Aber nur karge Zeit wird mir vergönnt sein, über mein Kismet zu meditieren – die Kreise werden sehr rasch enger – wir strudeln wie irr, gepackt vom Wirbelpfuhl – und inmitten des Röhrens & Blökens & Donnerns, von Ozean und von Sturm, beginnt das Schiff zu vibrieren oh Gott! und – alles versinkt –

Solche Textpassagen sollten ihm schon bald erste schriftstellerische Erfolge bescheren – hier ist es die Schlußpassage aus *Manuskriptfund in der Flasche.*

Poe wußte, wie schädlich falsche Bescheidenheit war. Gerade in diesen Aufbruchsjahren, der *Jacksonian Aera* der USA in den 1830er Jahren, mußte man die Ärmel hochkrempeln und ohne Skrupel seine Chancen wahrnehmen. Und Poe nutzte das Jahr 1829, die Wartezeit auf West Point. Es mag zwar etwas geschummelt sein, aber warum denn nicht von Isaac Lea das *Al Aaraaf*-Manuskript zurückfordern, weil man anderswo dafür Verwendung gefunden habe, bei Hatch & Dunning zum Beispiel, obwohl dort noch gar nichts entschieden war? Oder Mister Walsh, dem Kritiker in Philadelphia, zu einer gelungenen Rezension gratulieren und dabei von eigenen Projekten schwärmen? Oder einmal dem Verlag Hatch & Dunning in Baltimore, also gleich vor der Haustür, die Aufwartung machen, auch wenn die Verlage in Philadelphia oder New York das größere Renommee hatten?

Darüber hinaus gab es überall im Lande die literarischen *Lyceum Clubs*. Da fügte es sich gut, daß David Poes Schwester Eliza mit Mr. Henry Herring verheiratet gewesen war (sie war bereits 1822 gestorben), einem wohlhabenden Holzhändler, der literarische Neigungen hatte. Dieser Mann nahm sich des Neffen sehr freundlich an und schleuste ihn in den damals bedeutendsten literarischen Club von Baltimore, den Dolphin Club. Da trafen sich Intellektuelle, Journalisten, Schriftsteller, Künstler. Der angesehene Rechtsanwalt und Autor William Gwynn, etwas über fünfzig Jahre alt, war der Mittelpunkt. Wenn Edgar dort an Henry Herrings Seite erschien, war er wer – zumal in einem Ambiente, das seinen Neigungen entsprach. Dort freundete er sich mit dem Schriftsteller John Pendleton Kennedy an, der in seiner weiteren Entwicklung eine nicht unwichtige Rolle spielen wird.

Endlich wurden Edgar Allan Poes zahlreiche Aktivitäten belohnt: Erstmals sah er seinen Namen aus berufenem Munde belobigt. Der angesehene Literat und Kritiker John Neal hatte im September 1829 Verse von »E. A. P. aus Baltimore« erwähnt, in der *Yankee and Boston Literary Gazette*. Er tat das zwar mit einem etwas snobistisch-spöttischen Unterton, aber sein Lob brachte Poes Namen ins Gespräch.

Das war der Durchbruch. Ein Licht ging auf, das die Armut der Clemm-Poeschen Familie, die ermüdenden Auseinandersetzungen mit Allan und das quälende Warten auf West Point überstrahlte. In einem Brief an jenen John Neal, ein früheres Mitglied des Dolphin Club und Freund des Onkels John Poe, rief Edgar aus: »Ich bin jung – noch keine zwanzig – bin ein Dichter, wenn denn die tiefe Verehrung aller Schönheit mich dazu machen kann, und ich möchte es auch im gemeinen Wortsinn sein.«

John Neal druckte im Dezember 1829 eine Auswahl von Poes Gedichten in der *Boston Literary Gazette*. Man kann sich die erhabenen Gefühle des verstoßenen Sohnes kaum zwei Jahre nach seinem Abschied von Richmond unschwer ausmalen. Zumal Boston nicht irgendein Ort war, sondern aus der Perspektive der Südstaaten der Olymp des Nordens. Edgar hatte also früh Erfolg – allerdings nur auf der ideellen Ebene. Er konnte sich dafür buchstäblich nichts kaufen.

Um so hartnäckiger betrieb Poe seine Bewerbung um eine West Point-Ausbildung. Doch der positive Bescheid blieb aus. Allan lastete die Verzögerungen im Kriegsministerium Edgars mangelndem Engagement und vor allem dessen literarischen Aktivitäten an, was den Sohn zu langatmigen Rechtfertigungsbriefen nötigte. Immerhin war er einmal zu Fuß von Baltimore nach Washington gelaufen, um im Ministerium einen Termin zu bekommen.

Anfang 1830 holte Allan seinen Stiefsohn nach Richmond zurück. Er muß wohl eine Anwandlung von Verantwortung gespürt haben. Poe fügte sich aus ökonomischen Gründen. Immerhin war er hier versorgt. Nach seinem entschlossenen Ausbruch und Aufbruch drei Jahre zuvor muß er das Ganze jedoch als demütigend empfunden haben.

Beider Mißtrauen saß viel zu tief, als daß es zu einer Versöhnung hätte kommen können. Die Reibereien zwischen Allan und Poe hatten immer dieselben Gründe: In den Augen des Alten war Edgar, der sich in Richmond wieder in noblem Milieu bewegte, verschwenderisch und hing einem brotlosen Spleen an. Der Pflegesohn wiederum empfand seinen Vater als geizig und verständnislos. Selbst der Stapel Belegexemplare von Poes im Dezember 1829 bei Hatch & Dunning gedrucktem Buch *Al Aaraaf, Tamerlane and Minor*

Poems konnte den Alten nicht beeindrucken, obwohl das doch bewies, daß Edgar keineswegs nur für die Schublade produzierte.

Anfang Mai schrieb Edgar einen Brief an Sergeant Samuel Graves in Fort Monroe, in dem er seinen Pflegevater diffamierte: Mr. A. sei selten nüchtern, mehrfach habe er Mr. A. um Geld gebeten, aber sich immer eine Abfuhr geholt. Diese Passagen wurden Allan später hintertragen, was neuen Konfliktstoff ergab. Mitte Mai kam endlich die Aufforderung zur Aufnahmeprüfung in West Point. Poe verließ Richmond sofort und kehrte nach Baltimore zurück, um dort die restliche Zeit bis zur Aufnahmeprüfung zu verbringen.

Der positive Bescheid aus Washington war eine Erlösung. Ende Juni 1830 sollte in West Point die Aufnahmeprüfung stattfinden. Über Philadelphia ging es in den Staat New York, wo die Akademie über dem Hudson thronte. Poe bestand die Prüfung mühelos. Dabei kam ihm ein Umstand zugute, der ihm andererseits auch Nachteile brachte. Das Mindestalter für die Kadetten war vierzehn, das Höchstalter einundzwanzig Jahre. Poe, bereits einundzwanzig, fand sich mithin als »Alter« unter pubertierenden Jungen aus wohlhabenden Häusern. Das und seine Bucherfolge verschafften ihm ein respektables Ansehen, das in starkem Kontrast zu seiner Mittellosigkeit stand. Von Allan konnte er keinen Cent mehr erwarten, für ihn war er beim Militär »versorgt«.

Prompt geriet Poe in dieselbe Falle wie auf der Universität vier Jahre zuvor. Obwohl er als *Private Perry* gezeigt hatte, daß er außerordentlich diszipliniert und abstinent leben konnte, zelebrierte er hier einen Status, den er finanziell nicht durchhalten konnte. Wieder wurde seine Baracke

zum Ort von ausgelassenen und feuchtfröhlichen Aktivitäten, wieder spielte er den Mann von Welt.

Wenige Monate später war Poe in West Point am Ende. Im
Oktober 1830 bereits stand sein Entschluß fest, den Dienst
aufzugeben. Ein schlechter Ruf als Querulant und Schulden-
macher hing ihm mittlerweile an. Mehr denn je wollte Poe
Dichter werden. Denn immerhin konnte er jetzt, anders als
1827, Erfolge – wenn auch nur ideelle – vorzeigen. Das ge-
teilte Lebenskonzept – halb bürgerliche, halb dichterische
Existenz – erschien ihm nicht mehr erstrebenswert. Er
träumte davon, sich mit seinen poetisch-schriftstellerischen
Fähigkeiten ernähren zu können. Da mußten ihm die fünf
Jahre – das war die Ausbildungsdauer als Kadett – erschrek-
kend lang vorkommen.

Mit einem langen Brief vom 3. Januar 1831, aus West
Point an Allan gerichtet, zog er den Schlußstrich. Dieser
Brief liest sich wie das Resümee einer unseligen Beziehung
und auch als ein Dokument völligen Alleingelassenseins.
Eine Passage daraus, die Universitätszeit betreffend, wurde
bereits zitiert. Hier der Schluß:

Ich hatte keine Hoffnung, wieder nach Charlottesville
zurückzukehren, und ich harrte vergeblich in der Erwartung, daß Sie mir wenigstens irgendeine Beschäftigung
verschaffen würden. Als sich darauf keinerlei Aussicht
zeigte, hielt ich's denn einfach nicht länger aus. Jeden Tag
von Vollstreckung etc. bedroht, verließ ich das Haus –
und nach nahezu 2 Jahren Führung, an welcher kein Fehl
gefunden werden konnte – in der Armee, als gemeiner
Soldat – *verdiente* ich mir, aus eigener Kraft, unter den
erniedrigendsten Entbehrungen ein Offiziersanwärter-

Patent, das *Sie* mir jederzeit durch bloßes Ansuchen hätten verschaffen können.

Es war damals, daß mir der Gedanke kam, ich könnte es wagen, Sie bezüglich einer Ausstattung um Ihren Beistand anzugehen. Ich kam heim, wie Sie sich erinnern werden, in der Nacht nach dem Begräbnis – wenn *sie* nicht gestorben wäre, während ich fort war, hätte es nichts für mich zu bedauern gegeben: *Ihre* Vaterliebe habe ich niemals hoch veranschlagt, doch sie, glaube ich, liebte mich wie ihr eigenes Kind. Sie versprachen mir, alles zu vergeben – doch Sie vergaßen Ihr Versprechen bald wieder. Sie schickten mich nach W. Point wie einen Bettler. Die nämlichen Schwierigkeiten bedrücken mich nun wie zuvor in Charlottesville – ich muß quittieren … Ich habe nicht mehr zu sagen – außer nur, daß mein zukünftiges Leben (das Gott sei Dank nicht mehr lange dauern wird) nun in Dürftigkeit und Krankheit verbracht werden muß. Ich habe nicht Energie mehr noch Gesundheit, um, sollte es überhaupt möglich sein, mit den Strapazen dieser Stätte und den Unannehmlichkeiten fertig zu werden, welchen ich durch meinen absoluten Mangel an allem Notwendigen unterworfen bin, und es ist, wie ich zuvor schon erwähnte, meine Absicht, zu quittieren.

Poe wurde in Unehren entlassen. Die Anklageschrift vom 28. Januar 1831 lautete wie folgt:

1. Anklagepunkt: *Grobe Pflichtverletzung*. Im einzelnen: Besagter Kadett Poe hat sich zwischen dem 7. und 27. Januar 1831 folgenden Appellen und Exerzierübungen ent-

zogen: Nichterscheinen bei der abendlichen Truppenparade (in sechs Fällen), beim Frühappell (in sieben Fällen), beim Klassenappell (in sechs Fällen), bei der Wachablösung am 16. Januar und beim Kirchgang am 23. Januar 1831. Alles in West Point, N. Y.

2. Anklagepunkt: *Befehlsverweigerung.* Im einzelnen: Besagter Kadett Poe leistete dem Befehl des Offiziers vom Dienst, am 23. Januar den Sonntagsgottesdienst zu besuchen, nicht Folge. Ebenso blieb er entgegen dem Befehl seines Vorgesetzten am 25. Januar dem Unterricht fern. Der Angeklagte in Haft plädierte für den ersten Teil von Punkt 1 auf »Nicht schuldig«, für den zweiten Teil von Punkt 1 und was den Punkt 2 betrifft, in allen Fällen auf »Schuldig«.

Das Gericht befindet nach reiflicher Abwägung den Angeklagten schuldig aller gegen ihn erhobenen Vorwürfe …

Es ergeht somit das Urteil, daß der Kadett E. A. Poe aus dem Dienst der Vereinigten Staaten zu entlassen ist.

Dieser Bescheid … wurde inzwischen dem Kriegsministerium zur Einsicht vorgelegt, das seine Zustimmung erteilte.

Kadett E. A. Poe ist ab 6. März 1831 seiner Pflichten entbunden und gilt entsprechend ab diesem Zeitpunkt nicht mehr als Mitglied der Militärakademie von West Point.

Wie dünn das Eis ist! An einem Februartag des Jahres 1831 steht Poe auf dem Bootssteg bei West Point am Hudson und wartet auf das Schiff von Albany nach New York. Den Militärmantel hat man ihm gelassen – ohne Epauletten und Insignien. Fröstelnd zieht er ihn zusammen. In den Kleinbuchten des Ufers bilden sich Eiskrusten, die durch die Strömung immer wieder brechen. – Wie dünn das Eis ist! Vor einem Jahr noch sah sich Poe mit seinen Poemen als umworbener Dichter, dessen Produkte in renommierten Zeitschriften und als Bücher erschienen, er hatte direkten Kontakt zu bedeutenden Persönlichkeiten und den ehrenvollen Dienst an der West Point-Akademie vor sich. Visionen überglänzten alles. Jetzt nur Düsternis und dünnstes Eis.

Plötzlich will man sich verstecken vor all den Personen, für die man vor kurzem noch ein Kollege war! Werden sie den Versager mit mitleidigem Lächeln empfangen? Ihn überhaupt vorlassen? Bis in die Körperbewegungen spürt man die eigenen Skrupel, wie Blei in den Beinen, wo vor kurzem noch unbefangenes Vorwärtsstürmen war. Wie schnell das strahlende Lächeln zum Grinsen verkommt, die Ermunterung des Partners im nachhinein als lästige Pflichtübung erscheint. Was hat man selber in die Situation hineingesehen? Wie ruhig und souverän können diejenigen agieren, die in ihrer Stellung gesichert sind! Wie unwürdig die Bettelei, das Auf-dem-Sprung-Sein der Habenichtse – selbst da, wo es nur um Ideelles geht. Auch die Aussicht auf einen dritten Gedichtband, für Frühjahr 1831 bei Elam Bliss in New York geplant, kann jetzt nicht trösten. Wie schnell Begeisterung verfliegt, wenn die existentiellen Bedingungen fehlen. Wie dünn das Eis ist!

Unmöglich könnte er durch seine Dichtung das Renommee einer West Point-Karriere erwerben. Und wenn er Amerika verließe, zur See führe? Sich als Soldat in Freiheitskriegen verdingte wie Lord Byron? Etwas ganz Neues erleben! Weit weg von Allan und auch der lieben Muddy Clemm in Baltimore. Lieber ein Abenteuer statt eine Kugel in den Kopf!

Es blieb bei literarischen Abenteuern. *Poems by Edgar A. Poe* (second edition), Auflage fünfhundert Exemplare, 124 Seiten, Kleinformat. Ein Büchlein in grünen Karton gebunden. Es kam im April 1831 heraus, kurze Zeit nach dem Desaster von West Point. Er hatte es mit Bliss aus der Militärakademie heraus geplant, sogar bei seinen Mitkadetten Subskriptionen gesammelt, um die Druckkosten zu mindern. Ihnen widmete er das Bändchen. Als die Abonnenten das Buch lasen, hielt sich ihre Begeisterung allerdings in Grenzen. Weder Ausstattung, Papier und Druckbild, die von erbärmlichster Qualität waren, noch die Texte voll Schwermut und Fluchtwelt-Inszenierungen entsprachen ihren Erwartungen. *Tamerlane* führt in topographisch und historiographisch abgelegene Welten, ins ferne Samarkand. Im Zentrum des Gedichts steht der Sohn-Vater-Konflikt. *To Helen* und *A Paean: Lenore* besingen morbide weibliche Schönheiten – *A City in the Sea* und *The Valley Nis*: Traum-Städte und unwirkliche Szenerien. Ein Zustand zwischen Schlaf und Wachen.

Die Kadetten aber hatten Spottverse erwartet. Sicher johlten sie vor Belustigung und Enttäuschung und riefen Poe Beschimpfungen hinterher.

Die »Freiheit« eines Schriftstellers

Der Wunsch, mit Dichtung Geld zu verdienen, erwies sich als illusionär. Poes wechselnde Verleger ließen sich zunächst von der Qualität der Texte überzeugen, bis die Absatzzahlen sie ernüchterten. Keiner blieb dauerhaft an ihm interessiert. So stand Poe am Scheideweg: Flüchten oder Standhalten? Es spricht für seinen poetischen Genius, daß er die Synthese wählte: Standhalten im Metier, Flüchten in weltferne Inhalte.

Wie die Zeit als *Private Perry* 1827/28 ist die Zeit von 1831 bis 1834 eine Periode der Disziplin und der Produktivität. Poe begab sich wiederum in das kleine Idyll von Baltimore, wo Maria Clemm-Poe ihn mütterlich umhegte. Inwieweit er auch – wie damals in der Militärzeit – abstinent blieb, ist offen. Am 1. August 1831 starb sein Bruder Henry, ruiniert vom Alkohol, im Alter von nur vierundzwanzig Jahren an Tuberkulose. Eine kleine Schar stand am 2. August auf dem Friedhof der First Presbyterian Church, um William Henry Leonard Poe das letzte Geleit zu geben.

Wie sein jüngerer Bruder das alles aufnahm, ist nicht überliefert. Die Herrschaft von *King Spirit* mußte hier zwiespältig wirken. Henrys Tod konnte abschrecken vor dem Griff zur Flasche. Andererseits waren Henrys eigene Texte davon stimuliert worden, und auch im Werk seines Bruders Edgar lassen sich Spuren von Alkohol- und Opiumexzessen nachweisen. Jedenfalls hat auch Poe erlebt, was Charles Baudelaire in seiner berühmten Formulierung später die »künstlichen Paradiese« nannte. Die Sympathie Baudelaires für Poe hing nicht zuletzt damit zusammen, daß dieser bei zeitweiligem Alkoholismus poetisch hochproduktiv war. »Trotz Alkohol«, sagt der borninierte Spießer. Er schaut in doppelter Moral auf die Trinker herab, obwohl er selber nicht auf seine Tages- oder Abendration verzichten kann, und assoziiert beim Trinken nur dumpfes Wegsacken. »Wegen Alkohol«: So kehrte Baudelaire die Ursache der Produktivität um, andere Drogen eingeschlossen.

In der Notlage der Familie Poe-Clemm hieß der Tod Henrys auch: ein Esser weniger. Edgar konnte die Dachstube allein bewohnen und zur Dichterklause gestalten. Seine Cousine Virgina, eine kleine Elfe, die zu seiner poetischen Stimmung paßte, besuchte ihn oft in der Klausur. Drei Jahre der Zurückgezogenheit. Bei aller Not und Enge – das Häuschen in der Amity Street ist heute noch zu besichtigen – gab es auch Erfreuliches: kleine Flirts wie die mit seiner rothaarigen Nachbarin Marie Devereaux, die Edgar aus seiner Schwermut herausholen. Oder die Schwärmerei für eine weitere Cousine, die sechzehnjährige Eliza, Tochter des Holzhändlers Henry Herring, der er Gedichte widmete.

So bewegte sich der junge Poet durch die Straßen von Baltimore oder saß an der Chesapeake Bay, wo ihm der Wind die Haare zerzauste und die Möwen um ihn schrien, während er im stillen literarische Seestücke entwarf, etwa den *Manuskriptfund in der Flasche*. Poe war äußerst produktiv in dieser Phase: fünf Erzählungen allein 1832, zu schrecklichen und grotesken Themen (unter anderem *Metzengerstein*, *Der Duc de l'Omelette* oder *Atemverlust*). Daneben die

Lyrik der elegischen Stimmungen. Wir wissen nicht, wie leicht ihm die Umsetzung von Phantasien in Sprache fiel. Der ziselierte Kalkül, der in allem steckt und den er später in seiner Dichtungstheorie offengelegt hat, ließ kein einfaches Herunterschreiben zu. Da wurde sicherlich gefeilt, verbessert, umgestellt, verworfen, neu formuliert, mit all den Frustrationen und Erwartungen, aber auch mit der Freude und dem Entzücken, die diese Tätigkeit mit sich bringt. Nach der Düsternis und dem dünnen Eis vom Winter 1831 bekam Poe nun wieder Boden unter die Füße.

Und in der Tat passierte kurz darauf etwas, das eine entscheidende Station auf dem Weg des Dichters Poe werden sollte: Im Sommer 1833 schrieb die Chefredaktion der Zeitung *The Baltimore Sunday Visiter* einen Preis aus: fünfzig Dollar für die beste Erzählung, fünfundzwanzig Dollar für das beste Gedicht. Poe schickte das Gedicht *The Coliseum* und sechs Erzählungen an die angegebene Adresse, darunter *Manuskriptfund in der Flasche* und *Ein Sturz in den Maelström*. Einer der Preisrichter, John H. Latrobe, erinnerte sich an die entscheidende Sitzung des Auswahlkomitees:

Einige Arbeiten wurden beim Vorlesen schon nach wenigen Sätzen verworfen, andere legten wir beiseite, um auf sie zurückzukommen. Viele waren es nicht, und auch sie fanden später keine Gnade. Unsere Jury war schon fast darüber einig, daß sie keiner der vorgelegten Arbeiten einen Preis zusprechen würde, als mir ein kleiner Band im Quartformat auffiel, der unserer Aufmerksamkeit bisher entgangen war, möglicherweise weil er äußerlich so wenig den gebündelten Manuskripten glich, mit denen ich mich herumplagen mußte. Ich öffnete die Sendung und fand ein Kuvert mit einem Motto, das dem Buch entnommen war. Unsere Beurteilung der Prosawerke war also noch nicht ganz abgeschlossen. Statt der üblichen kursiven Schreibschrift war dieses Manuskript in Blockbuchstaben verfaßt – eine Nachahmung der Druckschrift.

Ich weiß noch, daß Mr. Kennedy und der Doktor ihre Gläser füllten und sich eine Zigarre ansteckten, während ich die erste Seite überflog. Als ich sagte, es bestünde nun endlich doch noch Aussicht, den Preis zu verleihen, lachten sie zweifelnd und lehnten sich bequem in ihren Sesseln zurück. Ich begann vorzulesen, und es dauerte nicht lange, bis meine Kollegen ebenso gefesselt waren wie ich selbst. Ich las die erste Erzählung, dann die zweite und auch noch die nächste. Ich hörte nicht auf, bis das Buch zu Ende war, und ich wurde nur von Zwischenrufen wie »Großartig! Hervorragend!« unterbrochen. Aus allem, was ich meinen Kollegen vorgetragen hatte, sprach Genie: nirgends ein unsicherer Umgang mit der Grammatik, keine Schwächen im Satzbau, keine falsche Interpunktion, keine platten Binsenweisheiten, keine starken, jedoch wortreich plattgewalzten Gedankengänge. Logik und Phantasie vereinigten sich zu einer seltenen Stimmigkeit. ... Alles zeugte von einem scharfen Blick für komplizierte Sachverhalte, und scheinbar Zufälliges wurde in einer Weise zu einem Ganzen geordnet, die die Juroren dafür einnahm ... eine Fülle exakter, wissenschaftlicher Kenntnisse, die sie bezauberte ... eine reine, klassische Diktion, die uns alle drei entzückte. – Nach der Lesung standen wir vor einer schwierigen Wahl. Teile der Erzählungen wurden erneut vorgelesen, und schließlich wählte das Preisgericht *A Ms. Found in a Bottle* aus.

Es wurde Poes erster großer Erfolg. Das preisgekrönte Prosastück, dessen Hauptmotiv eine aus den Tiefen der Weltmeere angespülte Flaschenpost bildete, wurde in der Baltimorer Zeitung veröffentlicht. Poes Besuch bei den Mitgliedern der Jury hat Latrobe ebenfalls festgehalten:

> Er machte eine bemerkenswert gute Figur ... war ganz in Schwarz gekleidet, und sein Gehrock war bis zum Hals zugeknöpft, also bis zu dem schwarzen Samtkragen, den damals fast alle Welt trug. Nirgends ein Schimmer von Weiß. Rock, Hut, Stiefel und Handschuhe hatten offenbar schon bessere Tage gesehen, aber soweit es durch Bürsten und Ausbessern möglich war, hatte man anscheinend alles getan, um sie präsentabel zu gestalten. Bei den meisten Menschen hätte diese Kleidung schäbig und heruntergekommen gewirkt, aber von diesem Mann ging etwas aus, das jede Kritik an seiner äußeren Erscheinung verstummen ließ ... Er war von Kopf bis Fuß ein Gentleman von ruhigem, gelassenem Auftreten, und wenngleich er gekommen war, um Dank für etwas abzustatten, das er des Dankes wert hielt, hatte nichts von dem, was er sagte oder tat, etwas Unterwürfiges.

Die Erzählung *Der Manuskriptfund in der Flasche* kombiniert eine fast pedantisch wissenschaftliche Beschreibung mit einem schier unglaublichen Inhalt, der Erstaunen und Entsetzen evoziert. Die nüchtern-exakte Prosa macht das Ganze glaubwürdig:

Wir warteten vergebens auf den Anbruch des 6. Tages ...
Hinfort waren wir in Pech=Schwärze eingehüllt, so daß
wir, 20 Schritt vom Schiff entfernt, keinen Gegenstand
mehr hätten ausmachen können. Ewige Nacht umgab
uns pausenlos; gänzlich ungelindert durch das phospho-
reszierende Meerleuchten, an das wir uns in den Tropen
gewöhnt hatten. Auch bemerkten wir, daß, obschon der
Sturm mit unverminderter Heftigkeit zu toben fortfuhr,
wir dennoch keine Spur mehr von dem Schäumen oder
Branden zu entdecken vermochten, das uns bisher begleitet hatte. – Alles in der Runde war Graus, und fettes Düster, und eine schwarz schwitzende Wüste aus flüssigem
Ebenholz. – Abergläubisches Entsetzen beschlich, stufen-
weis zunehmend, den Geist des alten Schweden; und
meine eigne Seele war übermannt von stillem Staunen.
Wir ließen jedwede Sorge um das Schiff, als schlimmer
denn nutzlos, fahren; sicherten uns, so gut es ging, am
Stumpf des Besanmastes, und starrten ansonsten eben
voll Bitternis in die tosende Ozeanwelt. Wir verfügten
weder über Mittel, die Zeit zu messen; noch vermochten
wir unsern Standpunkt zu bestimmen, sei es auch nur
ganz annähernd. Trotzdem waren wir uns völlig klar darüber, daß es uns weiter südwärts geführt haben mußte als
sämtliche früheren Entdecker, und empfanden beträcht-
liches Erstaunen, nicht auf die zu erwartenden Eishinder-
nisse zu treffen. Inzwischen drohte jeder Moment, unser
letzter zu sein – jeder Wogenberg eilte, uns zu verschlin-
gen. Die Dünung überstieg alles, was ich bisher überhaupt für vorstellbar gehalten hatte, und daß wir nicht un-
verzüglich begraben wurden, ist ein glattes Wunder. Mein
Gefährte sprach von der Leichtigkeit der Landung, und

erinnerte mich an die vortrefflichen Eigenschaften unseres Schiffes; aber, ich konnte mir nicht helfen, ich hatte das Gefühl der gänzlichen Hoffnungslosigkeit des Hoffens, und bereitete mich düster auf den Tod vor, der meiner Ansicht nach durch nichts um auch nur 1 Stunde noch hinausgeschoben werden konnte, da mit jeglicher Meile, die das Schiff machte, die Dünung der stupenden schwarzen Seen immer schrecklicher & entmutigender wurde. Zuweilen schnappten wir nach Luft in einer Höhe jenseits des Albatross – zuweilen schwindelte uns ob der sausenden Niederfahrt in eine Wasserhölle, wo die Luft flau stockte & kein Laut den Schlummer der Kraken störte.

Wir befanden uns am Boden eines dieser Abgründe, als plötzlich ein schneller Schrei meines Gefährten die Nacht aufs furchtbarste zerriß. »Sieh! Sieh!« kreischte sein Ruf mir ins Ohr. »Allmächtiger Gott! Sieh! Sieh!« Er sprach noch, da wurde ich schon der dumpf trüben Rotglut des Lichtes gewahr, das die Innenseite des weiten Wasserkraters, in dem wir lagen, herabströmte und ruckenden Glanz über unser Deck warf. Die Augen aufwärts richtend, erblickte ich ein Schauspiel, darob mir das Blut in den Adern gerann. In einer furchtbaren Höhe, direkt über uns & unmittelbar am Rande des jähen Absturzes, schwebte ein gigantisches Schiff, von schätzungsweise viertausend Tonnen. Obschon auf den Kamm einer Woge erhoben, mehr als hundertmal so hoch wie es selbst, übertraf seine scheinbare Größe dennoch die jeglichen Linienschiffes oder Ostindienfahrers, der existiert. Sein mächtiger Rumpf war von einem tiefen schmutzigen Schwarzbraun, das keines der bei Schiffen sonst gewohnten Zierraten etwas aufgelokkert hatte, 1 einzige Reihe messingner Geschütze sah aus den offenstehenden Stückpforten hervor, und ihre blankgeputzten Oberflächen spiegelten zuckend die Feuer unzähliger Gefechtslaternen wider, die überall in der Takelage hin & her pendelten. Aber was uns hauptsächlich mit Graus & Erstaunen erfüllte, war, daß wir sämtliche Segel gesetzt sahen, dem übernatürlichen Seegang zu ausgesprochenem Trotz & und dem unbändigen Orkan nicht minder. Da wir seiner zuerst ansichtig wurden, war nur die Bugpartie zu sehen gewesen, wie es sich langsam aus seinem düster- & schrecklichen Schlunde jenseits hob. Einen Moment entsetzlichster Spannung lang verhielt es sich in der schwindelnden Höhe, wie in Betrachtung seiner eignen Erhabenheit; dann ein Beben; ein Wanken – und dann kam es herab!

Poe gelingen Bilder, die der Leser nicht vergißt. Wo hatte er sie her? Sie wirken halluzinatorisch. Seine Phantasien streiften die »Grenzen der Normalität«. Doch was ist schon normal? Er selbst schreibt dazu in der Erzählung *Eleonora*:

Manche Leute haben mich verrückt genannt; aber die Frage ist so ausgemacht noch nicht, nach ja oder nein, ob es sich beim Wahnsinn nicht etwa um die luftig-stolzeste Mentalität *(the loftiest intelligence)* handeln könnte – ob vieles, das glorreich – ob alles, was profund ist – nicht vielleicht doch nur dem angegriffenen Denken entspringen könnte – Geisteszuständen, wo 1 einzelne *Stimmung* auf Kosten des gesamten psychischen Apparates *(general intellect)* mächtig übersteigert ist. Sie, die bei Tage träumen, haben Kenntnis von manchen Dingen, welche Denen entgehen, die nur bei Nacht zu träumen pflegen.

»Krankhaftes Denken« gegen »gesunden Menschenverstand«: So wird letztgenannter diese Alternative vereinfacht auf den Punkt bringen. Es ehrt das Dreiergremium Kennedy/Latrobe/Miller noch heute, daß es die »wilde, kraftvolle und poetische Imagination« der Erzählungen Edgar Allan Poes anerkannte und honorierte. Aber im amerikanischen Alltag, auch beim gebildeten Publikum, entzündeten diese Geistesblitze allenfalls das Strohfeuer einer kurzen Begeisterung. Ein verläßliches Publikum stellte sich bei Poe zeitlebens und noch Jahrzehnte nach seinem Tod in den USA gerade nicht ein. Seine melancholischen Traumwelten und Beschreibungen von außergewöhnlichen Schrecknissen und Untaten waren den bodenständigen Yankees und der fortschrittsgläubigen *think positive mentality* zu fremd. Die subtile Dialektik von diszipliniertester Rationalität und Anerkennung des Irrationalen fand unter Poes Zeitgenossen kaum Freunde.

Die hemdsärmeligen Pragmatiker, die alles für planbar, herstellbar und beherrschbar hielten, sahen in solcher Irrationalität nur Abartigkeiten. Die religiösen Irrationalisten dagegen hegten der Ratio gegenüber grundsätzliches Mißtrauen und ergötzten sich – wenn sie überhaupt Lyrik oder Prosa lasen – an romantischen Klischees wie Rosengärten, Abendsonnen oder Schwanenteichen.

Poe hatte die literarische Moderne begründet. Er war seinen Zeitgenossen weit voraus. Und nicht nur den Zeitgenossen. In Amerika ist er bis heute nicht in den Kanon der Nationalliteratur integriert. Zwar werden die wenigen Gedenkstätten mit offiziellen Hinweisschildern versehen oder – wie in Philadelphia – als *National Historic Site* gepflegt oder verwaltet, aber der Zustand der Stätten und die knappen

Öffnungszeiten sind Indizien für die bleibende mangelnde Anerkennung.

Poes Erzählungen werden als schulische Pflichtlektüre angesehen. Da er keine epischen Großwerke wie James Fenimore Cooper, aufbauende Essays im Stil Ralph Waldo Emersons oder gesunde, kraftvolle Lyrik wie Walt Whitman hinterlassen hat, herrscht Verlegenheit. Der Geist seines Œuvre steht quer zur *think positive mentality,* die bis heute in den Vereinigten Staaten dominiert, wenngleich unter deren Oberfläche die Abgründe je länger je weniger zu übersehen sind. In Baltimore ziert die Ehrentafel einer französischen Institution die Ecke des kleinen Kirchhofs, wo Poes Grabmal steht. In Frankreich hat man seine Modernität von Anfang an verstanden.

Nach der Preisverleihung in Baltimore 1833 versuchte Poe im Wissen um die Qualität seiner Texte sogleich, sie Verlegern anzubieten. Diese konnten ihrerseits die Qualität nicht bestreiten. Doch die Erfahrenen unter ihnen kannten die unsichere Liaison von Qualität und Erfolg. Nur die Neulinge ließen sich vom Sog der Begeisterung mitreißen: »Das *muß* doch den Leser faszinieren!« Solche Newcomer waren im Verlagsgewerbe zum Glück nicht selten – an neu aufgestellten Druckpressen oder neuen Periodika mangelte es nicht in dem aufstrebenden Land. Man brachte Poes Gedichte heraus, um sehr bald danach abrechnen zu müssen: per Saldo negativ.

Im Hochgefühl des Baltimore-Preises machte Poe einen taktischen Fehler. Um seine Bekanntheit als Preisträger auszunutzen, wäre es naheliegend gewesen, in Baltimore zu publizieren. Statt dessen wandte Poe sich – wohl auf Anraten

John Pendleton Kennedys – nach Philadelphia, wo die tonangebenden Verleger saßen, und da natürlich an Carey & Lea. Die Absage kam mit Verzögerung und brachte es auf den Punkt: »Schreiben ist nun mal ein klägliches Geschäft, wenn ein Mann es zu keinem Namen in der Öffentlichkeit gebracht hat – und einen Namen erwirbt man sich nur höchst selten mit Kurzgeschichten.« Die Alternative Baltimore (lokale, temporäre Bekanntheit) oder Philadelphia (nationale Zielgruppe dank bekannter Verlage) war jedoch letztlich im Resultat unerheblich. Entscheidend war Mr. Careys Argument: »Sei erst etwas, dann lohnt sich das Verlegen Deiner Texte!«

Daß jemand nur mit Schreiben einen Namen errang, war die seltene Ausnahme. Washington Irving (*Skizzenbuch*, 1819/20) hatte lange experimentiert, bis er in historisch-biographischen Texten eine Goldader entdeckte: An den *Reisen des Columbus* verdiente er fünfundzwanzigtausend Dollar und schrieb deshalb seit 1824 nur noch solche Texte, außerdem Reisebeschreibungen. James Fenimore Cooper (erster Bestseller: *Der Spion* von 1820, dann bekannt durch *Der letzte Mohikaner*, 1826) konnte sich einen Namen machen mittels eines umfangreichen Romanwerks aus der Welt der Grenzer und Indianer, die zu Idolen taugten (*Lederstrumpf*). Doch Poe, der sich später ausdrücklich zu dem journalistischen Prinzip der *diversity and variety* bekannte, bot als Autor von *short stories* ein zu diffuses Profil, als daß er auf dem Markt der Printmedien hätte Kontur gewinnen können. So waren seine Illusionen, es allein durchs Schreiben zu schaffen, bald zerstoben.

Poes literarischem Angebot entsprach im Publikum des damaligen Amerika eben kaum eine Nachfrage. Versdichtungen, die im fernen Samarkand spielen *(Tamerlane)*, Erzählungen aus Transsylvanien *(Metzengerstein)* oder von grauenhaften Abenteuern auf den Weltmeeren *(Manuskriptfund)* – solche Fluchtwelten eines jungen Mannes in unglücklichen Umständen konnten in ihrer Sprachkunst lediglich wenige Kenner begeistern, die mehr auf die Form als auf die Inhalte achteten. Eine derart kleine Klientel ergibt für den Autor nur höchst unzureichende Tantiemen.

Vielleicht näherte sich Poe deshalb im Frühjahr 1834 ein letztes Mal Allan, der im Sterben lag. Als Dichter kannte er keine Unterwürfigkeit, seinen Verlegern trat er mit Würde entgegen, als Mensch jedoch mußte er kriechen und um jeden Dollar betteln. Noch hatte er die Hoffnung zumindest auf einen Teil der Erbschaft nicht aufgegeben. Wenige Tage vor Allans Tod am 27. März 1834 kam es zu einem letzten dramatischen Wiedersehen. Allan litt an Wassersucht. Er konnte nicht liegen, saß Tag und Nacht in einem Lehnstuhl und brütete vor sich hin. Seit fast vier Jahren war er mit Louise Gabriella Patterson verheiratet, die, nur neun Jahre älter als Edgar, seitdem jedes Jahr mit einem Kind niedergekommen war. Als Poe an die Tür klopfte, wollte die zweite Mrs. Allan den ihr unbekannten Mann nicht vorlassen. Sie hatte Edgar noch nie zu Gesicht bekommen und bat um Verständnis, daß das nicht ginge: Mr. Allan wäre zu krank. Doch Edgar drängte sich an ihr vorbei und stürmte die Treppe hinauf. Als er den Raum betrat, schreckte der Alte auf und drohte ihm sofort mit dem Stock – schlagen würde er ihn, wenn er näher käme! – und verwies ihn schreiend des Hauses.

Damit schienen Poes Chancen auf einen Anteil an der

Erbschaft Allans endgültig dahin zu sein. Er empfand kein Mitleid mit seinem Pflegevater. Er verachtete ihn. Was hatte Allan von seinem Leben gehabt? Der ständige Berufsdruck, die Wechsellagen der Zeit, bevor er William Galt beerbte. Die lächerliche Rolle als Herr im Haus, der heimlich zu anderen Frauen schleicht. Die Verlogenheit. Dann die zweite Ehe mit einer Frau, die auf sein Geld aus war. War das Glück? Mußte man es sich so erkaufen? War Geld denn alles? Gegen Ende seines eigenen Lebens äußerte Poe gegenüber seinem Freund Frederick W. Thomas: »Literatur ist der edelste Beruf … Ich werde mein Leben lang ein Literat sein. Um alles Gold Kaliforniens würde ich meine Ambitionen nicht aufgeben!«

Redakteur in Richmond

Ein Keulenschlag. Keinen einzigen Cent erhielt er nach Allans Tod am 27. März 1834. Das traf ihn trotz allem unvorbereitet. Dieser Schlag brachte ihn ins Taumeln. Die Erwartung, sich mit einer Erbschaft im Hintergrund im öffentlichen Leben einen Namen machen zu können, der ihn im Literaturbetrieb weitergebracht hätte, war wohl ohnehin illusorisch gewesen. Aber doch wenigstens eine Summe Geldes, die für einige Zeit seinen Lebensunterhalt gesichert hätte! Statt dessen mußte er sich jetzt notgedrungen auf Stolperpfaden vorarbeiten.

Elend ist mannigfaltig. Die irdische Erbärmlichkeit vielgestaltig. Dem Regenbogen gleich überspannt sie den weiten Horizont; ihre Schattierungen sind nicht minder variantenreich als die Farbtönungen jenes Gewölbten – auch ebenso deutlich, und ebenso delikat ineinander übergehend. ... Aber, gleich wie im Sittlichen das Böse die Hohlform des Guten ist, so, wahrlich, wird ausmitten von Freuden der Kummer geboren. Entweder macht die Erinnerung vergangener Wonnen das Heute zur Plage; oder die Martern, die *sind*, haben ihren Ursprung in Entzückungen, die *hätten sein können*.

Der Satz vom mannigfaltigen Elend, im Frühjahr 1835 in der Erzählung *Berenice* formuliert, gibt Poes Stimmungslage in jener Zeit wieder. »Mit seiner Art von ›Talenten‹ wird Edgar es nie zu etwas bringen!« hatte Allan einst über ihn gesagt. Sollte er recht behalten?

Woher sollte Geld kommen? Überall im Lande entstanden (und vergingen) neue Zeitschriften. Die erfolgreichsten und damit Vorbilder für viele Nachahmer waren in Philadelphia *The Portfolio* seit 1801 und *American Quarterly Review* seit 1827, in New England die *North American Review* seit 1815 und *The Christian Examiner* von 1824 an über viele Jahrzehnte. Sollte da ein Talent wie Poe, mit der neueren und neuesten Literatur bestens bekannt, nicht irgendwo zum Zuge kommen – als Autor, Redakteur oder Kritiker?

Im Sommer 1834 hatte Thomas White in Richmond eine neue Monatszeitschrift aus der Taufe gehoben: *The Southern Literary Messenger*. Mit White kam Poe im Frühjahr 1835 in Kontakt – allerdings erst als Autor. Ein Bekannter, der Romancier James Heath, hatte der Zeitschrift, die bis dahin recht anspruchslose Kost fürs Provinzpublikum brachte, Poes Erzählung *Berenice* vermittelt. Diese schockierende Story über Leichenschändung, geistige Umnachtung und die perlenden Zähne einer toten Lady brachte Bewegung ins Blatt. Das Interesse wuchs. Von nun an erschien monatlich eine Story Poes. Auch war er von Baltimore aus für White als Kritiker und freier Redakteur tätig.

Berenice handelt nicht nur vom Tod einer schönen Frau, sondern auch vom Literaturkonsum. Egaeus, die Hauptfigur, führt sich so ein:

Mein Taufname ist Egaeus; den meiner Familie will ich nicht nennen. Aber altehrwürdiger sind keine Burgen im Lande, als die dämmernden, grauen Hallen meiner Väter.

Man hat unsere Linie als ein Geschlecht von Visionären bezeichnet; und in so manchen auffälligen Einzelheiten – dem äußeren Habitus unsres Herrenhauses – den Fresken im Großen Salon – den Gobelins im Schlafzimmer – den Steinornamenten gewisser Strebepfeiler in der Rüstkammer – aber ausgeprägter noch in den alten Gemälden der Galerie – am Stil des Bibliothekszimmers – und, schließlich, an der beträchtlich eigentümlichen Natur unserer Bibliothek – gibt es schon hinreichend Anhaltspunkte, um eine solche Ansicht zu rechtfertigen.

Meine ersten Erinnerungen aus allerfrühesten Jahren sind verlötet mit eben jenem Zimmer & den Reihen seiner Bücherrücken – was die Letzteren betrifft, will ich weiter nichts sagen. Hier starb meine Mutter. In ihm wurde ich geboren …

In jenem Zimmer bin ich geboren. Dergestalt plötzlich auffahrend aus langer Nacht dessen, was Nicht-Sein schien (es aber nicht war), hinein in die Mit-Region eines Feenlands – in einen Palast der Fantasie – in die wilden Bezirke skolastischer Denkelei & Gelehrsamkeit – steht es nicht zu verwundern, daß ich begierigen brennenden Auges um mich schaute – meine Knabheit bei Büchern versäumte, und meine Jugend in Träumen vertat. Aber *das ist* befremdlich, daß, als die Jahre dahinrollten, und der Mittag der Mannheit mich noch immer im Haus meiner Väter fand – es ist verwunderlich, wie Stockung & Stillstand die Quellen meiner Vitalität befiel – verwunderlich, wie allumfassend die Umkehrung war, die der Charakter meiner simpelsten Gedankengänge erfuhr. Die Realitäten dieser Welt berührten mich wie Halluzinationen, und *nur* wie Halluzinationen; während statt dessen

die wilden Gebilde des Reiches der Träume ihrerseits zu –
ja nicht bloß zur Basis meines Alltagsdaseins wurden –
vielmehr, gewiß & wahrhaftig & einzig & aussschließ-
lich, dies Dasein selber. …

Längliche Stunden unermüdlicher Versenkung, während
all mein Aufmerken sich auf untergeordnetes Randleisten-
detail irgendeines Buches konzentrierte, oder auch auf
dessen bloße Typografie; die schönere Hälfte eines Som-
mertages sich von einem wunderlichen Schatten in Anspruch nehmen lassen, der verquer an die Tür schlich, oder
schräg zur gewirkten Tapete: eine geschlagene Nacht hin-
durch mich in Beschauung des ernsten Flämmchens einer
Lampe zu verlieren, oder still vegetierender Feuersgluten;
über dem Arom' einer Blume ganze Tage zu verträumen;
ein gänzlich banales Wort einförmig so lange zu wiederholen, bis seine bloße Klangfolge, aufgrund sturer Perseve-
ranz, aufhörte, im Verstand noch etwas wie »Sinn« zu bewirken; jedweden Gefühls von Bewegung, ja, leiblicher
Existenz überhaupt, dadurch verlustig zu gehen, daß ich
mich lange & starrsinnig zwang, von jeder körperlichen
Regung Abstand zu nehmen – das waren so einige der mir
geläufigsten und noch am wenigsten verwerflichen Schrul-
len, herbeigeführt durch eine bestimmte Seelenlage, die
zwar, zugegeben, nicht absolut ohnegleichen dasteht; jedoch der Analyse oder Einsicht in ihre Mechanismen ohne
Frage spottet.

Es spricht für Poe, daß er Egaeus, diesen intelligenten Leser,
nicht bildungsbürgerlich idealisiert, sondern die ganze Dialektik einer Existenz in, aus und mit Texten aufzeigt. In einer
Zeit, in der die Leser ganz andere literarische Figuren ge-

wöhnt waren – Jäger, Trapper, Fallensteller, verliebte adelige Fräuleins –, machte Poe den idealen Leser zum Helden, einen Leser, dessen Leben sich nach der Lektüre verändert, der »mit der Seele sieht« (Poes schöne Formulierung), dem die Texte *performativ* werden, transparent für Inhalte jenseits aller platten Pragmatik und flachen Realität, über die allenfalls Informationen ausgetauscht werden können.

Charles Baudelaire ist von solchen Passagen begeistert gewesen und hat daraus Impulse für seine Theorie des *l'art pour l'art* gewonnen. Die Musikalität der Sprache, die Lust am Klang der Wörter beeinflußte Stéphane Mallarmés Lyrik. Algernon Swinburne stellte 1872 fest: »Einmal nur, und nur einmal, kam von Amerika die reine Note eines ursprünglichen Liedes – die kurze exquisite Musik, fein und einfach und dunkel und süß, von Edgar Poe.« Zukunftsweisende Einsichten stecken also in Poes Auslassungen über Egaeus, über dessen Bücherkonsum und Lesegewohnheiten, die zu einer träumerischen Existenzform eigener Art führen und zu einer Realität, welche die normale Alltagswirklichkeit weit hinter sich läßt.

Egaeus' bevorzugter Aufenthaltsraum ist die Bibliothek. Die Zähnchen, die er somnambulisch der Leiche entnahm und die leise klickernd auf die erlesenen Intarsien seines Schreib- und Lesetisches perlen, sind Metaphern für eine magische Welt jenseits aller vordergründigen Alltagsrealität. Es sind Poes »Studien von einer besonderen Art, mehr als alle anderen dazu angetan, gegen Eindrücke der Außenwelt immun zu machen« (eine Formulierung aus *Ligeia*).

Nachdem er im August 1835 bei Whites Magazin als Redakteur angestellt worden war, zog er nach Richmond. Die neue Tätigkeit war in sozialer Hinsicht peinlich. Whites Redaktionsräume lagen ausgerechnet über den Handelshallen von Ellis & Allan Ltd., der Firma des verstorbenen Ersatzvaters. Deren Angestellte erblickten nun täglich den jungen Mann, der noch vor kurzem als eine Art Kronprätendent, zumindest als zukünftig reicher Mann gegolten hatte. Jetzt schlich er mit der Feder hinterm Ohr in ein Zeitungsbüro. Für die Reichen und Privilegierten, die Mayos und Wickhams, die Harrisons und Burnetts war er jetzt kein Ansprechpartner mehr.

Das schmerzte, doch abends vor dem Tresen gab es Mittel dagegen. Obendrein erschöpfte ihn das Tagesgeschäft bei der Zeitschrift bald derart, daß er zu zweckfreier Lektüre kaum noch Zeit und Lust hatte, sondern lieber ins Gasthaus ging. Aber wie das in Provinzstädtchen so war: Mit dem Alkohol mußte man klarkommen. Den Kopf in den Wasserbottich oder frühmorgens körperliche Arbeit in frischer Luft. Da wird der Restalkohol schnell abgebaut. Geistesarbeiter haben es da nicht so leicht. Außerdem vertrug Poe nicht viel. Nachdem er manche Male verspätet in der Redaktion aufgekreuzt war, unrasiert und mit süßlichem Mundgeruch, verdichteten sich die Gerüchte.

Hinzu trat das Image des ewig Mittellosen. Er hörte nicht auf, Bettelbriefe zu schreiben. Ein Brief vom Sommer 1835 an den Gönner John Pendleton Kennedy hatte mit dem Satz geschlossen: »In solchem Dilemma wäre ich Ihnen sehr verbunden, wenn Sie mir für einen Zeitraum von sechs Monaten mit hundert Dollar aushelfen könnten.« Seine neue Pflegemutter Maria Clemm vermerkte: »Der Junge verstand nichts von Geldangelegenheiten – wie sollte er auch, aufgewachsen in Prunk und Luxus!«

Bereits Ende September sah sich White gezwungen, Poe zu kündigen. Er stellte die Drucker und Hersteller ständig vor Terminprobleme, gegenüber dem Inhaber war er hochnäsig, in seinen Kritiken übertrieben bissig, anderen Verlagen und Kollegen gegenüber unverfroren, in seiner Bettelei degoutant – ein unzuverlässiger, anstrengender, wenig sympathischer Charakter. Einem Freund schrieb White am 21. September: »Poe ist schon wieder von der Spur. Seine Manieren waren nicht gut. – Außerdem ist er ein Opfer von Melancholie. Es würde mich nicht wundern zu hören, daß er Selbstmord begangen hat.« – Schlechte Manieren und psychisch labil: Das zeigte sich erst bei näherem Umgang. Anfangs hatte White nur Poes klingende und faszinierende Texte gekannt, dann erschien der ganz in Schwarz gekleidete, sich selbst inszenierende Poet. Dieses Image faszinierte so manchen, bis ihn nach einiger Zeit der Alltag einholte.

John Pendleton Kennedy, Jahrgang 1795, war einer der ältesten Förderer und Gönner des jungen Poeten. Sie hatten sich bereits 1829 in Baltimore kennengelernt, im Dolphin Club, wo Poe durch seinen Onkel Henry Herring eingeführt worden war. Kennedy verkörperte die Rolle des *Southern Gentleman*. Das waren die Sprößlinge alter Familie, des »Landadels« der Plantagenbesitzer, die exzellente Ausbildungen erhielten, etwa für eine Arzt- oder Juristenkarriere in diversen Ämtern. Dem *studium generale* ihrer Ausbildung gemäß strebten sie nach Höherem, engagierten sich in Kunst und Literatur, sei es als Mäzene, sei es als Herausgeber einer Zeitschrift, sei es als Mitglieder literarischer Clubs oder auch als Autoren. Nur auf dieser Ebene kam Poe in Kontakt mit dieser Klasse: als Poet oder aber als Redakteur von Zeitschriften, in denen jene Herren gerne ihre Texte veröffentlicht sahen. Als Mensch war Poe für sie völlig indiskutabel. Und das mußte ihn schmerzen, spätestens ab 1834, als Allans Erbschaft an ihm vorbeiging.

Männer wie Kennedy konnten sich für Poes Dichtung begeistern und auf ihn zugehen, zumal wenn er – etwa als Whites Redakteur – ihre eigene Produktion und deren Publikation fördern konnte. Lernten sie später die Person Poe kennen, dann war es eine Frage der Zeit, wann ihre Geduld auf die Probe gestellt wurde, auch ihr Gefühl für Anstand und Würde. Poe konnte unzuverlässig sein, es kursierten üble Gerüchte über ihn, die das Renommee der Gönner schädigen konnten. Und Poe konnte auf eine Weise um Geld betteln und schnorren, die für einen Gentleman einfach geschmacklos wirkte. Da mußte die Begeisterung für den Dichter und seine Texte schon sehr groß sein.

Kennedy brachte die nötige Geduld auf. Er hat zeitlebens zu Poe gehalten, auch noch als Kongreßabgeordneter. Das war ein Segen für Poe. Kennedy war Mitglied der Jury gewesen, die ihm 1833 den Literaturpreis für *Manuskriptfund in der Flasche* zugesprochen hatte. Er war es auch, der den »hochbegabten jungen Schriftsteller« an den Verleger Carey in Philadelphia empfahl und ihn am 13. April 1835 bei dem Zeitschriftenverleger Thomas White einführte:

Mein lieber White, Poe tat recht daran, sich auf mich zu berufen. Er versteht es, mit der Feder umzugehen, schreibt einen klaren Stil und ist sehr gebildet. Es mangelt ihm noch an Erfahrung und der richtigen Führung, aber er könnte Ihnen zweifellos von Nutzen sein. Der arme Kerl – er ist arm wie eine Kirchenmaus. Ich riet ihm, für jede Nummer Ihres Magazins einen Beitrag zu liefern und sich bei Ihnen um eine feste Anstellung zu bewerben.

Es war nicht nur für Kennedy zum Verzweifeln, daß ein paar Monate nach diesem Empfehlungsschreiben alles zerbrach und Poe nach Baltimore zurückkehrte. Die Gründe lagen in Poes psychischer Verfassung, die er in einem Brief vom 11. September Kennedy gegenüber als Depression beschrieb. Dabei war auch Thomas White, der zweite Gönner und Freund, gutwillig auf ihn eingegangen: Poes erster Arbeitgeber war gut zwanzig Jahre älter. Er stammte aus bescheidenen Verhältnissen, hatte keine geregelte Schulbildung erhalten, sondern als Druckereigehilfe begonnen. In den zwanziger Jahren brachte er es mit einer Druckerei in Richmond zu Wohlstand und Ansehen. Doch private Probleme peinigten ihn: Sein neunzehnjähriger Sohn starb an Cholera, die Gattin an Tuberkulose, und eine seiner Töchter, Eliza (für die Poe schwärmte), war ein schwieriges Kind, launisch und angeblich morphiumsüchtig. White hatte seine Bildung als Autodidakt erworben. Als Drucker kannte er sowohl die kurzlebigen Texte, die in der Tageszeitung veröffentlicht werden, wie auch die anspruchsvolle Literatur, vor der er Ehrfurcht empfand. Er war bildungsbeflissen und gegenüber Poeten und Gebildeten fast devot. Wenn Kennedy den jungen Poe empfahl, dann folgte White dieser Empfehlung.

Warum kam es so schnell zu diesem neuen Desaster, woher die Schwermut, die White an Poe beobachtet hatte? 1835 war Poe dem Erfolg näher als je zuvor: Seine Erzählungen wurden gedruckt, er hatte einen Preis erhalten und darüber hinaus gute Kontakte aufbauen können, er hatte eine feste Anstellung, vielleicht sogar bald als Chefredakteur. Doch er war es nicht gewohnt, regelmäßig zu arbeiten und von Personen und Terminen abhängig zu sein (statt frei schreiben zu können in der Dachstube von Baltimore), und sicher machte ihm sein Statusverlust in Richmond zu schaffen. Und dann die Trennung von den Clemms – insbesondere Virginia –, die ihm so bereitwillig Kost, Logis und Zuwendung geboten hatten und denen er so ergreifende wie unreife Briefe schrieb. Als die Cousine Virginia, die Elfe seiner Dichterexistenz, dem gleichaltrigen Vetter Neilson Poe versprochen werden sollte, schrieb Edgar am 29. August 1835 einen verzweifelten Brief an Mrs. Clemm:

Mein liebstes Tantchen, ich bin blind vor Tränen, indem ich diesen Brief schreibe – ich möchte keine Stunde mehr länger leben. Dein Brief traf mich in Kummer und tiefster Angst – und Du weißt wohl, wie wenig ich imstande bin, unter solchem Druck die Fassung zu bewahren. Mein schlimmster Feind würde Mitleid mit mir haben, könnte er jetzt in meinem Herzen lesen. Mein letzter, mein letzter, mein einziger Halt im Leben ist grausam von mir gerissen – ich habe kein Verlangen zu leben mehr und *will's auch nicht*. Doch laß mich meine Pflichten tun. Ich liebe, *Du weißt es*, ich liebe Virginia voll leidenschaftlicher Hingebung. Ich kann in Worten die glühende Verehrung nicht ausdrücken, die ich für meine teure kleine Cousine empfinde – meinen einzigen Liebling. Doch was kann ich sagen: Oh denke Du für mich, denn ich bin unfähig zu denken! All meine Gedanken sind wie gelähmt von der Vorstellung, daß Ihr beide, Du und sie, es vorziehen werdet, mit N. Poe zu gehen; ich will's wohl ehrlich glauben, daß Eure *Bequemlichkeit* fürs erste gesichert sein wird – ob Euer Friede aber auch, Euer Glück, kann ich nicht sagen. …

Ich hatte ein allerliebstes kleines Häuschen in zurückgezogener Lage hier auf dem Kirchhügel ins Auge gefaßt – kürzlich erst hergerichtet – mit einem großen Garten und jeglicher Annehmlichkeit – zu nur fünf Dollar pro Monat. Ich habe seither Tag und Nacht von dem Entzükken geträumt, das es mir bereiten würde, meine einzigen Freunde – alles, was ich liebe auf Erden, bei mir dort zu haben, und von dem Stolz, mit dem es mich erfüllte, es Euch beiden dort behaglich zu machen und sie mein Weib zu nennen. – Doch der Traum ist vorüber. Oh Gott, erbarme dich meiner! Wofür soll ich noch *leben*? Unter Fremden und *ohne eine einzige Seele, die mich liebt!* …

Adieu, mein teures Tantchen. Ich *kann Dir nicht raten.* Frage Virginia. Überlasse es ihr. Sie soll mir, mit eigener Hand, einen Brief zukommen lassen, in dem sie *Abschied* von mir nimmt – auf immer – dann möge ich sterben – mein Herz wird brechen – ich will nichts mehr sagen.

E. A. P.

Küsse sie für mich – millionen Mal

P. S. Für Virginia

Meine Liebe, meine geliebteste süße Sissy, mein Schatz, meine kleine *wifey*, überlege es Dir gut, bevor Du Deinem Vetter das Herz brichst. Eddy.

Wie hieß es in der Beschreibung der Bücherexistenz des Egaeus? Die Wirklichkeit wird nur noch als Halluzination wahrgenommen, während die *erlesenen* Träume zum Wesen der Existenz werden. Dieses gebrochene Realitätsbewußtsein dokumentiert sich hier. Als hätte Egaeus seine Idealbibliothek verlassen und sich als Liebhaber bewähren müssen. Poe brauchte Maria und Virginia Clemm als Inspirationsquellen. Daher die massiven Ängste, ohne sie leben zu müssen.

Das flehentliche Bitten hatte diesmal Erfolg. Edgar bestellte am 22. September 1835 in Baltimore mit Virginia das Aufgebot und holte als eine Art Verlobung die behördliche Heiratslizenz ein.

Eine Woche später reichte ihm White die Hand zur Versöhnung. In einem Brief versprach ihm der Verleger die Rücknahme der Kündigung und die erneute Anstellung – unter einer Bedingung: Poe mußte sich strikt vom Alkohol fernhalten.

Sie haben wunderbare Talente, Edgar – und diese sollten von der Öffentlichkeit ebenso respektiert werden wie Ihre Person. Lernen Sie, sich selbst zu vertrauen, und Sie werden sehr bald merken, daß auch die anderen Sie anerkennen. Entsagen Sie ein für allemal der Flasche und Ihren Zechkumpanen! … Daß wir uns recht verstehen: Sollten Sie nach Richmond zurückkehren und wieder als Assistent in meiner Redaktion für mich arbeiten, würde ich unser Verhältnis in dem Moment für gelöst betrachten, da Sie sich abermals betrinken. Ich kann niemandem Vertrauen schenken, der schon vor dem Frühstück Alkohol trinkt!

White ging sogar so weit, seinem Redakteur Logis im eigenen Haus anzubieten. Auf diesen Brief hin nahm Poe die Arbeit sofort wieder auf.

Die temporäre Kündigung war ein heilsamer Schock gewesen. Im Herbst 1835 begann Poe eine jahrelange, mehr oder weniger kontinuierliche Laufbahn als Redakteur diverser Periodika mit unterschiedlichen Verantwortlichkeiten sowie als gefürchteter Kritiker der Literatur und des Literaturbetriebs. Neben dem eigenen Schreiben und der »Familie selbdritt« bildeten diese Tätigkeiten sein Standbein. Die finanzielle Misere konnte er indessen nicht abschütteln, denn es gelang ihm nicht, seine Kompetenzen in ausreichende Einkünfte umzumünzen. Whites Zeitschrift brachte er von fünfhundert auf zweitausend Abonnenten, ohne angemessen am Gewinn beteiligt zu werden. White ließ es bei dem Eingangsgehalt bewenden; leichte Aufbesserungen mußten ihm abgerungen werden.

Am 3. Oktober 1835 reisten Maria und Virginia Clemm ihrem Eddy nach Richmond nach. Ein gutes halbes Jahr später, am 16. Mai 1836, heiratete Poe auf dem Rathaus von Richmond seine Cousine Virginia, die zu diesem Zeitpunkt dreizehndreiviertel Jahre, also nur halb so alt war wie er. Der Standesbeamte nahm ihr das angegebene Alter von einundzwanzig Jahren ab, wie die Urkunde beweist.

Die Sexual- und Beziehungsgebräuche waren in den Staaten zu jener Zeit relativ liberal. Wegen der Turbulenzen, welche die vielen Aus- und Einwanderungen verursachten, kam keine ruhige bürgerliche »Sittlichkeit« auf. So war es sogar bei den Puritanern möglich, eine vertragliche Übereinkunft zu treffen, die voreheliche sexuelle Beziehungen und voreheliche Elternschaft erlaubte. Hinzu kamen die Lebensumstände auf dem Land. In der Winterkälte Neuenglands war das sogenannte *buddling* gang und gäbe. Demnach konnte ein Liebhaber das Bett mit seinem Mädchen teilen, um sich nicht abends noch auf den Heimweg machen zu müssen. Zwar durften beide nur in voller Kleidung, oft durch einen Balken getrennt, zusammen schlafen, aber gegen diese Verfügung wurde natürlich gern verstoßen.

Das Delikt der Unzucht *(fornication)* tauchte häufig in den Gerichtsakten auf. Die Strafen bestanden in öffentlichen Schuldbekenntnissen bei den Frauen und guten Taten (wie dem Bau einer Bachbrücke) bei den Männern. Die betreffenden Gerichtsakten sind sehr drastisch und von derber Vulgarität; sie lassen auf eine breite Skala sexueller Praktiken schließen. In der Doppelmoral des öffentlichen Lebens wogen fleischliche »Verfehlungen« schwerer als kriminelle Vergehen. Heimlich Wein, öffentlich Wasser.

Die kirchliche Zeremonie für Virginia und Edgar wurde im Nebenzimmer einer Pension vollzogen. Dann gab es für die wenigen Gäste einen kleinen Empfang: Mr. White mit seiner Tochter Eliza, ein Mr. Cleland als Trauzeuge – Schwiegersohn einer früheren Pensionswirtin Poes – mit seiner Frau, die beiden Drucker der Zeitschrift sowie die Pensionsgäste. Es gab Kuchen und Wein, und am Ende verabschiedete sich das Paar auf eine kleine Hochzeitsreise. Eine schlichte, ärmliche Hochzeit, Zufallsbekannte als Trauzeugen: Alltag in einem Land, in dem ständig Tausende von Menschen wurzellos hin- und herzogen.

Virginia, die man Sissy rief, kann zu dem Zeitpunkt kaum als starke und eigenständige Persönlichkeit gesehen werden, zu sehr stand sie unter dem Einfluß ihrer dominanten Mutter. Hübsch, lächelnd, schweigsam, große dunkle Augen – ihr Anblick entzückte alle, die sie kennenlernten. Zugleich wurde sie in eine Rolle gedrängt, wurde von Edgar zu einer Figur stilisiert, die er in seiner Dichtung bereits vorgeformt hatte.

Diese Ehe wirkt wie ein inzestuöses Verhältnis zu einer Minderjährigen. Die Spekulationen über Edgar Allan Poes sexuelle Impotenz sollen hier nicht ausgebreitet werden. Die Freud-Schülerin Marie Bonaparte hat das extensiv betrieben. Da wird Poes Satire *Atemverlust* zur Parabel dieses Mankos, die Zähne der toten *Berenice* verweisen auf eine *vagina dentata*, eine beißende Vagina, vor der der Mann sich fürchtet. Ob Edgar je ein echtes sexuelles Verhältnis zu Virginia aufgenommen hat, ist unbekannt; das Paar blieb kinderlos. Auch hat er niemals Erotisches zum Gegenstand seiner Wortkunst gemacht – nicht einmal indirekt, dafür jedoch um so mehr morbide und moribunde Frauenfiguren, also den Verfall von Weiblichkeit in Krankheit und Tod als »poetischster Gegenstand auf Erden«.

Poe hatte eine eigenwillige Auffassung von der idealen Beziehung zu Frauen. Die »unruhestiftenden Geier verzehrender Leidenschaft« *(tumultuous vultures of stern passion)*, von denen in *Ligeia* die Rede ist, hacken demnach mit spitzen Schnäbeln ins Fleisch. Auffallend häufig titulierte Poe die Frauen, denen er am Ende seines Lebens, nach Virginias Tod, nachstellte, mit *Schwester*. Geschwisterliche und vergeistigte Liebe wäre es dann gewesen – *Schwester im Geiste* –, was ihn mit Virginia verband – in unmittelbarer Nähe von deren Mutter, die auch für Edgar eine Art Mutter war und sie beide überleben sollte. Poe war jedenfalls der Narziß im Hause und schien ein unausgesprochenes Gebot erlassen zu haben: »Ihr sollt keine Kinder außer mir haben!«

Poes leibliche Schwester Rosalie, die in Richmond bei den Mackenzies aufgewachsen war und jetzt in seiner Nähe lebte, hat in seinem Leben kaum Spuren hinterlassen. Ihre Stärke war Schönschrift, sie gab Unterricht darin. Von Zeit zu Zeit schrieb sie ihrem Bruder und soll ihn auch in Philadelphia und New York besucht haben. Sie blieb unverheiratet und war dem Alkohol nicht abgeneigt. Als ihre Pflegeeltern nach dem Zerfall der Konföderation 1865 finanziell ruiniert waren, soll sie in den Straßen Richmonds auf ihre alten Tage Porträtbildchen ihres Bruders Edgar feilgeboten haben. Sie starb 1874.

Das idyllische Häuschen, von dem er wieder und wieder schwärmte, war wohl doch nicht erschwinglich, dagegen aber passable Mietwohnungen. 1836 zeigte sich Poe in seiner beruflichen Arbeit fleißig, stetig, verläßlich. Er hatte wieder eine Disziplinierungsphase – wie so oft nach Schocks (Trennung von Allan 1827, Abgang aus West Point 1831, die temporäre Kündigung 1835). Seine Schwermut wurde schubweise überdeckt, gebändigt, gezähmt und klarsichtig analysiert. Die Ehe und der geordnete Haushalt taten das ihre. »Die schwerste meiner Prüfungen war der Mangel an elterlicher Wärme«, schrieb Poe einmal an Beverly Tucker, einen Bekannten. Und er hatte jetzt mehr und mehr Erfolg. Im Januar 1836 berichtete er voll Stolz an John Pendleton Kennedy:

Ich habe seither den inneren Feind entschlossen bekämpft und bin nun in jeder Hinsicht sorgenfrei und glücklich. Ich weiß, daß Sie es freuen wird, dies zu hören. Gesundheitlich geht es mir so gut wie seit Jahren nicht, mein Geist ist vollauf beschäftigt, meine finanziellen Schwierigkeiten sind verschwunden, meine Zukunftsaussichten stehen günstig – mit einem Wort, alles ist in Ordnung. Ich werde nie vergessen, wem ich all dieses Glück zu einem großen Anteil verdanke. Ich weiß, daß ich ohne Ihre zeitige Hilfe meine Krise niemals überwunden hätte.

Mr. White ist sehr großzügig und zahlt mir neben meinem Jahresgehalt von 520 Dollar ein Extrahonorar für jeden meiner Beiträge, so daß ich im Ganzen auf fast 800 Dollar komme. Nächstes Jahr, das heißt nach Abschluß des zweiten Jahrgangs, werde ich 1000 Dollar verdienen. Ferner erhalte ich von den Verlegern beinahe sämtliche Neuerscheinungen kostenlos. Meine Freunde in Richmond haben mich mit offenen Armen empfangen, und mein Ansehen wächst ständig – vor allem im Süden. Vergleichen Sie dies alles mit dem Zustand völliger Verzweiflung und Mittellosigkeit, in dem Sie mich vorfanden, und Sie werden einsehen, daß ich allen Grund habe, meinem Schöpfer dankbar zu sein – und Ihnen vor allem auch.

Hier ist ein Gipfelpunkt von Poes Lebenslauf dokumentiert. Allein der steile Anstieg der Abonnentenzahl für den *Southern Literary Messenger* war für White und Poe eine ständige Genugtuung. Das Echo auf das Blatt wurde stärker, auf den Umschlagblättern jeder neuen Nummer konnten lobende Stimmen abgedruckt werden. In den Südstaaten war das Periodikum konkurrenzlos.

Zwischen den angelsächsisch-puritanischen Nordstaaten und den französisch-legeren und sinnenfreudigen Südstaaten herrschte ein ziemlich ausgeprägtes kulturelles Gefälle. Im Süden war darüber hinaus die soziale Schichtung klarer ausgeprägt. Die symbolische Grenze zwischen den zwei Kulturen und Sozialsystemen war 1763 bis 1769 festgelegt worden:

Die *Mason and Dixon Line*, benannt nach zwei britischen Landvermessern, beendete jahrzehntelange Grenzstreitigkeiten, vor allem zwischen Maryland und Pennsylvania. Jetzt galt als Trennlinie die südliche Grenze von Pennsylvania beziehungsweise die nördliche Grenze von Delaware, Maryland und Westvirginia. Der alte Süden – vor der Eroberung des Westens jenseits des Missouri – war ferner begrenzt durch den Missouri und den Ohio River im Westen sowie im Süden durch den Golf von Mexiko und den Rio Grande.

Die Gesellschaft der alten Südstaaten teilte sich in fünf Schichten: Die kleine Gruppe der großen Plantagenbesitzer kontrollierte Besitz und politische Macht. Die Mittelschicht der kleineren Pflanzer, Händler und Handwerker war eng mit den Landbaronen liiert und übernahm im wesentlichen die Verteidigung der *Southern Civilization*. Die Kleinbauern, Kleinhändler und Arbeiter stellten das Hauptkontingent bei den evangelikalen Erweckungsbewegungen, die in der ersten Hälfte des 19. Jahrhunderts die Staaten überfluteten. Aus ihnen rekrutierten sich die Menschenrechtsverteidiger im Gefolge Jeffersons oder die Anhänger der Demokratisierung im Stil Andrew Jacksons. Ihre Ideen eines gerechten Sozialsystems stürzten später die elitäre *Southern Civilization*. Am unteren Ende der sozialen Schichtung rangierten die armen Weißen: Ausgestoßene ohne Chancen. Die schwarzen Sklaven schließlich bildeten die unterste, rechtloseste Schicht.

Poe hat sich mit politischen und sozialen Problemen merkwürdig wenig auseinandergesetzt. Für ihn war die fiktionale Welt so sehr eigene Realität, daß er die wirkliche Welt wie durch einen Schleier sah. Als Redakteur und Autor kommunizierte er ausschließlich mit Angehörigen der beiden obersten Schichten, obwohl er selbst allenfalls zwischen der zweiten (als Pflegesohn Allans) und der vierten Schicht hin- und hergerissen war – ohne jede Chance, eine stabile soziale Identität zu erlangen. Allenfalls konnte er – wie sein Großvater als Held des Unabhängigkeitskrieges – eine ideelle Aufwertung erreichen, als »Held« des Literaturbetriebs der Südstaaten. Dort war Neuland zu erobern, hatte doch die Kultur der Nordstaaten mit den Zentren Boston, New York und Philadelphia bisher den Ton angegeben. Poe wurde so nicht nur als Literat tätig, sondern reflektierte als Kritiker und Theoretiker auch das Wie des Schreibens nach Form und Inhalten. Er machte sich zum Sprachrohr der aufkeimenden Nationalliteratur der Vereinigten Staaten.

Der *Southern Literary Messenger* verdankte seinen Erfolg nicht nur der geschickten Redaktion Poes, also der Komposition des Blättchens, auch nicht allein solch exzellenten *short stories* wie *Berenice*. Die Zeitschrift prosperierte in erster Linie dank eines Talents des Redaktionsassistenten (der sich selber allerdings *editor* nannte), und zwar dort, wo er Sprache und Intelligenz nicht im zweckfreien Raum von Lyrik und dichterischer Prosa einsetzte, sondern in der Kampfarena der Kritik. Zahlreiche Neuerscheinungen auf dem Büchermarkt waren monatlich zu besprechen. Mit schärfster Rhetorik machte Poe sich in seinen Rezensionen über mittelmäßige Literatur her und geißelte einen Literaturbetrieb, der mit Tricks, Netzwerken und gegenseitiger Lobhudelei *(puffery)* arbeitete.

Poe der Kritiker trat sofort mit Aplomb auf die Szene. Sechsundzwanzig Rezensionen veröffentlichte er 1835, sage und schreibe fast achtzig im Jahr 1836. Dies läßt auf seinen Fleiß schließen, denn die Bücher, die er besprach, wollten zumindest in wesentlichen Teilen gelesen sein. Mit Kritiken betrat Poe kein Neuland; sie gehörten seit Jahrzehnten zum Inventar vieler Zeitschriften. Neu war allenfalls die Aufwertung der Stimme der Südstaaten. Und neu waren die Kriterien seiner Kritik. Nach welchen Maßstäben urteilte er?

Das ist eines der delikatesten Probleme der Literaturvermittlung: Gibt es so etwas wie eine Werte- und Qualitätshierarchie, die von den Märkten unabhängig ist, existieren autonome Maßstäbe? Oder gilt auch dort das Gesetz »Alles ist Markt!«, müssen also auch die Maßstäbe didaktisch oder missionarisch oder als *message* durchgesetzt, also wie Waren angeboten und verkauft werden? Und wenn es »höhere« Marktmechanismen gibt, was gibt uns dann das Recht, die »niedrigen« Marktaktivitäten der Cliquen und Netzwerke zu schmähen? Edgar Allan Poe glaubte indes fest an die Werte der Schönheit an sich. Er kämpfte als »Stierhund« (*bulldog Poe* nannte man ihn bald) einen Zweifrontenkrieg.

Da waren zum einen – vor allem in Boston – die Vertreter der kulturellen Elite, die einen gesellschaftlichen Wertekanon auf dem Fundament eines philosophischen Idealismus europäischer Herkunft voraussetzten, in der Nachfolge der Philosophie Immanuel Kants etwa. Ralph Waldo Emerson oder Henry Wadsworth Longfellow standen dafür. Diesen Kodex vorausgesetzt, lautete die Kernfrage jener etablierten Kritiker an die Literatur: Wie *dient* Literatur diesen Werten, wie fördert sie ein bestimmtes Menschenbild? Gegen diese angeblich oberhalb der Märkte agierende kulturelle Elite wird Poe mit seiner Formel von der »Häresie des Didaktischen« zu Felde ziehen. Literatur soll nicht belehren oder moralisieren. Sie hat lediglich der Schönheit zu dienen. Ihre poetischen Effekte sind spezifischer künstlerischer Selbstzweck: Wortklang, Sprachbilder, Farbigkeit, Wortzauber – alles *ohne* eine didaktische Zweck-Mittel-Relation. Als theoretische Vorbilder für diese Position sah er Samuel T. Coleridge in England und August Wilhelm Schlegel in Deutschland an.

Die andere Front, an der *bulldog Poe* noch bissiger wütete, war das System der *puffery*, der bestellten Claqeure, das vor allem im Medienverbund New Yorks perfekt funktionierte. Da Journalisten und Redakteure oft auch Buchautoren waren, wusch hier eine Hand die andere. Hinzu kam, daß man in Abgrenzung vom englischen Mutterland jedes Buch zu loben pflegte, sofern der Autor nur Amerikaner war. Dieses Gespinst zu zerreißen und unnachgiebig die Schwachstellen literarischer Werke bloßzulegen, das war Poes lustvolles Engagement. Dabei war er in der Rhetorik nicht zimperlich, doch mußte er aufpassen, daß er mit seinen Zornesblitzen nicht nur Strohfeuer beim interessierten Publikum entfachte und langfristig sich und Thomas White schadete. Diese Furcht beschlich letzteren schon sehr bald, trotz der Freude über den rasanten Abonnentenzuwachs. Denn Poe nahm nicht nur die Autoren aufs Korn, sondern auch die Kollegen in Zeitschriftenredaktionen und Verlagen. Das sollte sich rächen.

Die Feder war Poes Waffe. In beißender Satire und juvenilem Jux (was die Amerikaner *Hoax* nennen) machte der permanente Außenseiter, der sich nirgends etabliert oder in Institutionen integriert hatte, seiner Frustration Luft. Das Ressentiment gegen die etablierte Elite – residierte sie nun auf dem Olymp Harvards und Bostons oder zelebrierte sie sich selbst auf den Empfängen in den großen Häusern New Yorks – vergiftete seine Kritiken. Es war zweifellos eine medienpolitische Leistung, daß ein kleines Provinzblatt aus den Südstaaten in der City am Hudson überhaupt Gehör fand. Selbst Feinde mußten den intellektuellen Scharfsinn der Poeschen Texte anerkennen und die Stimme aus dem Süden zur Kenntnis nehmen. Poe hatte sich aus dem Winkel der privaten Produktion zur Öffentlichkeit hervorgearbeitet.

Wie sah die Öffentlichkeit in den Vereinigten Staaten der dreißiger Jahre des 19. Jahrhunderts aus? Seit wann gab es überhaupt eine nationale Kulturszene? Die Franzosen waren die ersten gewesen, die 1789 das politische Konzept einer einheitlichen Nation einführten. Jefferson vor allem übertrug es auf die noch junge USA. Die *Nation* sollte den zentrifugalen Kräften der Einwanderergesellschaft entgegenwirken, und es lag im Interesse der politischen Führer, dies mit einer nationalen Kultur zu untermauern. Die Literatur spielte hierbei eine zentrale Rolle.

Doch so wichtig die politische und kulturelle Revolution war, die technisch-industrielle Umwälzung mußte hinzutreten, um eine nationale Öffentlichkeit entstehen zu lassen, zumal in einem so großen Land: Ohne Verkehrswege und Post lassen sich eben keine Kulturzeitschriften und Bücher vertreiben. Selbst die Inhalte werden da noch von der Infrastruktur bestimmt. Die englischen Nach- oder Raubdrucke zum Beispiel spielten beim Aufbau der literarischen Kultur Nordamerikas – wie gesagt – eine große Rolle. Die Vorlagen landeten anfangs fast ausschließlich in Philadelphia, weil dort das regelmäßige Paketschiff aus Liverpool festmachte. Philadelphia wurde so zur Kulturhauptstadt, die Verlage ballten sich an diesem Ort. Ökonomie und Infrastruktur färbten die Kultur mithin zunächst britisch, in Abhängigkeit von englischen Autoren. Das Honorar für einen amerikanischen Autor verringerte den Buchhändlerrabatt, somit tat der Buchhändler weniger für das Buch. Bei einem ausländischen Autor, der lizenzfrei nachgedruckt werden konnte, erhielt der Händler statt dreißig Prozent fünfundvierzig Prozent Anteil am Verkaufspreis. Kamen dann noch Transportkosten ins Landesinnere hinzu, waren Bücher amerikanischer Autoren sehr im Nachteil. Folglich dominierte im Landesinneren die englische Literatur. In Pittsburgh oder Chicago wurde nachweislich viel mehr Scott oder Dickens verkauft und gelesen als in den Küstenstädten.

Verkehrs-, Transport- und Postwesen der USA waren zu Poes Zeit im Umbruch. Bis zum Beginn des Eisenbahnzeitalters um 1830 waren Meere und Flüsse die Hauptverkehrswege. Auf dem Landweg drohten zu viele Hindernisse und Gefahren. Der Hauptpostweg *(main post road)* parallel zur Atlantikküste zwischen Maine im Norden und Georgia im Süden war die einzig verläßliche Landverbindung. Meer, Ströme, Flüsse und Bäche waren wie ein natürliches Arteriensystem für Transporte.

Als die Vorstöße ins Landesinnere zunahmen, kam man mit den Wasserwegen nicht mehr aus, zumal deren Mündungen – wie beim Mississippi – von fremden Mächten – hier Spanien – kontrolliert wurden. Also mußte der Wege- und Straßenbau intensiviert werden. Von 1792 bis 1794 wurde von der *Philadelphia and Lancaster Turnpike Company* die erste Städteverbindung erstellt. Die sechsundsechzig Meilen lange Straße zwischen den beiden Städten Pennsylvanias konnte nur gegen Gebühr befahren werden, wurde aber begeistert angenommen. 1802 wurde das Projekt einer

Ost-West-Straße auf Kiel gelegt. John MacAdam erfand das stabile Straßenbett aus zermahlenen Steinen.

In der Gründungsperiode der USA um 1780 war noch der Schiffstransport für Postartikel vorherrschend, es gab nur zweitausendvierhundert Meilen Poststraßen – von der *main post road* etwa ein Dutzend Abzweigungen. Nur wenige Poststationen fungierten als Postämter. Bis zur *Jacksonian Aera* fünfzig Jahre später war der Transport mit *Stage-Coaches* (»Etappen-Kutschen«) ausgebaut worden, dann übernahm die Eisenbahn die Postbeförderung schneller und verläßlicher – doch die Kosten waren höher. Bald setzte zwischen privaten Anbietern und der Staatspost ein erbitterter Wettbewerb ein, den das Staatsmonopol aufgrund von Gesetzesverordnungen gewann.

Edgar Poe, der immer mehr reiste und eine Unmenge Briefe schrieb, die oft eilten und Geldbeträge beförderten, war auf ein funktionierendes Transportwesen angewiesen. Die Gebühren für einen Einblattbrief waren *sixpence* (bis zu hundert Meilen) und gingen hinauf bis zu fünfundzwanzig Cents für mehr als vierhundert Meilen, ein zweites Blatt oder eine Beilage verdoppelten die Gebühr. Zwei Briefe pro Jahr und Person waren 1850 der Schnitt – da war der Vielschreiber Poe ganz und gar kein typischer Amerikaner.

Edgar Allan Poe wurde dank seiner Kritikertätigkeit zwar bekannt, aber nicht wohlhabend. Allein der Inhaber der Zeitschrift profitierte vom Abonnentenzuwachs, der Redakteur, der den ganzen Redaktionsalltag bewältigen mußte, nicht. Gleichzeitig wurden White die Ausfälle seines Kritikers mehr und mehr suspekt.

Poes familiäres Idyll war durch permanente Geldknappheit getrübt. Ständig mußte sich Maria nach kleinen Einkunftsquellen umsehen, da Poes Gehalt nicht reichte. Sechsundvierzig Jahre alt, kam sie jetzt in die Wechseljahre und war seelisch und körperlich geschwächt. Die kleine Sissy besuchte keine Schule und hing meistens herum. Mehrmals wechselten die Poes die Pension, nirgends waren sie richtig daheim. Da ging es nicht immer harmonisch zu im Hause Poe. Ihnen fehlten die Freunde aus Baltimore, Richmond blieb ihnen fremd.

Die Whites waren anfangs nett zu ihnen gewesen, aber Mrs. White kränkelte ständig, und ihr Mann war in seiner Firma vollauf beschäftigt. Außerdem konnte er den Poes gegenüber nicht unbefangen sein, weil der Umgang mit Edgar ihn anstrengte, sosehr er ihm den Erfolg der Zeitschrift verdankte – woran die Stimmen aus der Kulturszene in der Mehrheit keinen Zweifel ließen.

Im Herbst 1836 begann Poe wieder zu trinken. Mr. Fergusson, einer der Drucker des *Messenger*, erinnerte sich an jene Zeit: »Es hat niemals einen perfekteren Gentleman gegeben als Mr. Poe, wenn er nüchtern war, aber manchmal befand er sich in einem Zustand, daß es ihm gleichgültig war, ob er im Rinnstein oder in seinem Bett nächtigte.« Poe erlag gern der sprichwörtlichen Geselligkeit des Südens. Und sein leicht erregbares Temperament vertrug den Alkohol nicht. Nach solchen Exzessen war er oft für Tage ans Bett gefesselt.

Es kam, wie es kommen mußte. Poe wurde unzuverlässiger, White gereizter, auch weil die Rezession der dreißiger Jahre seine Druckaufträge schrumpfen ließ. Der Erfolg der Zeitschrift war zweischneidig. Langfristig mußte White besorgt sein, daß Poes Schärfe die Kundschaft verdroß. In den

Kulturzentren Philadelphia und New York formierten sich bereits die Gegner. Erst wird eine neue Stimme beachtet, erregt Neugierde, treibt die Verkäufe hoch. Aber wenn man den Bogen überspannt, kann der Absturz folgen. Es war nicht zu erkennen, daß Poe, als einer der ersten professionellen Schreiber, seinen Rigorismus aufgeben würde. Gleichzeitig sah er sich bereits in der Rolle des Mentors für eine anspruchsvolle amerikanische Literatur.

Wäre Whites Geschäft blendend gegangen, hätte er die wachsende Kritik an Poes bissigen Rezensionen gelassen ertragen. Aber in wirtschaftlichen Notzeiten wird die Haut dünn – und folglich ging White innerlich mehr und mehr auf Distanz zu Poe, bis er sich endgültig von ihm trennte.

Im Januar 1837 war alles vorbei. Poe trat zurück. White erläuterte Dritten gegenüber die Schwierigkeiten, die von Poes Management der Zeitschrift herrührten, vor allem weil er sich zu stark als Scharfrichter aufspielte. Immerhin versprach er Poe finanzielle Unterstützung für die Übergangsphase. Doch dieser machte reinen Tisch und verließ die Stadt. Seinem Onkel William Poe gegenüber hat er 1840 seine Kündigung beim *Southern Literary Messenger* wie folgt beschrieben:

Die Situation war für mich in jeder Hinsicht unbefriedigend. Für ein verächtliches Gehalt mußte ich Sklavenarbeiten verrichten. Ich fand in der Tat bald heraus, daß der einzige Vorteil für mich darin bestand, mir eine Reputation zu verschaffen. Während sich mir keinerlei Chance bot, meine finanzielle Lage zu verbessern, verschwendete ich meine besten Energien im Dienste eines wenngleich wohlwollenden, so doch völlig ungebildeten Biedermannes, der weder meine Arbeit zu würdigen wußte noch willens war, sie angemessen zu bezahlen. Aus diesen Gründen gab ich meine Stellung auf.

Ende Januar lösten die Clemm-Poes ihren Haushalt auf und zogen nach New York.

New York, erster Anlauf

New York City 1837. Das kulturelle Zentrum der USA hatte sich von Philadelphia weg nach Norden an die Mündung des Hudson verschoben. Denn dort laufen auch ökonomisch die meisten Fäden zusammen. Damit ist New York in den Staaten unwiderruflich zur Nummer eins geworden. An dem klimatisch und geographisch außerordentlich günstigen Standort boomte es das ganze 19. Jahrhundert lang: Zwischen 1840 und 1860 stieg die Zahl der Einwohner von dreihundertfünfzigtausend auf über eine Million.

Als die drei Poes 1837 nach New York zogen, gerieten sie mitten in eine neue Phase von Einwanderungswellen, mit all der Unruhe, den Verbrechen, der Not und dem Elend, die damit einhergingen – und die von der Wirtschaftskrise der dreißiger Jahre noch verstärkt wurden.

Andrew Jackson, der 1829 zum Präsidenten der USA gewählt worden war, hatte die Industrialisierung und Eroberung neuer Territorien auf seine Fahnen geschrieben und damit das sogenannte Yankee-Zeitalter eingeleitet. Statt klassisch-antiker Werte, wie sie noch Thomas Jefferson aus dem ländlichen Virginia vorgeschwebt hatten, galt nun ökonomischer Erfolg, *vulgo*: Profit als Leitbild des Fortschritts. Doch acht Jahre später folgte die Ernüchterung. Der 10. Mai 1837, an dem die Banken in New York City Auszahlungen verweigerten, leitete die *Panic of 1837* ein, eine der schlimm-

sten Wirtschaftsdepressionen in der amerikanischen Geschichte. Aktienähnliche Papiere und sonstige Wertbriefe
waren plötzlich keinen Cent mehr wert, die Preise für Roh-
stoffe explodierten, die Wirtschaft lief aus dem Ruder. Poe
hatte für seine neuen Ambitionen einen denkbar schlechten
Zeitpunkt gewählt. Wie sollten sich kulturelle Inhalte vermitteln lassen, wenn den meisten das Hemd näher war als
der Rock?

Vor allem mit Verlagen verband Poe große Hoffnungen.
In New York, der *Queen of Business*, konzentrierte sich mehr
und mehr auch die Buchwirtschaft. Klangvolle Namen wie
Harper, Putnam und Wiley begannen ihre Erfolgsgeschichte.
Nach den gemischten Erfahrungen mit Whites Magazin
reizte Poe der Plan eines eigenen Periodikums. Es sollte *The
Stylus* heißen, und unter diesem Label wollte sich Poe als
eine Art Literaturpapst der aufkeimenden Nationalliteratur
etablieren. Inhaltlich hätte er das Zeug dazu gehabt – das
können wir heute mit Blick auf seine Wirkungsgeschichte,
aber auch auf seine theoretischen Schriften sagen. Mit weit
mehr als hundert Rezensionen im *Southern Literary Messenger* hatte er sich auch praktisch als Kritiker bewährt.

Aber das allein genügt nicht, will man publizistisch erfolgreich sein. Die Ökonomie, die Logistik, die Personalvernet-
zung, die taktische Diplomatie, die Werbe- und Vertriebsakti-
vitäten müssen zur bloßen Inhaltskompetenz hinzukommen.
In diesen Kompetenzen aber steckt viel von dem, was man
»Yankee-Ideologie« nennen mag. Damit tat Poe sich schwer,
wie nicht erst seine Karikatur des *Business Man* aus dem Jahr
1840 bewies, dessen Merkmal ja gerade die konsequente Be-
rechnung allen Tuns ist.

Sein Auftreten in New York, wo er mit den beiden Frauen

im Februar 1837 eine Pension bezog, wirkte wie der Einritt eines Don Quichotte, wirklichkeitsfremden Traumgebilden folgend, da er bei denselben Personen ankommen wollte, die er von Richmond aus als bissiger Kritiker ins Visier genommen hatte: Das war naiv und der Mißerfolg vorprogrammiert. Zwar wurde er am 30. März zum *Booksellers Dinner* im City Hotel eingeladen, Ende April lobte man im *New Yorker* seine Redaktionstätigkeit beim *Messenger*, aber wenn's konkret werden sollte, wies man ihm höflich, aber bestimmt die Tür. Zugegeben: Er hatte einige gute Texte verfaßt. Aber interessierte das ein größeres Publikum, das allenfalls auf materielle Bereicherung aus war und – wenn es über die Mittel verfügte – auf Mode, auf Gängiges, Gefälliges und leichte Kost?

Eher bedeuteten die wenigen Monate in New York ungewollte Zurückgezogenheit mitten im Gewühl der Großstadt. Muddy Clemm hatte zur Aufbesserung der Familienkasse trotz knappen Wohnraums Untermieter aufgenommen, unter anderem den Buchhändler William Gowans. »Länger als acht Monate lebten wir in einem Haus zusammen und aßen am gleichen Tisch«, erinnerte der sich später.

In dieser Zeit sah ich ihn fast jeden Tag und hatte Gelegenheit, mich oft mit ihm zu unterhalten. Ich muß sagen, daß ich niemals auch nur das leiseste Anzeichen des Genusses alkoholischer Getränke an ihm wahrnahm, noch daß er sich irgendeinem anderen Laster hingab; er war einer der höflichsten und intelligentesten Gentlemen, die ich je auf meinen Reisen und Stationen rund um die halbe Welt kennenlernte.

Auch Maria Clemm konnte sich trotz der Enge nicht beklagen:

> Eddy war ein sehr häuslicher Mensch und ging selten länger als eine Stunde aus, außer sein Liebling Virginia oder ich begleiteten ihn. Er war wirklich ein sehr liebevoller Ehemann und mir immer wie mein eigener Sohn. Er war großzügig und fürsorglich, von nobler Gesinnung, aber leicht erregbar und aus der Bahn zu werfen. Er fand Freude an den einfachsten Dingen und empfand eine tiefe Bewunderung für alles Schöne und Gute. … Wir drei lebten nur füreinander. – Eddy bemühte sich sehr um Virginias Erziehung, und ich kann versichern, daß sie durch seinen Einfluß sehr kultiviert wurde und einen ungewöhnlichen Bildungsgrad erreichte. Sie kannte mehrere Sprachen und war ein großes musikalisches Talent – und sie war so wunder-wunderschön! Wie oft hat Eddy nicht gesagt: Es gibt keine auf der ganzen Welt, die so edel und schön ist wie meine kleine, süße Frau.

Es ist unverkennbar, daß die Situation hier im Rückblick verklärt wird, denn im Jahr 1837 überglänzte noch kein Ruhm die Enge. Wenn er wieder und wieder mit leeren Händen von den großstädtischen Redaktionsbüros in ihr Domizil zurückkam, überschattete Edgars leichte Erregbarkeit vielmehr den Familienfrieden.

Seine vergeblichen Versuche, Buchverleger für seine Werke, Herausgeber für den Abdruck seiner Texte in Periodika oder finanzstarke Gönner für die Gründung einer neuen Literaturzeitschrift zu erwärmen, verbitterten ihn. So schrieb er wie besessen. Mitten im Getriebe und dem Ellbogenkampf der *pufferies* in der *Queen of Book Business* flüchtete seine Phantasie ans Ende der Welt. 1837/38 vollendete er in seinem New Yorker Pensionszimmer einen seiner längsten Texte (die ersten Kapitel davon waren noch im *Southern Literary Messenger* erschienen): *Umständlicher Bericht des Arthur Gordon Pym von Nantucket*. Der Untertitel ist von abenteuerlicher Länge und von eigenartigem Reiz:

> *enthaltend sämtliche Einzelheiten einer Meuterei & abscheulichen Metzelei an Bord der Amerikanischen Brigg Grampus, während ihrer Fahrt in die Süd-Meere, im Monat Juni des Jahres 1827. – Sowie die Schilderung der Wiedereroberung des Fahrzeugs durch einige der Überlebenden; deren Schiffbruch, und sich anschließende schreckliche Erleidnisse unter Verschmachtungserscheinungen; ihre endliche Erlösung durch den Britischen Schooner* Jane Guy; *das kurze Kreuzen des letztgenannten Fahrzeugs in den Antarktischen Meeren; wie man es, inmitten einer unter dem 84. Grad südlicher Breite gelegenen Inselgruppe, kaperte & und seine Mannschaft massakrierte; welch bedauerlicher Unglücksfall jedoch die Veranlassung zu für deren erstaunlichen Abenteuern & Entdeckungen noch weiter südlich werden sollte.*

Der Roman ist Zeugnis einer extremen Imaginationskraft, die in diesem Genre vielleicht nur von Karl May überboten wird. Denn Poe hatte keine einzige dieser abenteuerlichen Geschichten selbst erlebt; nur als Kind hatte er zwei Seefahrten mitgemacht. Herman Melville, der wenige Jahre später ein ähnliches Seeabenteuer zu Papier brachte, den berühmten Roman *Moby Dick*, war immerhin als Matrose zur See gefahren. Poe dagegen hatte Berichte und wissenschaftliche Beschreibungen verschlungen, »reiste im Kopf«, schuf Texte aus Texten.

Echte Weltenbummler sind nur selten zur literarischen Umsetzung ihrer Erfahrungen fähig. Im *Arthur Gordon Pym* werden sprachgewaltig Welten erschlossen, äußere wie innere, die der wirkliche Seemann kaum so erleben und artikulieren könnte – neue Welten hinter den realen Erfahrungen. Wie der *Man in the Crowd* in Poes späterer Erzählung durch die Großstadt wandert, so sitzt der *Man in the Crowd* Poe mitten in der Großstadt und liest und liest und schreibt und schreibt – einsamer Wanderer auf fiktiven Wegen, Erkunder imaginierter Gewässer und unermeßlicher Horizonte.

Der Roman erschien im Juli 1838 bei Harper. Der Verkauf wurde ein Fiasko, was in einem Verlag, der seine Auflagen sonst binnen kurzer Zeit absetzte, besonders auffiel. Die New Yorker Kritiker, allen voran das *Knickerbocker Magazine*, verrissen den *Pym* oder signalisierten Distanz. Dies öffnete Poe die Augen für die Kluft zwischen guten oder gutgemeinten Texten und deren Akzeptanz oder Verkäuflichkeit.

»Die Welt soll meine Bühne sein« – dieser Satz, dem Pflegevater seinerzeit entgegengeschleudert, ging von der Fiktion eines Publikums aus, das es nur in Ansätzen gab und das man – jedenfalls an den westlichen Ufern des Atlantik – erst einmal *gewinnen* mußte. »Die Welt soll meine Bühne sein« – diese Hoffnung wurde dennoch mit dem *Pym* erstmals Wirklichkeit: In London brachte die Filiale von Wiley & Putnam im Oktober 1838 eine englische Ausgabe heraus, die – zusammen mit den hundert Exemplaren, die Harper nach England expediert hatte – ganz gut abfloß. Man nahm den Bericht dort teilweise für bare Münze und zitierte ihn in wissenschaftlichen Zeitschriften.

Der Versuch, in einem amerikanischen Buchverlag zu reüssieren, war gescheitert. Doch Poes Haupthoffnung galt der Gründung einer eigenen Zeitschrift. Hier hatte er seine Talente ja bereits bewiesen. *The Stylus* sollte – wie schon der Titel andeutete – einem modernen Begriff von Dichtung dienen: exzellenter Stil, kurz und knapp und spannend die Storys, keine belehrenden Inhalte. So stellte Poe sich den Gehalt des *Monthly* vor. In New York wollte er alles auf die Karte des *Eigenen* setzen, mit einer eigenen Zeitschrift als ökonomischer Basis und Medium. Er hatte die Abhängigkeiten satt: »Sein Gehirn in Silber ummünzen zu lassen auf den Wink eines Herrn und Meisters hin, ist für mein Denken die härteste Zumutung der Welt!« formulierte er in einem Brief vom 4. Juli 1841 an Frederick W. Thomas.

Doch zwischen dem Autor und Editor und dem Publikum stand die Barriere der Ökonomie. *Ohne* Herrn und Meister ließ sich sein Gehirn offensichtlich erst recht nicht in Silber ummünzen. Poe brauchte einen Geldgeber, einen Investor. Daß es ihm nicht gelang, einen solchen zu finden, hatte sicher mit seinem Ruf als schwieriger und exzentrischer Persönlichkeit zu tun, auch mit der Eigenart seiner Texte und seines Literaturverständnisses.

Da er mit Schreiben Geld verdienen wollte, wurde er schließlich wieder zu einem Ortswechsel gezwungen. Der Versuch einer sozialen Integration war wiederum gescheitert. Muddy Clemm und Virginia waren sein einziger Rückhalt; freundschaftliche oder geschäftlich-partnerschaftliche Beziehungen waren eher spärlich. Neben den Verbindungen zu seinen ältesten Förderern und Gönnern wie John Pendleton Kennedy und Thomas Wylkes White, seinem ersten Arbeitgeber, kamen einige Kontakte zum Beraterstab der

Richmonder Literaturzeitschrift zustande, zu Autoren wie James E. Heath oder Nathaniel B. Tucker, mit denen Poe zeitweilig freundschaftlich verkehrte.

James Ewell Heath, Jahrgang 1792, Autor des allseits geschätzten Romans *Edge Hill, or the Family of the Fitzgeralds,* 1828 bei White gedruckt, stammte aus reichem Landadel und war Regierungsangestellter in diversen Funktionen, zum Beispiel »Rechnungs- und Wirtschaftsprüfer des Staates Virginia« – daneben schriftstellerte er. Er stand Thomas White als Berater zur Seite, als dieser mit seiner Literaturzeitschrift unter Richmonder Bildungsbürgern neue Käuferschichten erschließen wollte.

Gentleman writers nannte man solche literarischen Dilettanten, die ökonomisch unabhängig und saturiert waren und ihre Publikationen selber finanzieren konnten. Das zog eine ganze Kette von Folgeerscheinungen nach sich: populäre Inhalte, als Kritiker von wohlwollender Bonhommie, Integration ins kulturelle Establishment. Die *gentleman writers* wollten oft anonym bleiben, sich nicht als Individuen dem offenen Markt aussetzen.

Edgar Allan Poe, Nathaniel Hawthorne oder Herman Melville dagegen waren die ersten Schriftsteller in der noch jungen Nationalliteratur der USA, die von ihrer Textproduktion leben mußten – oft erfolglos – und so etwas wie Professionalität verwirklichen wollten. Die Inhalte ihrer Texte blieben davon nicht unberührt. Washington Irving hatte das einige Jahrzehnte vorher bereits zu spüren bekommen, so daß er statt Poesie und Prosa nur noch historische Studien, Biographien und Reiseberichte schrieb. Erst dann stellte sich bei ihm ein bleibender Erfolg ein.

Für die damalige Buchwirtschaft der USA war es charakteristisch, daß auch der Verleger seine Funktion nebenbei verrichtete, hauptberuflich war er Druckereibesitzer. Erst langsam erhielten die Verlagsfunktionen Eigengewicht. White hatte mit der Gründung des *Southern Literary Messenger* Neuland betreten.

Poe bekam als Redakteur auch deshalb Probleme, weil er erstmals Professionalisierung wagen *mußte*, da er keine anderweitige Hauptbeschäftigung hatte. In einer Literaturszene, der das Zeitalter der beruflichen Spezialisierung erst noch bevorstand, mußte das auffallen.

Poes Literatur wurde darüber hinaus zwar von gutsituierten Bürgern geschätzt, etwa Nathaniel Beverly Tucker, Jura-Professor am altehrwürdigen *William and Mary College* in Williamsburg und aus einer der besten Familien Virginias stammend, aber der Schriftsteller selbst war diesen Bessergestellten in seinem undefinierten Sozialstatus kein Partner.

Ähnlich stand es mit Philip Pendleton Cooke, einem ehemaligen Studienkollegen Poes in Charlottesville, der ihn aber sicher nicht als solchen ansah, weil er um Poes unwürdigen Abgang wußte. Cooke hatte die Ausbildung standesgemäß vollendet, war Rechtsanwalt und nebenher Poet. Poesie gehörte zum »guten Stil«, Publikationen in Organen wie dem *Messenger* galten als *comme il faut*. Die Beziehung zu dem Redakteur Edgar Poe war rein geschäfts- und zweckmäßig.

Wie riesig die Kluft zwischen dem Angestellten Poe und den dilettierenden Honoratioren war, erhellt die Antwort Cookes auf einen Geschäftsbrief des Redakteurs:

Mein lieber Herr, ich habe vor langer Zeit Ihren freundlichen Brief empfangen, bin jedoch seitdem kaum einen Tag zu Hause gewesen. Meine Frau hat mich dazu überredet, ihre Verwandtschaft auf dem Lande zu besuchen, wo ich mehr mit Hunden, Pferden und Gewehren konfrontiert wurde als mit Feder und Papier. Unablässig von Dinner-Parties, Spießbraten, Schnepfenjagden und Reitausflügen vereinnahmt, konnte ich mein Gehirn schwerlich in Stimmung bringen, Ihnen oder überhaupt jemandem zu schreiben …

Das war eine andere Welt! Die großen Plantagenbesitzer (mit Gütern von fünftausend *acres* an aufwärts) setzten die Standards im Süden. Sie verkauften ihren Tabak nach England (über Zwischenhändler wie Galt oder Ellis & Allan), um die Insignien des feinen Lebens zu erwerben: Mahagonimöbel voller Intarsien, Tafelsilber, Leinen, schöne Kleider, Bilder und Bücher, Schmuck und Edelsteine (irischgrüne Smaragde, türkise Aquamarine, Saphir und Topas blauleuchtend, lila Achat und Amethyst, tiefrote Rubine und den zitronengelben Sira). Sie hielten Sklaven auf ihren Tabakplantagen und bauten geräumige Landhäuser und Palladio-Villen inmitten einer üppigen Pflanzenwelt. Da sie Zeit fürs *leisure life* hatten, kauften sie sich Bibliotheken zusammen, von denen Poe nur träumen konnte. Ihre soziale Stellung und das Klima erzeugten Luxus und erlesene Faulheit. Poe hätte zu gern in einem solchen Milieu gelebt.

Statt dessen hetzte der arrogante Literaturscharfrichter aus Richmond den Broadway entlang oder erkundete auf langen Wanderungen New Yorks Umgebung, wo er dann unter Bäumen oder am großen Strom sitzend vor sich hinträumte und mit *Pym* die Segel setzte. Ab und zu besuchte er an der Seite seiner Kindfrau – und nicht mit einer Kollegen-Clique – das eine oder andere Theater und umgab sich mit der Aura des Unnahbaren. *Lonely man in the crowd.*

Im Sommer 1836 verließ das Poe-Trio New York. Ein britischer Kinderbuchautor namens James Pedder, der in Philadelphia die bereits eingeführte Zeitschrift *The Farmer's Cabinet* (ganz sicher keine hochrangige Literaturzeitschrift) als neuer Herausgeber weiterführen sollte, gab den Anstoß zu einem neuerlichen Wendepunkt in Poes Leben. Pedder war als Newcomer an Poes Erfahrungen mit Zeitschriften interessiert und überredete ihn, nach Philadelphia mitzukommen. Er versprach Poe einen neuen Start in der zweiten Verlagskapitale und auch neue Aufträge. Dazu gehörte die Neufassung eines Buches zur Muschelkunde: *The Conchologist's First Book.*

Philadelphia

Philadelphia, auf der Landzunge zwischen dem Schuykill River und dem Delaware gelegen, wurde zum nächsten Domizil der wandernden Poe-Familie. Die »Stadt der brüderlichen Liebe« (von griechisch *philia*, Liebe, und *adelphos*, Bruder), politisch und kulturell bedeutsam, war nach den Konzepten des englischen Baumeisters Christopher Wren in einem rechteckigen Netz von Straßen angelegt und mit einer Reihe von Bauten im Stil Andrea Palladios geschmückt. Doch Edgar Poe nahm den Glanz der alten Metropole kaum wahr. Er quälte sich mit einer Arbeit, die mit seiner Poesie und seiner Kritik rein gar nichts zu tun hatte.

Das Thema »Muschelkunde« markiert einen Tiefpunkt in Poes Literatenkarriere. In Philadelphia war ein Buchprojekt auf Kiel gelegt worden, das einen Auftragsschreiber erforderte. Das von dem Fachmann Thomas Wyatt nach dem System des Baron Cuvier herausgebrachte umfangreiche und prächtig ausgestattete Handbuch zur Muschelkunde wurde zum stolzen Preis von acht Dollar gehandelt. Jetzt sollte eine preiswerte, populär geschriebene Ausgabe für Schüler, Studierende und Normalverbraucher erstellt werden, zum Preis von 1.75 Dollar. Dies war ein riskantes Unternehmen, ein Fachmann gab sich kaum dafür her. Also suchte man eine »unverantwortliche Person, die man leicht für irgendwelche Fehler anschwärzen konnte. Poe wurde als ein solcher Sündenbock ausgesucht.« So kommentierte fast vierzig Jahre später etwas maliziös ein Muschelkundler der Harvard University. Ganz so unverantwortlich handelten der Verlag und sein Projektberater Wyatt denn doch nicht. Letzterer zahlte Poe fünfzig Dollar dafür, daß er das Vorwort und die Einführung schrieb und die Werte und Angaben über die diversen Muscheln aus Cuviers System übertrug.

Es war eine demütigende Arbeit, die obendrein schnell erledigt werden sollte, in ärmlichster Umgebung. Die Frauen waren unzufrieden, langweilten sich und schlugen die Zeit mit leerer Geschäftigkeit tot. Maria Clemm war unermüdlich im Auffinden von kleinen Zusatzeinkünften. Die Töchter von James Pedder statteten den Poes des öfteren Besuche ab.

Wochenlang lebten sie – so haben es Pedders Töchter berichtet – von Brot und Sirup. Die Ernährung der Familie war Maria Clemms stetiges Hauptproblem. Zum unteren Stand gehörend, hatte sie keinerlei Beziehungen zu Farmern und war auf die Angebote des Marktes angewiesen, die ihren Preis hatten. Hin und wieder wurde Edgar in wohlhabende Häuser eingeladen und erlebte verbittert den Kontrast zwischen den dortigen Tafeln und dem ärmlichen Speiseplan bei sich zu Hause. Die Landbarone – unter denen sich die *gentleman writers* befanden – orientierten sich an den Speisesitten des europäischen Adels, mit Wildbret, Edelgemüse, exotischen Früchten und feinen Weinen.

Bei den Poes gab es eintönige, möglichst nahrhafte Speisen. Selbst die Mahlzeiten eines puritanischen kleinen Farmers konnten sie sich nur selten leisten: Erbsensuppe zum Frühstück, danach zum *lunch* – dem zweiten Frühstück um die Mittagszeit – Brot und Käse mit Bier oder Cidre. Zum *dinner*, der Hauptmahlzeit am frühen Abend, gab es eine reichliche Portion gekochtes Fleisch oder Fisch (je nach Gegend), dazu gebackene Bohnen in Tomatensoße (die berühmten *baked beans*) und Kartoffeln. Zum *supper* am späteren Abend wurde Pudding mit Milch gereicht. Früchte und Kuchen wurden zu jedem Mahl serviert. Steckrüben waren als Gemüse beliebt, das Brot wurde aus Mais, Gerste oder Roggen gebacken.

Hin und wieder mögen die Poes richtig gehungert haben. Und doch gehören die Jahre in Philadelphia zu den produktivsten des Schriftstellers. Hier hat er den Hauptteil seines Œuvre verfaßt. Die Spannung zwischen den sozialen Schichten trieb seine Produktivität an. An einen Bekannten, den älteren Schriftsteller und Politiker James Kirke Paulding, schrieb er einmal vom »elenden Leben in literarischer Sklavenarbeit« und bat ihn um eine Anstellung in einem Ministerium: »Sie wird mich schnell nach oben bringen auf den Status in der Gesellschaft, der mir angemessen ist.« Poe gab seine Doppelstrategie nicht auf: einerseits Dichtung, andererseits sozialer Status.

Im Frühjahr 1839 erinnerten sich die Verleger William E. Burton und George R. Graham, daß Poe sich einen Namen als Zeitschriftenredakteur gemacht hatte, der die Abonnentenzahlen in die Höhe trieb.

William Evans Burton, fünf Jahre älter als Poe, Theologiestudent ohne Abschluß, Schauspieler mit komödiantischen Talenten, dazu in der Druckereitechnik erfahren, hatte 1837 ein *Gentleman's Magazine* aus der Taufe gehoben, das sich trotz der wirtschaftlichen Depression halten konnte. Sein demokratischer Begriff des Gentleman entsprach dem Zeitgeist der *Jacksonian Aera*. Auf dem Titelblatt war programmatisch formuliert:

> Mit einem Gentleman wollen wir keinen Unterscheidungsstrich ziehen zwischen hoch und niedrig, Befehlendem und Untergebenem oder Reich und Arm. Nein. *Der Unterschied liegt im Geist.* Wer immer offenherzig, gerecht und wahrheitsliebend ist, von leutseliger und menschenfreundlicher Haltung – wer immer ehrenhaft empfindet, sich selbst gegenüber und in seinem Urteil über andere; wer keines Gesetzes bedarf, sondern sich durch sein Wort gebunden fühlt – solch ein Mann ist ein *Gentleman*; und man kann ihn unter Landarbeitern ebenso finden wie in den Salons der Hochgeborenen und Reichen.

Ein hoher Anspruch! Er war lediglich ein Instrument geschickten Marketings, denn die Wirklichkeit sah etwas nüchterner aus. Anders als White war Burton reiner Geschäftsmann, auch die Zeitschriftenangebote waren für ihn eben nur Märkte. Moralische Leitlinien wie bei White störten da nur, formale Qualität reichte aus. Poe und Burton kamen ins Gespräch. Zwar hatte Burtons Magazin Poes *Pym* verrissen, aber dessen Verdienste um den *Southern Literary Messenger* wurden für gewichtig gehalten. Am 11. Mai 1839 schrieb Burton an Poe:

> Da ich niemanden kenne, der meinen Vorstellungen besser entspricht als Sie, wünsche ich, mit Ihnen ins Geschäft zu kommen. … Sagen wir: zehn Dollar pro Woche, erst einmal für den Rest des Jahres. Sofern wir bis

dahin miteinander auskommen – woran es für mich keine Ursache gibt zu zweifeln –, tritt der von Ihnen vorgeschlagene Modus Anfang 1840 in Kraft. Sollten wir uns trennen, gilt eine Kündigungsfrist von einem Monat. – Ihre redaktionellen Pflichten werden in der Regel nicht mehr als zwei Stunden täglich in Anspruch nehmen, abgesehen von der Arbeitszeit, die Sie für eigene Artikel und Beiträge benötigen. Es bleibt Ihnen also auf alle Fälle genügend Muße, sich außerdem einer leichten Nebenbeschäftigung zu widmen, vorausgesetzt, Sie stellen Ihre Talente nicht irgendeiner Zeitschrift zur Verfügung, welche die Interessen des *G. M.* gefährdet.

Poe hat sich offenbar geziert oder jedenfalls hinhaltend reagiert. Der zweite Brief Burtons vom 30. Mai 1839 reagiert auf einen verlorengegangenen Brief des Dichters. (Er muß ähnlich gelautet haben wie der Depressionsbrief an J. P. Kennedy vom 11. September 1835, als Poe bei White arbeitete.) Burton belehrt Poe unter anderem darüber, aus welchem Holz erfolgreiche Editoren geschnitzt sind:

Es bestürzt mich, daß Sie es notwendig fanden, mir einen Brief zu schreiben wie jenen, den ich letztens von Ihnen empfing. Sie haben in Ihrem Leben viel ertragen müssen, und es wundert mich nicht, daß Ihre Gefühle düster und morbide sind. Aber es ist Ihre Pflicht, dagegen anzukämpfen! Ich kann mich nicht dazu verstehen, Ihr Angebot in Betracht zu ziehen, nicht nur aus Eigeninteresse, sondern auch um Ihrer selbst willen. Die Welterfahrung, von der Sie sprechen, hat *mich* jedenfalls nicht gelehrt, den Mäzen für Schriftsteller zu spielen, von denen ich nichts weiß und nichts erwarten kann. Zugegeben, dies ist nicht gerade ein überzeugendes Argument für meine Nächstenliebe und wird wohl auch Ihre Ansicht bestätigen, daß meine Handlungen nur von Eigennützigkeit bestimmt werden. Aber ich versichere Ihnen, daß die Welt vielleicht unsanfter mit *mir* umgesprungen ist als mit Ihnen; alle Sorgen und Drangsale haben es jedoch nicht vermocht, meinem Geist eine melancholische Tönung zu verleihen …

Burton und Poe wurden handelseinig. Es wurde für Poe wiederum ein »Leben in literarischer Sklavenarbeit« wie einst bei White in Richmond. Viel Alltagslogistik, eine unübersehbare Zahl von Rezensionen mit dem entsprechenden enormen Bücherkonsum. Die scharfen Kritikerzähne wurden ihm recht bald gezogen, die Arbeitgeber verlangten moderate Töne.

Im September 1839 erschien in Burtons Zeitschrift *Der Fall des Hauses Usher*, neben dem *Raben* Poes berühmtestes Werk. Es ist die wundersame Erzählung von dem Geschwisterpaar Roderick und Madeline Usher, die in ihrem düsteren Prachtgebäude in vollendeter *morbidezza* dahinwelken, bis es das Haus über dem schwarzen Pfuhl zerreißt.

Völlig verstört sprang ich auf; Usher jedoch ließ sich in seiner gemessen schaukelnden Bewegung nicht stören. Ich stürzte zum Stuhl hin, auf dem er saß. Die Augen starrten ihm gradeaus, und in seinem Gesicht regierte steinerne Starrheit. Aber als ich ihm jetzt die Hand auf die Schulter legte, durchrann ein heftiger Schauder seine Gestalt; ein kränkliches Lächeln vibrierte um seine Lippen; und ich sah ihn, als ahne er meine Anwesenheit nicht, halblaut hastig überstürzt vor sich hin plappern – da ich mich tiefer über ihn beugte, faßte ich endlich auch die gräßliche Bedeutung seiner Worte: »Ich nicht hören? – ja, ich hör es, und *hab'* es gehört. Lang – lang – lange – viele Minuten, viele Stunden, viele Tage lang hab' ich's gehört – doch ich wagte nicht – oh mir, ich elender Wicht, der ich bin! – ich wagte es nicht, *wagte* es nicht, zu reden!: *Wir haben sie lebend in die Gruft gesenkt!* Sage ich nicht, meine Sinne seien scharf? So wisse nun, daß ich ihre ersten schwachen Regungen im hohlen Sarge hörte. Sie hörte – viele, viele Tage sind's – doch ich wagt' nicht – *ich wagt' nicht zu sprechen!* Aber heute … sag' lieber gleich: da zerriß der Sarg, und die Kerkertür schrie aus eisernen Angeln, und sie müht' sich heran durch den kupfernen Gang des Gewölbes! Oh, wohin soll ich fliehn? Wird sie nicht binnen kurzem hier sein? Eilt sie nicht schon, mir meine Überstürzung vorzuwerfen? War das nicht ihr Schritt auf den Stufen? Vernehm' ich nicht schon den schweren, den schrecklichen Schlag ihres Herzens? – »TOLLMANN!«, hier sprang er rasend hoch, und kreischte seine Silben heraus, als gebe er in der Anstrengung seinen Geist auf – »TOLLMANN! ICH SAGE DIR, DASS SIE IN DIESEM AUGENBLICK VOR DER TÜR STEHT!«

Wie wenn durch die übermenschliche Energie eines Aufschreis Geistergewalt entbunden worden sei – so öffnete das schwere alte Türgetäfel, auf das der Schreiende deutete, ungesäumt seine gewichtigen, ebenhölzernen Kiefer. Wohl war es nur die Wucht der tosenden Bö – aber draußen vor der Tür STAND die hohe verhüllte Gestalt der Lady Madeline von Usher. Blut war auf ihren weißen Gewanden, und Spuren verzweifelter Anstrengung überall entlängs des abgezehrten Leibes. Einen Herzschlag lang verharrte sie zitternd auf der Schwelle und schwankte und taumelte hin und her. Dann, mit einem leise stöhnenden Schrei, schlug sie nach vorn, an den Körper ihres Bruders, und riß ihn, in ihrem heftigen und nunmehr endgültigen Todeskampf, mit sich zu Boden – auch er eine Leiche, ein Opfer des Grauens, wie er es ahnend vorweggenommen hatte.

Aus dem Gemach und aus diesem Hause floh ich wie gehetzt! Der Sturm ging noch immer um in all seiner Wut, als ich mich auf dem alten Fahrdamm wieder fand. Plötzlich schoß Wildlicht grell über den Weg, und ich fuhr herum, um zu sehen, von wo solch seltsamer Schimmer ausgehen könne; waren doch hinter mir einzig das Haus & seine weitläufigen Schatten. Die Strahlung entstammte dem blutrot seinem Untergang zusinkenden Vollmond, der nunmehr satt durch jenen kaum sichtbaren Riß schimmerte, welcher, wie eingangs erwähnt, im Zickzackzug vom Dach des Gebäudes bis hinab zur Grundmauer verlief. Während ich noch so hinstarrte, klaffte der Riß rapid weiter auf – rasend fauchte ein Windstoß heran – der volle Kreis des Satelliten brach auf einmal hervor – mir schwindelte der Kopf, als die Mauern wie Vorhänge auseinander flogen – da erscholl ein langes tumultuarisches Gegröhl, wie die Stimmen von tausend Wassern – und der unergründliche klamme Pfuhl zu meinen Füßen schloß sich mürrisch & schweigend über den Trümmern des HAUSES USHER.

Alptraumwelten. Fluch oder Flucht. Der solche Texte schrieb, mußte zeitweilig völlig außerhalb der Alltagswelt leben. Die tägliche Realität der Zeitschriftenredaktion, deren Umgang mit Texten, gehörte einer gänzlich anderen Sphäre an.

Fast sechzig Buchkritiken schrieb Poe von Juli bis Dezember für das Periodikum, da mußte er eine Menge lesen. Weitere seiner Erzählungen kamen ins Blatt. Ein eifriger Start.

Doch nicht einmal ein Jahr hielt Poe es bei Burton aus. Im Juni 1840 war alles vorbei. Diesmal fiel auch dem anderen – Burton – ein gerüttelt Maß Verantwortung für den Bruch zu. Schon bald nach Poes Einstellung nahm er immer wieder für längere Zeit andernorts schauspielerische Engagements wahr, und Poe war – was ihm sicher gefiel – ganz auf sich gestellt. Aber auch wenn Burton in Philadelphia war, hatte er statt seiner Zeitschrift eher die Theaterszene im Blick – mit dem Neubau eines National Theatre zum Beispiel wollte er sich ein Denkmal setzen.

Poe, der in jenen Tagen mit zwei neuen Trinkbrüdern, Frederick Thomas und Jesse Dow, in Kneipen herumzog, war von der eigenen Bedeutung als faktischer Chefredakteur so angetan, daß er häufig äußerte, er könne eigentlich selbst eine Zeitschrift gründen. Das wurde Burton hintertragen, und damit war der Keim des Zerwürfnisses gelegt. Burton kürzte als nächstes Poes Gehalt um drei Dollar, zur Schuldentilgung. Das mußte Poe, der monatelang die Hauptarbeit getan und die Verkaufsziffern hochgetrieben hatte, demütigen. Bereits wenige Wochen später, am 30. Mai 1840, schickte Burton ihm einen ärgerlichen Kündigungsbrief. Begründung: Poes eigene Zeitschriftenpläne.

Dies alles hatte geschäftsschädigende Folgen für Poe: Burton berichtete jedem, ob er es wissen wollte oder nicht, er habe Poe wegen dessen Trunksucht gefeuert. Daran war ein Körnchen Wahrheit. Poes Wirtshaustouren mit seinen beiden Kumpanen waren stadtbekannt. Er tat das vielleicht auch deshalb so selbstbewußt, weil diese neuen Beziehungen ihm Aussicht auf eine feste Anstellung eröffneten.

Frederick William Thomas, ein ehemaliger Freund von Poes Bruder Henry, schrieb für Zeitungen und war mit dem Sohn des Vizepräsidenten bekannt. Thomas wird sich von Washington aus bis 1843 rührend darum bemühen, für Poe eine Stelle im Staatsdienst zu finden. Poes anderer Trinkbruder Jesse Erskine Dow, ebenfalls Autor von Burtons Magazin, war im Postministerium zu Washington angestellt. Poe beneidete ihn, weil ihm die Kombination aus festem Job und freiem Schreiben geglückt war. Auch Dow wollte sich für Poe einsetzen. Die drei waren ein fröhliches Trio. So enge Beziehungen zur politischen Macht hatte Poe noch nie gehabt, und das verschaffte ihm Burton gegenüber genügend Selbstbewußtsein.

Poes politische Beziehungen beruhten auf privatem Kalkül; er war ein ganz und gar unpolitischer Mensch. Von all den aktuellen gesellschaftlichen Problemen, sei es das Menschenrechtsprogramm, das noch von Thomas Jefferson formuliert worden war, sei es der Konflikt zwischen Aristokratie und Demokratie oder die Sklavenfrage: Nichts davon erscheint in seinen Texten oder in seinen Briefen. Literarisch-politische Aufklärung lag ihm fern. Nur aus der Distanz hat er sich über das politische Tagesgeschäft mokiert, etwa in seinem Essay *Amerikanische Weitschweifigkeit und unangebrachte Knappheit* im Hinblick auf die

Reden im Washingtoner Kongreß. Sein Verhalten ähnelte dem von Jugendlichen, die hochfahrend ihr Desinteresse an Politik bekunden, weil sie nicht von sich selber absehen können.

Poe versuchte, sich gegen Burtons üble Nachrede zu wehren. Ein Brief an Dr. Snodgrass vom April 1841 rekapituliert das:

Um auf Burton zu kommen: Ich danke Ihnen für Ihre freundliche Anteilnahme, aber es fällt mir schwer, etwas darauf zu erwidern. Meine Situation ist äußerst unangenehm. Man kann, wie Sie sagen, mit einem Clown und Betrüger nicht umgehen wie mit einem Gentleman. Es bleibt mir daher nichts anderes übrig, als ihn zu verklagen. – Sie sind Arzt, und einem Arzt dürfte es nicht schwerfallen, den Trinker auf einen Blick zu erkennen. Sie sind außerdem Literat und in ethischen Grundsätzen erfahren. Sie würden sich niemals einreden lassen, daß ich schreiben könnte, was ich täglich schreibe – und wie ich schreibe –, wäre ich so, wie mich dieser Mistkerl denen, die mich nicht kennen, darstellt. Um noch deutlicher zu werden: Ich gebe Ihnen, vor Gott, mein Ehrenwort als Gentleman, daß ich strengstens abstinent lebe. Von der Stunde an, in der ich diesem niederträchtigsten aller Verleumder begegnete, bis zu der Stunde, da ich mich voll Ekel über seine Schikane, seine Arroganz, Ignoranz und Roheit von ihm und seiner Zeitschrift abwandte, ist nichts stärkeres als Wasser über meine Lippen gekommen. ... Ich kann Ihnen nur noch einmal ernsthaft versichern, daß meine Gewohnheiten so weit von Trunksucht entfernt liegen wie die Nacht vom Tage. Mein einziges

Getränk ist Wasser. – Würden Sie mir den Gefallen tun, diese Versicherung all jenen Ihrer Freunde gegenüber zu wiederholen, die in Ihrem Beisein über mich sprechen?

Solche Briefe sind für den Empfänger keine Freude, der Adressat muß sehr viel Wohlwollen aufbringen, um angemessen zu reagieren. Der Arzt Joseph Evans Snodgrass, vier Jahre jünger als Poe, war eine solche wohlwollende Person. Sie kannten sich aus Baltimore. 1839 war Snodgrass Mitbegründer der Zeitschrift *American Museum of Literature and Arts* geworden, die sich allerdings nur acht Monate hielt; ein typisches Beispiel für die Druckmedienwirtschaft vor dem Zeitalter der Professionalisierung der Berufe. Allenthalben waren engagierte Dilettanten am Werk, die das Scheitern eines Projekts nicht aus der Bahn warf. Später wurde Snodgrass Eigentümer des *Baltimore Saturday Visiter*. Er pflegte neben der Tätigkeit in seiner Arztpraxis Kontakt zu Poeten und Bohemiens.

Edgar Poe war in den dreißiger Jahren schon in Baltimores Kneipen notorisch gewesen – also vor den vier Jahren Enthaltsamkeit, die er 1841 etwas weinerlich vor Snodgrass beschwor. Er war allerdings niemals ein Trinker aus gargantuesker Lebenslust, sondern aus innerer Zerrissenheit. Die Erzählung *Ten Nights in a Bar Room* von T. S. Arthur spiegelt die Atmosphäre jener Baltimorer Kneipenszenerie.

Snodgrass blieb Poe bis zu dessen Lebensende als Gönner verbunden, war ihm sozusagen eine Klagemauer, half mit Rat und Tat. Neben dem regen Briefwechsel hatte er aber selten direkt mit ihm zu tun, sie lebten nie wieder am gleichen Ort.

Wie ein Hilfeschrei wirkte die Anzeige, die Poe wenige Tage nach seinem Zerwürfnis mit Burton am 6. Juni 1840 in einer Samstagszeitung Philadelphias schalten ließ:

Voranzeige des PENN MAGAZINE, ein monatlich erscheinendes Literaturjournal, herausgegeben und gedruckt in Philadelphia, von Edgar A. Poe.

An die Öffentlichkeit: ... Diejenigen, die sich an die frühen Tage des Südstaaten-Journals *The Messenger* erinnern, müssen nicht besonders darauf hingewiesen werden, daß sich dessen Popularität hauptsächlich dem Kritikteil verdankte – will sagen, dem etwas übertriebenen Sarkasmus in der Besprechung von neuerschienenen Büchern. Solche Strenge wird das *Penn Magazine* nur insofern beibehalten, als sie sich mit der unparteiischen Ausgewogenheit seines Urteils vereinbaren läßt. Einige Jahre mögen das Ungestüm eines Kritikers gemildert haben, ohne seine Treffsicherheit zu beeinträchtigen. ... Von der Form her wird die Zeitschrift etwa der des *Knikkerbocker* ähneln; die Papierqualität entspricht jener des *North American Review*; es wird zahlreiche Illustrationen geben, jedoch nur, wenn das die Texte erfordern. – Das *Penn Magazine* soll in Philadelphia erscheinen, und zwar an jedem ersten des Monats – was halbjährlich einen Band von ungefähr 500 Seiten ergibt. Ein Jahresabonnement kostet fünf Dollar, zahlbar im voraus, oder bei Empfang der ersten Ausgabe, die am 1. Januar 1841 ausgeliefert wird. Schriftliche Anfragen sind zu richten an den Herausgeber und Eigentümer:

EDGAR A. POE.

Ist das Größenwahn? Ein solches nationales Forum für Literatur erforderte mehr als die Kompetenz, die Poe zweifelsohne hatte. Qualität allein schafft (leider) keinen Erfolg. Weder verfügte Poe über die ökonomische Basis noch über ein funktionierendes Mediennetzwerk. Es war unrealistisch, die Zeitschrift allein über die Abonnentenvorschüsse finanzieren zu wollen.

Wenn Poe den Kritikteil der geplanten Zeitschrift als Attraktion ausgab, ignorierte er den Publikumsgeschmack seiner Zeit. Er hatte in erster Linie formale Qualitätsmaßstäbe, achtete auf Konsistenz, Konstruktivität, Innovation, Klang und Stimmigkeit der Dichtung, also gerade nicht auf Inhalte und Weltanschauungen. Damit stellte er sich gegen den *main stream* der zeitgenössischen Literaturkritik. Ihr zufolge hatte der Kritiker ein Wachhund der Gesellschaft zu sein.

Fünf Leitsätze bestimmten in den USA jener Zeit – wie William Charvat herausgestellt hat – die Maßstäbe der Literaturkritik: Literatur darf keinerlei Rebellion gegen die bestehende soziale und ökonomische Ordnung billigen. Sie darf nichts enthalten, was die religiösen Inhalte oder moralischen Standards herabwürdigt. Literatur soll optimistisch sein, darf keinen philosophischen Pessimismus oder Skeptizismus fördern. Sie soll vom Intelligiblen handeln, nicht von Mystik und Obskurem. Schließlich soll Literatur sozial gesonnen, nicht egozentrisch sein.

Solche Prinzipien interessierten Poe nicht.

Die Zahl der Abonnenten, die er zusammenbekam, war nicht weiter nennenswert. Die Anzeige war ja auch nur in einem Samstagsblättchen Philadelphias erschienen, das nur wenige der potentiellen Interessenten in die Hand nahmen. Auch daß Poe bei Burton die Abonnentenliste stibitzt hatte, um eine Reihe von Personen direkt anzuschreiben, half ihm wenig. Gegenüber Snodgrass tönte er noch am 17. Juni: »Wenn an der Sache etwas unmöglich erscheint, so ist es die Unmöglichkeit des Mißerfolges. Die Welt ist versessen auf alles Neuartige, und indem ich absolut ehrlich bin, werde ich etwas völlig Neues bieten.« Es gingen wohl einige Vorbestellungen ein, die jeweils fünf Dollar Ertrag verschwanden jedoch sofort in Poes Privathaushalt statt in einer Investitionskasse. Die fünfhundert Subskribenten, die er bis zum 1. Dezember 1840 hatte zusammenkriegen wollen, blieben aus. So war alle Aktivität und Hektik praktisch umsonst gewesen.

Allerdings war auch Pech im Spiel. Als gegen Ende des Jahres die erhofften Abonnenten ausgeblieben waren, verschob Poe das Erscheinen des *Penn Magazine* auf März 1841. Er erkrankte für einige Wochen und nutzte das als Begründung für die Verschiebung. Als es im Februar mit dem Druck der ersten Nummer losgehen sollte, nachdem ihm prominente Bankiers Unterstützung signalisiert hatten, kam es ausgerechnet in jenen Tagen zu einem Bankenkrach, bei dem alle Auszahlungen über fünf Dollar gestoppt wurden.

Da trat Rex Graham auf den Plan. Graham, Jahrgang 1813, hatte 1840 Burtons Magazin übernommen und es mit einer schon acht Jahre lang existierenden Zeitschrift für Damen, *Atkinson's Casket*, fusioniert. Er nannte das neue Medium *Graham's Lady's and Gentleman's Magazine*. Graham war ein tüchtiger Mann: Nach einer Lehre als Möbeltischler hatte er Jura studiert und nach dem Examen als Redakteur bei der *Saturday Evening Post* in Philadelphia gearbeitet, von der er zugleich Anteile kaufte (er hatte aus diversen Quellen ein kleines Vermögen angesammelt, sein Vater war Schiffsausstatter gewesen). Als er von Poes Scheitern hörte (er hatte dessen eigene Pläne vorher öffentlich begrüßt), handelte er sofort: Er stellte den berühmt-berüchtigten Kritiker bei *Graham's Magazine* ein.

So wie Burton seinerzeit Poe zur Überwindung seiner Schwermut angestachelt hatte, so machte ihm Graham vor, wie man aus der Synthese von praktischem Talent, Rechtskenntnissen und ökonomischem Gespür Erfolg zimmert. Im November 1840, als Burton das Magazin an Graham verkaufte, lag die Abonnentenzahl bei dreitausendfünfhundert. (Poe hatte demnach in den wenigen Monaten seiner Tätigkeit für Burton den Abonnentenstamm verfünffacht!) Graham hatte durch die Fusion am Anfang fünftausend Bezieher, am Ende – nach Poes einjähriger Chefredaktion bis Mitte 1842 – lag das Magazin bei sage und schreibe vierzigtausend Abonnements. Der Inhaber wurde Millionär und residierte in einer Prachtvilla – aber Edgar Allan Poe?

Vorläufig, ab März 1841, bezog Poe von Graham achthundert Dollar Jahresgehalt. Er stand wie bei White und Burton als leitender Redakteur in einem Angestelltenverhältnis. Seine eigenen Textbeiträge wurden gesondert vergütet. Das Einkommen war nicht schlecht, aber auch nicht gut. Zum Vergleich: Ein Harvard-Professor wie Longfellow, mit dem Poe sich später streiten würde, verdiente zweitausend Dollar im Jahr. Schon im ersten Jahr vervierfachte sich – nicht zuletzt dank Poes spitzer Feder – die Abonnentenzahl auf zwanzigtausend. Eigentlich sah für Poe alles ziemlich rosig aus. Mit Graham kam er besser aus als mit Burton. Das Periodikum wurde zum meistgekauften Magazin der USA, es war *die* Plattform für alle Kurzgeschichten, Essays und Rezensionen Poes. Und selbst wenn er von Graham selbstbewußt – sagen wir – fünfzehnhundert Dollar pro Jahr gefordert hätte, wäre das sicher in Ordnung gegangen. Da Poe neben seiner Redakteurstätigkeit sehr viel schrieb, wird sie ihn kaum überfordert haben.

In Philadelphias guter Randlage hatte er mittlerweile ein passables Häuschen bezogen. Dem talentierten Kritiker und Autor genügte das jedoch nicht. Die Abhängigkeit, die ihm eine Erfolgsbeteiligung verwehrte, ärgerte ihn zunehmend. »Wenn Graham mir statt des erbärmlichen Gehaltes ein Zehntel der Erlöse seines Magazins überlassen würde – ich wäre heute ein reicher Mann!« mag er gedacht haben.

»Mehr und mehr fühle ich mich angeekelt von meiner Situation: Wollte Gott, ich könnte es so haben wie Du!« So brach es im Juni 1841 gegenüber seinem Bekannten Frederick Thomas aus ihm heraus. Dieser hatte ihm gerade in den schönsten Farben eine feste Anstellung ausgemalt:

Wie wäre es mit einer Stelle hier in einem Büro für 1500 Dollar im Jahr, monatlich gezahlt von Uncle Sam – und zwar pünktlich. Wie wäre das? Du kommst gemütlich ins Büro so kurz nach neun, und kurz nach zwei gehst du zum Essen nach Haus und kommst an dem Tag nicht mehr wieder. Wenn du während der Bürostunden etwas zu tun hast, ist das eine angenehme Entspannung von der monströsen Faulheit des übrigen Tages. Auf dem Schreibtisch hast du die schönste Ordnung, und wenn du gerne literarisch arbeiten willst, warum nicht?

Poes Kalkül war jahrelang auf diese erhebende Perspektive gerichtet.

Die Freunde Frederick Thomas und Jesse Dow waren sehr rührig darum bemüht, ihm eine solche Stelle zu verschaffen. Immer wieder versuchte vor allem Thomas, an den Präsidenten heranzukommen, um ihm eine feste Stelle für Poe abzuluchsen. Aber John Tyler – er hatte als Vizepräsident den nur wenige Wochen amtierenden William Harrison beerbt – war angetreten, der Vetternwirtschaft ein Ende zu machen. Also war Abwarten angesagt. Thomas hielt den Kontakt zu den Söhnen des Präsidenten, vor allem zu Robert, der ein Fan von Poe war.

Jesse Dow, der in seiner Zeitschrift *Index* auch andere Periodika kommentierte, lobte Poes Talente als Zeitschriftenmann: wie er geschickt die Verkaufsziffern hochtrieb, etwa mit seiner Fähigkeit, Kryptogramme zu lösen – was eine lebhafte Kommunikation zwischen Lesern und Herausgebern in Gang setzte. Oder mit einer Serie von Autographen, in der er der Originalunterschrift berühmter amerikanischer Literaten eine Kurzbiographie und einen sinnigen Kommentar beifügte, in dem er zwischen Schriftzug und Lebenslauf eine Verbindung herzustellen suchte. Dow sprach auch öfter von Poes Plan, eine eigene Zeitschrift zu gründen. Das las Graham sicher nicht gern, zumal sein Chefredakteur den Freunden sogar den Ausstieg aus dem Magazin und Graham als Partner der Neugründung avisiert hatte. Im November 1841 schrieb Dow:

Wir sind zuversichtlich, daß er bald mit seinem *Penn Magazine* herauskommt. Dieses *monthly* – wenn es so ausgeführt wird, wie er es will – wird das Monopol des *puffing* verjagen und die Fesseln sprengen, welche ein Corps von pensionierten Starrköpfen um die Stirn von jungen Intellektuellen gelegt hat, die zu stolz sind, einem literarischen Kuppler einen Sixpence zu zahlen, damit er sie in einem Massenblatt erwähnt – oder sich zu entwürdigen für ein gutes Wort seitens der *fathers of the Row*, welche Wein schlürfen aus den Hirnschalen der Autoren und sich mästen an den Gänsen, die das Gras fressen, welches über frühen Gräbern weht.

Am 20. Januar 1842 gab Edgar anläßlich seines dreiunddreißigsten Geburtstags eine kleine Party. Nur Verwandte waren eingeladen. Nach dem Essen trug Virginia mit ihrer zarten und hellen Stimme einige Lieder zur Harfe vor. Ihr weißes Kleid stach vorteilhaft von ihrem dunklen Haar ab. Plötzlich stockte sie, ein Hustenkrampf schüttelte sie, bis sie Blut spuckte. Rote Blutspritzer auf weißem Musselin. Ein Horrorbild für Edgar. All die Madelines, Morellas, Ligeias und Eleonoren seiner Erzählungen flossen in diesem Bild zusammen. Das Idyll mit seiner Kindfrau drohte zu zerbrechen.

An Thomas schrieb er am 3. Februar 1842:

Mein teures kleines Weib ist gefährlich krank gewesen. Vor etwa vierzehn Tagen erlitt sie beim Singen einen Blutsturz, und erst gestern war's, daß die Ärzte mir wieder etwas Hoffnung auf ihr Genesen gaben. Sie mögen sich die Seelenqual vorstellen, die ich gelitten, denn Sie wissen, wie hingegeben ich sie liebe. Doch heute ist die Aussicht heller, und ich bin zuversichtlich, daß dieser bittere Kelch des Elends an mir vorübergeht.

Ich, ich, ich – noch die im *Text* fixierte »hingebungsvolle Liebe« ist ein Spiegel des Narziß. Virginia kränkelte von da an ihrem Tode – fünf Jahre später – entgegen. Poe empfand ihre Krankheit als dauernde schwere Bedrohung.

Edgars Mutter Eliza-
beth Arnold Poe. Diese
Miniaturzeichnung
befand sich zeitlebens
im Besitz des Sohnes.

Edgars Pflegevater John Allan, Kaufmann in Richmond.

Edgars Pflegemutter Frances Allan. Ausschnitt aus einem
Gemälde von Thomas Sully.

Sarah Elmira Royster, Edgars Jugendliebe, von ihm
selbst 1826 in Richmond gezeichnet.

Richmond in Virginia, Ansicht um 1850.

Die »Villa Moldavia« in Richmond, die Allan 1825 erwirbt und die Edgar zwei Jahre später nach heftigen Auseinandersetzungen mit dem Stiefvater verläßt.

Die University of Virginia in Charlottesville kurz nach ihrer Gründung im Jahre 1825.

Die Chesapeake Bay mit der Ansicht von Baltimore in Maryland, um 1850. Stahlstich nach einem Gemälde von William Henry Bartlett.

KNOW ALL MEN BY THESE PRESENTS, That we *Edgar A.*
Poe (and) *Thomas W Cleland* — — —
acting as governor
are held and firmly bound unto *Wyndham Robertson Lieutenant* Governor of the
Commonwealth of Virginia, in the just and full sum of ONE HUNDRED AND FIFTY DOLLARS, to the
payment whereof, well and truly to be made to the said Governor, or his successors, for the use of
the said Commonwealth, we bind ourselves and each of us, our and each of our heirs, executors
and administrators, jointly and severally, firmly by these presents. Sealed with our seals, and
dated this *16th* day of *May* 1836.

THE CONDITION OF THE ABOVE OBLIGATION IS SUCH, That whereas a
marriage is shortly intended to be had and solemnized between the above bound *Edgar*
A Poe — — and *Virginia E. Clemm* — —
of the City of Richmond. Now if there is no lawful cause to obstruct said marriage, then the
above obligation to be void, else to remain in full force and virtue.

Signed, sealed and delivered
in the presence of
Cha Howard

Edgar A Poe   [SEAL.]

Tho. W. Cleland   [SEAL.]

CITY OF RICHMOND, To wit:
This day *Thomas W Cleland* — above named, made oath
before me, as *Deputy* Clerk of the Court of Hustings for the said City, that
Virginia E Clemm — is of the full age of twenty-one years, and a
resident of the said City. Given under my hand, this *16.* day of *May* 1836

Cha Howard

Dokument der Eheschließung zwischen Edgar und Virginia am
16. Mai 1836 in Richmond. Im vorgedruckten Text wird das
Alter der Braut mit einundzwanzig angegeben, tatsächlich war
sie dreizehn.

Edgars Tante
väterlicherseits
und Schwieger-
mutter Maria
Clemm, genannt
»Muddy«.
Daguerreotypie
von 1849.

Virginia Poe-
Clemm, Edgars
Cousine und Ehe-
frau, Tochter von
Maria Clemm.
Das Aquarell ent-
stand unmittelbar
nach ihrem Tod.

Philadelphia um 1800. Stadtansicht mit dem großen Baum in Kensington, unter dem William Penn den Vertrag mit den Indianern schloß.

Das Haus in Philadelphia, in dem die Poes 1843/44 wohnten – heute Sitz der E. A. Poe National Historic Site.

Der Broadway in New York um 1840.

Poes Porträt in *Graham's Magazine*, Februar 1845.

Das Cottage in Fordham (damals bei New York, heute in der Bronx zu besichtigen), in dem Poe mit Frau und Schwieger-mutter ab 1846 wohnte.

Der deutsche Dichter
E. T. A. Hoffmann,
dessen schwarze
Romantik den
Amerikaner beein-
flußte.

Der kulturhistorische
Antipode: Ralph
Waldo Emerson
(1803–1882), Prophet
einer positiven Welt-
sicht.

Charles Baudelaire, der französische Kunstkritiker,
Essayist und Poet, der Poe für Europa entdeckte.

Poe-Karikatur der *New York Review of Books* vom
Oktober 1984 als Illustration einer Rezension der
Gesamtausgabe von Poes Werk.

For every sound that floats
From out their ghostly throats
    Is a groan.
And the people — ah, the people
    up in the steeple
    All alone,
And who, tolling, tolling, tolling,
    In that muffled monotone,
Feel a glory in so rolling
    On the human heart a stone —
They are neither man nor woman —
They are neither brute nor human,
But are pestilential carcases disparted from their souls —
    Called Ghouls : —
    And their king it is who tolls : —
    And he rolls, rolls, rolls, rolls
        A Paan from the bells !
    And his merry bosom swells
        With the Paan of the bells !
    And he dances and he yells ;
    Keeping time, time, time,
    In a sort of Runic rhyme,
        To the Paan of the bells —
        Of the bells : —

Faksimile vom Originalmanuskript des Gedichtes »The Bells«
von 1849 (Strophe IV).

Zeichnung von Ismail Gentz nach der letzten von Poe überliefer-
ten Daguerreotypie.

Briefe und Rezensionen und die sonstige redaktionelle Arbeit des Februar 1842 zeigen, daß Poe auf den Schock des Blutsturzes – ähnlich wie seinerzeit nach dem Abschied von Richmond 1827 und dem West-Point-Desaster 1831 – zunächst mit der Anstrengung außerordentlich disziplinierten Arbeitens reagierte. Erst im April 1842 kam es wieder zu Alkoholexzessen und Unregelmäßigkeiten, aber da hatte sich das Verhältnis zu Graham bereits verschlechtert.

Kurz vorher, im März 1842, hatte sich die Situation zugespitzt. Der auch in Nordamerika berühmte englische Autor Charles Dickens machte eine Tournee durch die Staaten und lud Poe für zwei längere Gespräche in sein Hotel in Philadelphia ein. Sie diskutierten über das internationale Copyright (wegen dessen Fehlen Dickens in USA empfindliche Einkunftsverluste erlitt), und der Brite versprach, sich für die Publikation von Poes Werken in Europa einzusetzen. Das gab Poe Auftrieb, ließ ihn aber seine erbärmliche Position um so schmerzhafter spüren. Am 1. April reichte er von sich aus bei Graham die Kündigung ein. Später erklärte Poe, daß ihn letztlich das Niveau des Magazins vergrault hätte: das Durcheinander der Beiträge, die vielen teuren Abbildungen, das Gefällige und Seichte, das seine eigenen Textjuwelen überwucherte.

Rufus Griswold hieß sein Nachfolger. Graham stellte ihn für jährlich tausend Dollar ein – zweihundert mehr, als Poe bekommen hatte. Die beiden Redakteure hatten einander bereits 1841 kennengelernt, als Griswold Material für einen Band sammelte, der 1852 populär werden sollte: *The Poets and Poetry of America*. Grahams neuer Mann war also literarisch durchaus kompetent, obgleich er von der Theologie herkam. Als Poe im November 1843 in Philadelphia einen Vortrag über amerikanische Dichtung hielt, der mit großer Resonanz aufgenommen wurde, äußerte er sich kritisch über den Band von Griswold, was ihm dieser nie verzieh. Dennoch behielt er vorerst die freundliche Fassade bei und ging in einer weiteren Anthologie, *The Prose Writers of America*, 1847 sogar positiv auf Poe ein. Die Stunde der Abrechnung kam nach Poes Tod, als Griswold in der New Yorker *Daily Tribune* einen ausgesprochen gehässigen Nachruf auf ihn herausbrachte, der Poes Wirkung in den USA nachhaltig schädigte. Auf Griswold münzte Baudelaire diese Frage: »Gibt es denn in Amerika keine Verordnung, die Hunden das Betreten der Friedhöfe untersagt?«

Über die Stimmung, die Poe in den Tagen nach der Kündigung überkam, sind wir gut informiert. Er hatte eine fast schamlose Art, sich vor Zufallsbekannten zu offenbaren, so im Juni 1842 James Herron gegenüber, den Poe über Robert Tyler, den Sohn des Präsidenten, kennenlernte:

Sie haben vielleicht davon gehört, daß ich mich von »Graham's Magazine« zurückgezogen habe. Mein Gemütszustand hat mich tatsächlich dazu gezwungen, allen geistigen Anstrengungen vorerst zu entsagen. Die erneut ausgebrochene und hoffnungslose Krankheit meiner Frau, mein eigener angegriffener Gesundheitszustand und finanzielle Schwierigkeiten haben mich fast gänzlich heruntergebracht. Meine einzige Hoffnung ist der Offenbarungseid, den ich so bald wie möglich leisten werde. Hätte ich mich schon früher dieser Möglichkeit bedient, sähe es heute vielleicht besser für mich aus –

aber der Kampf, über Wasser zu bleiben, hat mich zuletzt ruiniert … Es wird Sie erfreuen zu hören, daß mir ein Posten bei unserer Zollbehörde in Aussicht gestellt wurde.

Die Sache mit der Anstellung bei der Zollbehörde in Philadelphia – überraschend und kurzfristig in Aussicht gestellt – zog sich über Monate hin. Es kam zu Wechseln in der Leitung der Behörde, regelmäßig berichtete die Presse über mehr als tausend Bewerber auf die wenigen festen Stellen. Thomas tat, was er konnte, Robert Tyler auch – aber am Ende wurde nichts daraus. Das Warten zermürbte Poe.

Manchmal brach er aus. Ende Juni 1842 reiste er nach New York. Er wollte sich nach Stellen umsehen. Aber bald hing er mit einem jungen Poeten, William Wallace, am Tresen einer Bar, vor sich *juleps*, Minzschnäpse. In angetrunkenem Zustand suchte er dann die Chefredakteure diverser Zeitungen auf. Auch kritzelte er für Wallace ein Empfehlungsschreiben an Thomas auf einen Schnipsel Papier und schickte ihn nach Washington. Einmal verschwand er auf der Suche nach einer alten Jugendliebe in New Jersey. Muddy Clemm, außer sich vor Sorge, fand ihn schließlich in den Wäldern bei Jersey City, wo er verstört herumwanderte.

Poe litt unter der großstädtischen *world of perplexing business*, wie er sie nannte. Sein Verhältnis zu Natur und Landschaft, wie es sich in seiner Dichtung widerspiegelt, hat eine besondere Färbung. Es ist nicht die frische Gesundheit, die etwa aus Walt Whitmans Long-Island-Poemen spricht, sondern über Poes Naturbildern liegt Melancholie. Die Landschaft ist ein potentieller Fluchtort vor den Kümmernissen der Existenz. Wie ein Leidender sich in die Natureinsamkeit zurückzieht, in Selbstgesprächen versunken, so suchte Poe real oder fiktional die freie Natur auf. Doch diese ließ ihn die Probleme seiner Dichterexistenz nie ganz vergessen.

Marie Devereaux, die Jugendliebe aus Baltimore, hat rückblickend Poes damaliges Leben beschrieben:

Ich traf Poe im September 1842. Er lebte in einem Landhäuschen am Rande der Stadt. Sein Haus war klein, aber innen sehr gemütlich … Die Räume sahen sauber und aufgeräumt aus, aber alles machte einen recht ärmlichen Eindruck; es herrschte ein spürbarer Mangel an Geld. Obwohl ich spät am Morgen ankam, war Mrs. Clemm gerade damit beschäftigt, sein Frühstück zu bereiten. Vielleicht verursachte meine Anwesenheit einige Verwirrung, dennoch fiel mir ihre Verlegenheit auf, überhaupt etwas Geeignetes auf den Tisch zu bringen. Seine Frau bemühte sich in der Zwischenzeit, mich zu unterhalten. Sie wirkte überaus liebenswürdig und anmutig auf mich. Sie hatte ebenmäßige Gesichtszüge und die ausdrucksvollsten und intelligentesten Augen, die ich je gesehen habe. Ihre Blässe, die tiefen Linien in ihrem Gesicht und ein schwindsüchtiges Husten ließen mich erkennen, daß sie früh sterben werde. Sie und ihre Mutter gaben sich sehr besorgt um Eddy, wie sie Poe nannten, und ihre größte Sorge schien, daß er wieder eine Arbeit bekam. Ich erfuhr später von Poe, daß er in New York gewesen war, um sich nach einer Stellung umzusehen, und daß er außerdem versucht hatte, eine Ausgabe seiner Erzählungen herauszubringen – aber ohne Erfolg. – Als Poe schließlich erschien, hing sein Haar achtlos über seine hohe Stirn, und seine Kleidung war ein bißchen schlampig und unsauber. Er begrüßte mich herzlich, wirkte jedoch etwas reserviert und klagte über Unwohlsein. Seine rührende Fürsorge und Zärtlichkeit gegenüber seiner Frau beeindruckte mich tief. Ich brauchte nicht lange, um zu meinem Bedauern festzustellen, daß er sich abermals dem Trunk ergeben hatte, und wagte dies in seiner Gegenwart mit leisem Vorwurf anklingen zu lassen. Er gab zu, in New York wieder damit angefangen zu haben, lenkte dann aber auf ein anderes Thema ab ...

Anfang 1843 richtete er sich nochmals an seinem Zeitschriftenprojekt auf. *The Stylus* sollte es nun wieder heißen, das paßte besser zu seinem allgemeinen Anspruch – *Penn Magazine* hatte zu provinziell geklungen. Endlich fand er auch einen Investor. Am 31. Januar schloß er mit Thomas C. Clarke, Eigentümer und Herausgeber des Wochenblatts *Saturday Museum*, einen Vertrag über eine Monatszeitschrift. Die Ausstattung sollte der angesehene Graphiker Felix O. C. Caroy besorgen. Im September 1842 hatte Poe seinem Bekannten Dr. Chivers in Georgia das Konzept des anspruchsvollen Periodikums erläutert:

Die einzige wirkliche Schwierigkeit liegt im Beginn – liegt darin, die pekuniären Mittel für die ersten zwei (oder drei) Nummern zu bekommen; danach ist alles gesichert, und ein großer Triumph dürfte sich, ja muß und wird sich einstellen. Wenn Sie etwa $ 1000 zur Verfügung haben und sich an der Sache beteiligen wollen, so werde ich Ihnen ausführlich über die Details des Plans schreiben, oder wir können uns unmittelbar zu einem Gespräch zusammensetzen.
Es wäre wohl angemessen, mit einer Auflage von

1000 Exemplaren zu beginnen. Für diese Nummer würden die monatlichen Kosten inclusive Papier (der feinsten
Qualität), Satz, Druckarbeit und Heftung bei etwa $ 180
liegen. Die *Gesamtkosten* veranschlage ich auf etwa
$ 250 – was $ 3000 pro Jahr ergäbe – eine *sehr* großzügige Schätzung. 1000 Exemplare zum Einzelpreis von
$ 5 = $ 5000 – da bliebe ein Nettogewinn von $ 2000,
selbst wenn wir nur 1000 Subskribenten ansetzen. Doch
bin ich sicher, daß wir mit wenigstens 500 *beginnen*, und
habe keine Zweifel, daß wir noch vor Ablauf des 2ten
Jahres 5000 haben werden. Ein Magazin, wie es mir vorschwebt, wird uns beiden bei 5000 Subskribenten ein
Einkommen von je $ 10000 verschaffen; und das, so
werden Sie zugeben, ist ein Spiel, welches wohl den Einsatz lohnt. Zugleich gibt es keinen plausiblen Grund,
weshalb solch ein Magazin nicht am Ende gar eine Verbreitung finden sollte, so groß wie die des »Graham's«
zur Zeit – nämlich 50000.

So plausibel das Konzept, so sauber die Kalkulation – so
vermessen die Auflagenerwartung. Poe denkt von einem
Anspruch her, nicht von realen *Zielgruppen*. Bei der Beurteilung der Projekte und Texte anderer ist er viel realistischer.
Im selben Brief heißt es wenige Zeilen weiter über die vergebliche Mühe, einen poetischen Text von Chivers unterzubringen: »Die Wahrheit sieht leider so aus, daß Poesie höheren Ranges in diesem Lande unverkäuflich ist und immer
sein wird.«

Immerhin hatte Poe Aussicht auf eine Förderung seines
Projekts durch die Regierung. Hier spielten seine Kontakte
nach Washington hinein. Es ging sogar um mehr, die feste

Anstellung in der Zollbehörde war wieder im Gespräch – das ideale Modell: Basisgehalt plus publizistische Tätigkeit. Alles schien sich zum Guten zu wenden. Doch wieder kam es zum Desaster.

Szenen eines Selbstzerstörungsprogramms: Poe wird sich auf den Weg in die Hauptstadt der USA machen, um wichtige Leute zu treffen. Der neue Verleger seines *Stylus*-Projekts hat ihn gebeten, nach Washington zu reisen, um Subskribenten zu gewinnen und bei der Regierung um Subventionen nachzusuchen. Er soll sogar einen Termin beim Präsidenten der Vereinigten Staaten, John Tyler, bekommen. Drei Männer werden Poe vor Ort unterstützen. Frederick Thomas, Robert Tyler, der Präsidentensohn, sowie Thomas Dunn English, ein Bekannter aus Philadelphia, Jurist und Amateurdichter. Am 8. März 1843, einem Mittwoch, reist Poe nach Washington. Mister Thomas ist leider schwer erkrankt und liegt im Bett. Um den Besucher kümmert sich statt seiner Jesse Dow, sein einstiger Trinkbruder, dessen Spitzname »Rowdy« nichts Gutes verheißt. Der Besitzer von Fuller's Hotel, wo Poe absteigt, arrangiert – entzückt über das Zusammentreffen mit dem bekannten Kritiker und Schriftsteller – ein kleines Abendessen. Poe soll sich während des *supper* des Alkohols enthalten haben, läßt sich aber zum Abschluß des Mahls zu einem Gläschen Portwein überreden. Die Katastrophe nimmt ihren Lauf. Poe trinkt weiter, am Donnerstag ist er bereits auf Zechtour. Der Reisevorschuß von Clarke ist aufgebraucht, als ihn am Freitag ein Journalist – ein ganz entfernter Bekannter – auf der Pennsylvania Avenue trifft:

Er war ganz blaß im Gesicht – schäbig in seiner Erscheinung, ein Bild des Jammers. Dreist kam er auf mich zu, reichte mir die Hand, die ich beflissen nahm, und bat mich, alles zu vergessen, was gewesen sei. Er sagte, seit zwei Tagen keinen vernünftigen Bissen mehr zu sich genommen zu haben, und bettelte mich um fünfzig Cent für eine Mahlzeit an. Obwohl er wirklich ausgebrannt aussah, zeigte sich an ihm immer noch der Gentleman. Ich gab ihm das Geld und sah ihn nie wieder.

Als Poe am nächsten Vormittag in den Regierungsbüros des Weißen Hauses aufkreuzt, war das (seinen Worten nach) eine *Sensation*. Robert Tyler muß das geplante Treffen mit dem Präsidenten absagen, weil der Besucher seiner Sinne kaum mächtig ist. (Als einige Zeit später mit John Tyler nochmals Poes Anstellung an der Zollbehörde verhandelt werden soll, wird der Präsident gerade vor diesem Tagesordnungspunkt aus dem Zimmer gerufen. Die Sache kommt nicht wieder zur Sprache.)

Auf Poes Blackout hin schrieb Dow einen Brandbrief an den Verleger Clarke:

Am zweiten Tag schien er etwas ruhiger zu sein. Seitdem jedoch ist er in einem unmöglichen Zustand. Er führt sich in einer Weise auf, die ihm beim Präsidenten nur schaden kann. Das macht es uns unmöglich, uns für ihn einzusetzen. Er versteht nichts von Politik und weiß nicht, wie man hier verhandelt. Wie sollte er auch? Unter diesen Umständen halte ich es für richtig, daß sie kommen, um ihn sicher nach Hause zu bringen. Seine Frau ist in schlechtem Gesundheitszustand, und ich schärfe

Ihnen ein, um Ihrer Seele willen: Sagen Sie ihr ja nichts, bis er wieder zu Hause ist! Sollten Sie nicht kommen können, so bringen wir ihn auf den Zug nach Philadelphia. Wir fürchten nur, daß er dann in Baltimore hängenbleibt und weitere Schwierigkeiten bekommt. Ich schreibe Ihnen aus ernster Verantwortung. Mister Poe ist ein großer Geist, deshalb ertrage ich es nicht, wenn er der Willkür gefühlloser Kreaturen ausgesetzt ist!

Auch Poes Freund Frederick Thomas versuchte später, Verständnis für ihn zu wecken:

Der arme Mensch! Man hatte seinen Gönnern ein Amt für ihn versprochen, und in der Gespanntheit der Erwartung, die für alle Menschen – besonders für solche mit starker Phantasie – zermürbend ist, führte er sich in Washington nicht zu seinem Vorteil auf. Ich habe Poe dabei beobachtet. Was ihn zu seinen »Scherzen« zwang, war eher eine exzessive, zuweilen unnatürliche Sensibilität als ein krankhaftes Verlangen nach Alkohol. Schon bei einem einzigen Glas von leichtem Wein, Bier oder Cidre hatte er den Rubikon überschritten – es endete fast immer in Exzeß und körperlicher Zerrüttung. Aber wie sein Vorbild Coleridge kämpfte er sehr gegen diese Neigung, und ich möchte meinen, hätte er nach all den traurigen Erfahrungen und Entbehrungen ein Amt mit festem Gehalt bekommen, wäre er also der literarischen Zwangsarbeit enthoben worden: Er hätte sich von der Neigung befreien können, jedenfalls zu dieser Zeit noch!

Dunn English war nicht so gnädig. Ihn hatte Poe bei einem nächtlichen Gelage in aller Öffentlichkeit verhöhnt. Prompt revanchierte sich der Schriftsteller, indem er Poe als betrunkenen Literaturkritiker in einer Novelle für Temperenzler verspottete, die 1843 erschien: *The Doom of the Drinker.*

Mit seinem Washingtoner Auftritt, der sich natürlich herumsprach, hatte Poe zwei Chancen verspielt: die feste Anstellung und die Gründung der eigenen Zeitschrift. Sein Verleger Clarke nahm das als Warnung und kündigte im Mai den Vertrag. Zwar schob er finanzielle Probleme vor, aber ohne Zweifel spielten die Vorfälle vom März bei seinen Überlegungen eine Rolle. Die Korrespondenz mit Thomas und Dow brach nach dem Vorfall jäh ab – von persönlichen Treffen in Philadelphia ganz zu schweigen.

Ich lag jetzt auf dem Rücken, lang ausgestreckt auf einer Art niedrigem Rahmengestell aus Holz. Mit einem langen Riemen, der einem Sattelgurt ähnelte, hatte man mich darauf festgeschnallt. Er umschlang mir in zahlreichen Windungen Glieder und Leib, so daß ich einzig den Kopf noch bewegen konnte und meinen linken Arm so weit grad, daß es mir unter großem Kraftaufwand möglich war, mich aus der irdenen Schüssel, die neben mir auf dem Boden stand, mit Nahrung zu versorgen. Zu meinem Schrecken sah ich, daß man den Wasserkrug fortgenommen hatte. Ich sage »zu meinem Schrecken«; denn ein schier unerträglicher Durst verzehrte mich. Diesen Durst zu reizen, hatte offenbar in der Absicht meiner Verfolger gelegen; denn das Gericht in der Schüssel bestand aus scharf gewürztem Fleisch.

Aufwärts blickend musterte ich nun die Decke meines Gefängnisses. Sie befand sich einige dreißig oder vierzig Fuß hoch über mir und besaß etwa die gleiche Struktur wie die Seitenwände. Auf einer der Plattentafeln fesselte eine sehr sonderbare Figur meine ganze Aufmerksamkeit. Es war die gemalte Bildgestalt der Zeit, wie sie gemeinhin dargestellt wird, nur daß sie an der Stelle der Sense ein Etwas in Händen hielt, das ich beim ersten flüchtigen Blick für die Abbildung eines ungeheuren Pendels hielt, wie man es an altertümlichen Standuhren sieht. Doch hatte dieses Gerät etwas an sich, das mich trieb, es aufmerksamer zu beobachten. Indessen ich so hinaufstarrte (denn es befand sich senkrecht über mir), bildete ich mir auf einmal ein, ich sähe es in Bewegung. Im nächsten Augenblick schon wurde dieser Gedanke zur Gewißheit. Kurz, und natürlich langsam, schwang es hin und her. Ich sah ihm einige Minuten zu, mit leichtem Angstgefühl, doch noch mehr Staunen. Schließlich aber ward ich's müde, das öde Pendeln zu betrachten, und wandte meine Augen den anderen Gegenständen in der Zelle zu.

Ein schwaches Geräusch ließ mich aufmerken, und als ich auf den Boden blickte, sah ich mehrere grausig große Ratten darüber hinhuschen. Sie waren aus dem Brunnen gekommen, der grad rechterhand in meinem Blickfeld lag. Und eben jetzt, da ich hinübersah, strömten sie in Scharen herauf, ein gieriges Gewimmel, das der Fleischgeruch herangelockt hatte. Es bedurfte vieler Mühe und Aufmerksamkeit, sie von meiner Schüssel zu verjagen. Eine halbe, vielleicht gar eine ganze Stunde mochte verstrichen sein (mein Zeitgefühl war nur noch unvollkommen), da richtete ich meinen Blick wieder in die Höhe. Was ich nun sah, verwirrte und bestürzte mich zutiefst. Das Pendel schwang um nahezu eine ganze Elle weiter aus. Auch die Geschwindigkeit hatte sich – eine natürliche Folge – beträchtlich vergrößert. Doch was mich am meisten verstörte, war der Gedanke, daß es sich merklich *gesenkt* habe. Ich bemerkte nun – mit welchem Entsetzen, bedarf wohl keiner besonderen Erwähnung –, daß sein unteres Ende von einer Halbmondsichel aus glitzerndem Stahl gebildet ward, die von Horn zu Horn wohl einen Fuß in der Länge maß; die Hörner waren nach oben gerichtet, und der Bogen unten schien so scharf zu sein wie die Schneide eines Rasiermessers. Gleichfalls wie ein Rasiermesser mutete es massig und schwer an, denn nach oben zu verbreiterte sich die Schneidkante zu einem festen und starken Rücken. Es hing am Ende einer gewichtigen Bronzestange, und das Ganze zischte, als es durch die Luft schwang.

Grube und Pendel (über ein Opfer unmenschlicher Quälerei), *Die schwarze Katze* (Sadismus als Fluch) und *Der Goldkäfer* (ein unermeßlicher Schatz wird gehoben): Erzählungen aus dem Jahr 1843, die sich leicht auf die Lebensumstände des Autors projizieren lassen, als Ausdruck der Rache, als Ausdruck der Sehnsüchte. Doch der Mut der Verzweiflung und unvorhergesehene Ereignisse hielten Poe innerlich aufrecht – gerade seine Werke bildeten ein Potential, das sich immer wieder aktualisierte. *Der Goldkäfer* – erschienen am 21. und 28. Juni 1843 in *The Dollar Newspaper* – half, den Traum vom Schatzfund in Ansätzen zu verwirklichen. Diese Tageszeitung aus Philadelphia hatte zuvor einen Preis von hundert Dollar für die beste Kurzgeschichte ausgelobt. Poe gewann. Für ihn – so weit war er – waren hundert Dollar wahrlich ein Schatz. Die Leser waren begeistert, mehrfach wurde die Erzählung als Extrablatt nachgedruckt.

Wir arbeiteten nun voller Eifer, und nie noch erlebte ich zehn Minuten ähnlich hochgespannter Erregung. Während dieser Zeit hatten wir eine längliche Kiste aus Holz zur Gänze freigelegt; sie war, ihrer vollkommenen Erhaltung und wunderbaren Härte nach zu schließen, offensichtlich irgendeinem Mineralisierungsprozeß unterworfen gewesen – vielleicht durch das Bichlorid des Quecksilbers. Dieser Kasten war dreieinhalb Fuß lang, drei Fuß breit und zweieinhalb Fuß tief. Er wurde von schmiedeeisernen Bändern fest gesichert, die miteinander vernietet waren und das Ganze wie eine Art Gitterwerk umgaben. Auf beiden Seiten der Kiste befanden sich, nahe dem Deckel, drei Ringe aus Eisen – also sechs insgesamt –, die sechs Personen einen festen Handgriff boten. Unsere vereinigten Anstrengungen erreichten einzig, daß der Koffer ganz leicht seine Lage in der Versenkung änderte. Alsbald sahen wir die Unmöglichkeit ein, eine so große Last in eins davonzuschaffen. Glücklicherweise bestand der Verschluß des Deckels einzig aus zwei gleitenden Bolzen. Diese schoben wir zurück – zitternd und keuchend vor Verlangen. Im nächsten Augenblick lag ein Schatz von schier unschätzbarem Werte vor uns. Als die Strahlen der Laternen in das Loch fielen, blitzte von einem wirren Gehäuf aus Gold und aus Juwelen ein Glühen und Glitzern zu uns herauf, das unsere Augen förmlich blendete.

Poe fand mit solchen sprachgewaltigen Texten immer wieder Resonanz in den Periodika. Seine Texte faszinierten die Herausgeber und die Leser. Leitmotive seiner Erzählungen sind die Abarbeitung juveniler Ressentiments gegen die bornierte Welt der Erwachsenen, der Sadismus, der Masochismus abartiger Phantasien, der Größenwahn philosophischer Welterklärungen, Träume von unermeßlichem Reichtum, von idealen Landschaften und Häusern, schließlich der Spürsinn des entlarvenden Detektivs. Diese Motive sind kaum aufbauend, erhaben oder belebend, sie haben nichts Didaktisches oder Kulturbejahendes an sich. Der Lesegenuß erwächst aus der Befriedigung, daß hinter der glatten Fassade der Etablierten das Chaos liegt, daß sich unter dem festen Boden Abgründe auftun, aber auch, daß es jenseits der banalen Realität ideale Welten gibt.

Poe blieb in Philadelphia trotz seines Scheiterns bis zuletzt als Redakteur im Gespräch und wurde auch vermehrt zu Vorträgen eingeladen, so in Philadelphia vor einem Auditorium von mehr als tausend Personen. Wo immer er sich in der Öffentlichkeit zeigte, spielte er den Anwalt der amerikanischen Dichtkunst. Wenn schon nicht die Welt, so sollte die junge Nation seine Bühne sein. Aus diesem Anspruch heraus wagte er einen folgenschweren Schritt: Ein zweites Mal machte er sich nach New York auf. Die *Queen of Book Business* mußte doch zu erobern sein! Es wurde ein *showdown* mit dem dortigen kulturellen Establishment.

Bevor dies zur Darstellung kommt, ist ein ausführlicher Blick auf Edgar Allan Poes Œuvre angebracht, wie es sich bis zum Ende der Philadelphia-Episode aufgebaut hatte. Die Systematik des Werkes ist von den einzelnen biographischen Stationen ablösbar.

Die große Ernte

Ein dreistöckiges Backsteinhaus am Stadtrand von Philadelphia. Die Katze Catterina schnurrt. Eine Wanduhr tickt. Unten in der Küche hört man Muddy rumoren. Sissy übt Harfe im Wohnzimmer, singt zuweilen dazu. Draußen ein milder Septembertag, sonnig, noch haben die Blätter der Ahornbäume nicht zu leuchten begonnen. Ein Idyll. Im Erdgeschoß haben die beiden Frauen mit schlichtem Mobiliar Atmosphäre gezaubert. Da sitzen sie abends am Kamin, und der Herr des Hauses liest aus seinen Werken vor. Virginia, die sich mit der Mutter im Haus und ohne Kinder kaum um Hausarbeiten kümmern muß, übt Gesang und lernt Harfe. Aus der Elfe wird ein musizierender Engel. Unterm Dach sitzt der Dichter. – Der Stift kratzt. Die Uhr tickt. Hier ist Poes *Zuflucht in der Zuflucht*, im permanenten Schreiben. Literarische Idyllen werden im realen Idyll allerdings kaum zu Papier gebracht, eher deren grauenhafte Kontrapunkte. Die Katze Catterina schnurrt …

Die schwarze Katze wütet und tobt in Poes Phantasie. Als Täterin wie als Opfer. Sie kratzt wie wild und beißt dem Mann in die Hand, der schneidet ihr im Alkoholrausch ein Auge aus, knüpft sie auf, bis sie verröchelt. Als ihn eine neue Katze wiederum in Wut versetzt und er sie auf der Kellertreppe erwischen will, spaltet er mit der Axt aus Versehen den Schädel seiner Frau, die ihm nachgestürzt war.

Und dann kam, wie um mich endgültig und unwiderruflich zu vernichten, der Geist der PERVERSHEIT über mich. Diesen Geist hat die Philosophie noch gar nicht zur Kenntnis genommen. Doch so gewiß ich bin, daß meine Seele lebt, – nicht weniger bin ich's, daß die Perversität einer der Urantriebe des menschlichen Herzens ist – eine der unteilbaren Grundfähigkeiten oder -empfindungen, welche dem Charakter des Menschen Richtung geben. Wer hat sich nicht schon hundertmal dabei ertappt, daß er eine niederträchtige oder törichte Tat aus keinem anderen Grunde beging denn aus dem Bewußtsein, daß sie ihm verboten sei? Verspüren wir denn nicht – wider all unser bestes Wissen – die fortwährende Neigung, das zu verletzen, was *Gesetz* ist, bloß weil wir es als solches begreifen? Dieser Geist der Perversheit kam, sag' ich, über mich, um mich endgültig zu vernichten. Es war dies unerforschliche Verlangen der Seele, *sich selbst zu quälen* – der eigenen Natur Gewalt anzutun – unrecht zu handeln allein um des Unrechts willen.

Ein Individuum im kriminellen Alleingang – im Verborgenen kühlt es seinen Mut und verspürt Lust am eigenen Untergang. *Das verräterische Herz*: Ein freundlicher Greis wird ermordet, nur weil eine Abnormität seines Auges den jugendlichen Täter ärgert. Sein Leichnam wird zerlegt, unterm Fußboden versteckt. Ein scheinbar perfekter Mord. Doch die Sache kommt heraus, weil der Täter glaubt, sein Herzschlag verrate ihn, laut pochend, da er mit den recherchierenden Polizisten am Tatort aushalten muß. *Die schwarze Katze*: Tierquälerei und Mord. *Der Alp der Perversheit*: Das Opfer wird durch eine präparierte Kerze im Schlaf erstickt. Der Täter sitzt später in der Todeszelle und sinniert über der Menschen perverse Gelüste. – Was sind das für Themen? *Das vorzeitige Begräbnis*, erster Absatz:

> Es gibt gewisse Themen, welche zwar allseits ein tiefes Interesse finden, aber doch zu schauerlich sind, als daß sie in die höhere Literatur Eingang finden könnten. Der bloße Romantiker muß sie fliehen, wenn er nicht verletzen will oder abstoßen. Sie lassen sich nur da geziemend behandeln, wo Ernst und Majestät der Wahrheit sie heiligen und tragen. Wir gruseln uns zum Beispiel, mit einem Höchstmaß aus »lustvollem Schauder«, bei den Berichten vom Übergang über die Beresina, vom Erdbeben zu Lissabon, von der Pest in London, vom Massaker der Bartholomäus-Nacht oder vom Ersticken der hundertdreiundzwanzig Gefangenen im Schwarzen Loch zu Kalkutta. Doch in all diesen Berichten ist es die Tatsache – ist es die Wirklichkeit – ist's das Historische, was uns erregt. Wär' es Erfindung, so würden wir alsbald die Nase darob rümpfen.

Poe viviseziert die bloße Lust am Grauen. Wir kennen sie alle, etwa von der morgendlichen Zeitungslektüre her, diese kleinen Lustwallungen angesichts des Unglücks in aller Welt. Poe befriedigt sie auf der Ebene der bloßen Fiktion.

In anderen Geschichten dieser Art wird masochistisch die Perspektive des Opfers eingenommen. *Grube und Pendel*: Das schauerliche Szenario vollkommener Verlassenheit und des Ausgeliefertseins an anonyme Quäler. Von der messerscharfen Schneide des Pendels, das sich unmerklich auf des Opfers Brust herabsenkt, sagte jemand, man höre ihr sirrendes Schwingen beim Lesen besser als in jeder Tonfilmwiedergabe. *Das vorzeitige Begräbnis* beschreibt elementare Phobien.

> Ich mühte mich zu schreien; und meine Lippen und meine ausgedörrte Zunge bewegten sich konvulsivisch bei dem Versuch – doch kein Stimmlaut entkam den höhligen Lungen, welche, wie unter dem Druck eines auf ihnen lastenden Berges, bei jedem Atemholen, jedem Nach-Atem-Ringen, keuchten und mit dem Herzen zukkend klopften.
>
> Die Bewegung der Kinnbacken, die dieser Versuch, laut aufzuschreien, mit sich brachte, zeigte mir, daß sie hochgebunden worden waren, wie es bei den Toten üblich ist. Auch fühlte ich, daß ich auf irgend etwas Hartem lag; und daß auch meine Seiten ein Ähnliches zusammenpreßte. Bis hierher hatte ich noch nicht gewagt, auch nur ein Glied zu regen, – doch jetzt warf ich mit einer heftigen Bewegung die Arme in die Höhe, die mit gekreuzten Gelenken lang ausgestreckt gelegen hatten. Sie trafen auf festes Holz, welches in einer Höhe von nicht mehr denn fünfzehn Zentimetern über meinem Gesichte dahinlief. Ich konnte nicht länger zweifeln, daß ich in einem Sarge ruhte.

Ein Horrorkabinett. Es ist zu bildkräftig und psychisch zu dicht, um unter den Rubriken »Schauergeschichten« oder »Schwarze Ironie« abgelegt zu werden. Es sind Visionen vom entmenschlichten Menschen, die in die Moderne weisen. Die Grausamkeiten selbst sind uralt, neu dagegen ist das Bewußtsein, mit den perversen Gelüsten als solchen geschlagen zu sein, ohne eine Ideologie, die den Grausamkeiten ein Alibi verschafft. Man hat Poe Morbidität, Entfremdung, Degeneriertheit und Dekadenz attestiert. Doch die Frage ist, ob man Vitalität, Gesundheit und Kultiviertheit als selbstverständlich voraussetzen kann. Denn man kann Licht- *und* Schattenseiten als Elemente humanen Lebens begreifen. Poe hat die literarische Moderne vorweggenommen, für die wesentlich ist, daß die psychischen Ab- und Untergründe anerkannt und nicht ideologisch verklärt werden.

Edgar Allan Poe führt als erster Nordamerikaner das Böse in die Poesie ein. Es ist bei ihm nicht mehr in ein ästhetisch-ethisches Gesamtkonzept der Welt und der menschlichen Existenz eingebunden, das von Ideen oder Idealen bestimmt ist – ganz zu schweigen von religiösen Weltdeutungen. Dem Bösen wird auch nicht eine vom Guten abgeleitete Funktion, etwa als *Katharsis*, zugebilligt, sondern es entspringt einer Kraft, die gegen die Herrschaft einer inhaltlich bestimmten Fortschritts- und Verantwortungsideologie aufbegehrt oder besser: sich ihr verweigert. Die *moral majority* der Vereinigten Staaten hat daher Mitte des 19. wie Ende des 20. Jahrhunderts mit Poes Perversions-Manifesten wenig im Sinn – außer vielleicht, diese mit Mitteln zu unterdrücken, die dem Geist der Perversheit nahekommen.

Sosehr Poe im Bereich der Dichtung jede didaktische Botschaft ablehnte, kannte er doch die Kategorie der *Tales of Effect*, der wirkungsvoll inszenierten Horrorgeschichten. Dieser Effekt wird durch intellektuelle Distanz erzeugt. Nur so gerät ja die Perversion zum Abenteuer – andernfalls wäre es blindes, schieres Überfallenwerden vom schrecklichen

Geschehen. Wie der Gekenterte sich im *Sturz in den Maelström* durch intellektuelle Disziplin rettet, wie Monsieur Dupin in *Die Morde in der Rue Morgue* seine Aufgaben detektivisch präzise löst, so steht der Ich-Erzähler Poes bei aller perversen Leidenschaft den Phänomenen in kühler Intellektualität gegenüber. Dieser kopfgesteuerten Distanz des Betrachters (und des Lesers) entspricht die Disziplin von Opfer und Täter. Das einsame Individuum in der Inquisitionshölle von Toledo, der Schiffbrüchige im riesigen Meeresstrudel: Marterperversionen und grauenvolles Naturgeschehen werden betrachtet und mit Kalkül verarbeitet, was die Rettung ermöglicht – oder aber die Perversion wird von Anfang an kaltblütig handelnd durchgeführt: an der Katze, am freundlichen Greis. Schließlich wird selbst des Täters Gewissen distanziert in suggestivem Sprachklang vorgeführt: *the hellish tattoo of the heart*, das höllische Hämmern des Herzens.

Wie in seiner Lyrik hat Poe auch in den *short stories* zwischen leidenschaftlichem Gefühl und kühler Ratio, zwischen Geschehen und Gestaltung, zwischen Gehalt und Ton eine Kluft belassen. In *Das Gebinde Amontillado* kontrastiert der heitere Umgangston zwischen Täter und Opfer mit dem grausigen Geschehen, auf das alles hinausläuft. Die Racheparabel *Hopp-Frosch* setzt ein, als wolle der Erzähler sich zusammen mit der Hauptfigur schütteln vor Lachen und Albernheit: »Nie kannt' ich einen, der so hitzig auf Witze erpicht war wie der König. Er schien nur zum Witzereißen zu leben. Eine gute Witzgeschichte zu erzählen, und sie gut zu erzählen, war der sicherste Weg zu seiner Gunst.« Doch im Lauf der Erzählung wird dem König die Witzlust gründlichst ausgetrieben.

Poe inszeniert eine Ikonographie des Grauens – die Bilder werden aus der Distanz gemalt. Blindes Geschehen ist nicht Perversion. Das *per-vertere*, das Umkehren und Umstürzen, setzt Zwischenräume voraus, in denen sich diese Bewegung vollziehen kann. Das bloße Gefühl klebt am Phänomen, der Intellekt aber schafft einen kühlen Kopf: *ratiocination* heißt das amerikanische Wort dafür. *Tales of ratiocination* nannte Poe diese Gattung von Erzählungen, in denen die Ratio triumphiert.

Perversion als Abenteuer: Während Pioniere wie *Julius Rodman* in der gleichnamigen Erzählung das weite Land erobern oder wie *Arthur Pym* nautische Vorstöße in die riesigen Weltmeere wagen, brach dieser Dichter auf in die noch unentdeckten Untiefen der Moderne, in die Abgründe der Vereinzelung, des Selbstverlusts, des Sadismus – und hob diese Drangsale zugleich poetisch auf. Wie hat sich diese dichterische Methode im einzelnen entwickelt?

In dem Essay *Von Poe zu Valéry* hat T. S. Eliot auf die juvenilen Züge in Poes Werk (und auf dessen Rezeption hauptsächlich bei Jugendlichen) hingewiesen:

Prüfen wir sein Werk im einzelnen, so meinen (!) wir darin nichts weiter zu finden als nachlässige Schreibweise, knabenhaftes Denken, ohne die Stützen ausgebreiteter Lektüre oder tieferer Bildung, Experimente auf gut Glück in verschiedenen literarischen Gattungen, hauptsächlich unter dem Druck von Geldnot, ohne vollkommene Durchbildung in irgendwelchen Einzelheiten. ... Daß Poe einen kraftvollen Intellekt hatte, ist nicht zu leugnen: aber es scheint mir der Intellekt eines hochbegabten jungen Menschen vor der Pubertät zu sein. Die Erscheinungen, die seine lebhafte Wißbegierde aufgreift, sind diejenigen, an denen eine noch vor dem Jünglingsalter stehende Gemütsverfassung Gefallen findet: Wunder der Natur und der Mechanik und des Übernatürlichen, Geheimschriften und Chiffren, Vexierspiele und Labyrinthe, mechanische Schachspieler und wilde Flüge der Spekulation. Die Mannigfaltigkeit und Glut seiner Wißbegierde entzücken und blenden; aber am Ende wirken die Exzentrizität und die Zusammenhanglosigkeit seiner Interessen ermüdend. Es fehlt eben das, was dem reifen Manne Würde gibt: eine einheitliche Lebensanschauung.

Eliot nahm diese Äußerung später zurück, um sich vor Poes Werk zu verneigen: »… finde ich, daß ich von seiner Bedeutung, von der Bedeutung seines *Werks* als eines Ganzen in immer größerem Maße überzeugt bin.«

Poes Dichtung war in der Frühphase ganz sicher Spiegelung und Abarbeitung juvenilen Bewußtseins. Poe hatte seine Existenz nach 1831 auf permanentes Schreiben gebaut. Von seiner Armut, von den Schwierigkeiten der Familie Poe in Baltimore, vom jahrelangen Darben ist erzählt worden. Hast und Oberflächlichkeit bedrohten seine Schriftstellerei, wie der Satire *Das literarische Leben des Herrn Thingum Bob, Hochwohlgeboren* von 1844 zu entnehmen ist:

Nehmen Sie *mich* zum Beispiele! – wie ich rang – wie sauer ich mich plagte – wie ich schrieb! Ihr Götter, wann schrieb ich *nicht*? Nicht kannte ich das Wort »Muße«. Bei Tage hockte ich vor meinem Pult, und bei der Nacht studierte ich im bleichen Schein des Lämpchens, bis das Öl zur Neige ging. Ach, hätten Sie mich einmal nur gesehen – ja, wahrlich, hätten Sie! Ich neigte mich rechts. Ich beugte mich links. Ich sank nach vorn. Ich schwankte nach hinten. Ich saß gar *tête baissée* (wie's im Kickapu heißt), indem ich mein Haupt dicht auf das alabasterne Weiß des Bogens senkte. Und was auch kam, ich – *schrieb*. Ob Freud, ob Leid – ich *schrieb*. In Hunger und in Durst, ich – *schrieb*. Bei guter Zeitung und bei schlechter Zeitung, ich – *schrieb*. Ob Sonnenschein, ob Mondenschein, ich – *schrieb*. *Was* ich da schrieb, tut nichts zur Sache. Der *Stil!* – das war die Sache! Ich nahm ihn mir von Fettich – flutsch! – witsch! – futsch!

In *Wie man einen Blackwood-Artikel schreibt* (1838) ließ Poe sich in die Karten seiner poetischen Praxis schauen – ein gestelzter Bildungsphilister mit der Fassade einer würdevollen Dichterpersönlichkeit war er weiß Gott nicht! Vielen seiner Stücke fehlt die konsequente Durchführung, oft hat er bereits gedruckte Erzählungen wieder überarbeitet, er schwelgte ungeniert in der Verwertung literarischer Versatzstücke, oft aus entlegenen Quellen und als unvermitteltes *name dropping*. Seine Attacken auf Plagiatoren waren, was die Details betrifft, reine Selbstanklagen. Arno Schmidt, der ein großer Poe-Verehrer war, hat zu solcher »Intertextualität« der Schreibweise den Satz geprägt: »Merk's: *zweierlei* muß der echte Dichter verstehen: brav=lügen können, & Excerpte machen! (*Und* aus beidem dann=eben ein Neues=Ganzes gestalten.)«

In der Wahl der Sujets bot Poe ein gewichtiges poetisches Gegenprogramm zum *Spirit of America*. Seine Schauergeschichten nach Art der in England gepflegten *Gothic Tales*, die satirischen Grotesken, die imaginären Arabesken richteten sich gegen den Kult einer neoklassischen Regularität, wie er vor allem in den Neuengland-Staaten tonangebend war.

Während der Jahre in Baltimore, von 1831 bis 1835, fächerte Poe dasjenige Spektrum seines Werkes auf, in dem sich die Spuren seines biographischen Stolperpfades nachweisen lassen. In der Folgezeit gestaltete er diese Werksegmente weiter aus; die Satiren von Ende der dreißiger Jahre spiegeln seine Probleme mit dem etablierten Bürgertum in aller Deutlichkeit. Erst ab 1840 fand er in den *tales of ratiocination*, den Schlußfolgerungs- beziehungsweise Detektivgeschichten, den Weg zu einer Dichtung, die das Ende seiner schriftstellerischen Pubertät signalisierte und sich von biographischen Hintergründen emanzipierte.

Die frühe Lyrik Poes ist gekennzeichnet durch elegische Rückblicke und durch Gegenwartskritik. Aus *Träume* (1827):

> Ich *war* einst glücklich, wenn auch nur im Traum,
> Ich war's – und gebe gern dem Thema Raum:
> Traum! ob er nun dem Leben Farbe schafft,
> ob Widerstreit er spiegelt, schattenhaft
> und neblicht, zwischen Schein und Wirklichkeit,
> dem phantasirnden Auge zeigt er weit
> mehr Liebesglück und Paradiesesfrieden,
> als Hoffnung schönstem Augenblick beschieden.

1831 ließ Poe in seinem ersten Gedichtband *Tamerlane* zu Beginn einen Brief an seinen Verleger *(Letter to B---)* abdrucken, in dem er die Anfänge seiner Dichtungstheorie entwickelte. Die Reife und Gelehrsamkeit anerkannter Poeten wie William Wordsworth und Samuel Coleridge spielte er negativ gegen die freie Imagination aus, das poetisch aufgeladene Gefühl gegen den Verstand: »... und Alter hat schon gar nichts mit Poesie zu tun!« Die Einfalt des Kindes vermag so die Weisheit des reifen Mannes aufzuwiegen. »Die Dichtung ist wie der Tagtraum Fortsetzung und Ersatz des einstigen kindlichen Spielens«, schrieb Sigmund Freud.

Poes frühe Lyrik, unter Leidensdruck entstanden, dokumentiert diese Poetik. Die Attacken auf Gelehrsamkeit, Vernunft, Alter und Reife blieben allerdings keine vorübergehenden Attitüden. Das von ihm abgelehnte allgemein Anerkannte entstammte der – wie er es später nennen sollte – *general intelligence*, der durchschnittlichen Intelligenz, worüber sich die höchste Intelligenz des verrückten Spiels erhebt. Das allgemein Anerkannte bestimmt die *cold reality* der Erwachsenen, die der jugendliche Poet anklagt.

In dem Gedicht *Träume* war der Sprung von der goldenen Jugendzeit unmittelbar in die Ewigkeit geträumt worden. Selbst sorgenvolle juvenile Nachtträume, so hieß es da, seien dem Erwachen in der kalten Realität vorzuziehen. Im Traum überwindet das Subjekt, ein kindlich-jugendlicher Heros, die Erwachsenensphäre mit einem Sprung in den Tod.

Auch in den Gedichten, die er nach dem gescheiterten Studium verfaßte, werden immer wieder die *visions of my youth* beschworen – als ahnte der junge Mann, was noch auf ihn zukommt. Poes Jugend war äußerst zwiespältig gewesen – innerlich unbehaust und äußerlich verwöhnt: Reichtum, der die Seele arm läßt. Eine äußerlich ärmliche und erbärmliche Kindheit dagegen erzeugt häufig den Willen zu positiven Perspektiven. Ralph Waldo Emerson zum Beispiel hatte eine karge Kindheit. Elegischen Rückblicken fehlt jedenfalls das Positive, sie wirken zukunftshemmend.

> Die glücklichste Stunde, die herrlichste Pracht,
> die meinem versengten Herzen je Lohn,
> die höchste Hoffnung auf Stolz und Macht
> ist, fühl' ich, entflohn.

> Macht! sagt' ich? ja! so wähnte ich;
> doch ist sie lange entschwunden nun.
> Ach! die Vision meiner Jugend verblich –
> doch möge sie ruhn.

Das sind die ersten zwei Strophen eines Gedichts, das der Achtzehnjährige zu Papier brachte, als er die Universität hatte verlassen müssen und mit der Pflegefamilie gebrochen hatte.

Bei Poe verknüpfte sich mit den Schönheitselegien außerdem ein frühkindliches Trauma: »*She died so young* – Sie starb so früh« heißt es in dem Gedicht *Lenore* von 1831 gleich dreimal.

> Ah, eine goldene Schale brach! –
> der Geist ist für immer entschwunden!
> Laßt schlagen, ach! die Stunde der Schmach,
> da der Styx dies Opfer gefunden: –
> Hast, Guy de Vere, keine Träne mehr?
> – dein Blick ist ohne Flor!
> Sieh! auf der Bahre, starr und hehr,

da liegt dein Lieb, Lenor!
Laß lesen für sie die Liturgie –
den Grabgesang ihr singen! –
der königlichsten Toten, die
so jung der Tod konnt' zwingen –
die doppelt tot, darum daß sie
so jung der Tod konnt' zwingen.

Eine Frau stirbt vorm Erwachsenwerden. Melancholie über Entgangenes mischt sich mit der Lust an Jugendlichkeit. Wer vorher stirbt, den kann die Welt der Erwachsenen nicht vereinnahmen und entstellen. Hier klagt nicht etwa ein Zweiundzwanzigjähriger darüber, daß die Frühverstorbene nicht mit ihm erwachsen werden konnte, sondern es spricht ein gleichgesinnter Jugendlicher, der am liebsten mit dem Mädchen zusammen in den Tod gegangen wäre. Und hinter der jungen Frau scheint das Bild der eigenen Mutter auf, die zu früh starb.

Wer die Erwachsenenwelt mit Patriarchen, maskulinen Machern und kalten Strategen identifiziert, der hat in Edgar Allan Poe einen Verbündeten. Neben all seinen Horrorgeschichten, die eine maskuline Ideologie als schwächlich und dekadent abtun würde, machte er Schönheit, Sensibilität und »sanfte« Intellektualität geltend. Hochgebildete Frauengestalten – Morella, Ligeia, Lenore –, die alle vor der Zeit sterben, wandeln durch sein Werk.

Daß schon in Poes dichterischen Anfängen neben Lyrik auch Satiren, Abenteuergeschichten und Horrortexte (*Arabesken* genannt) entstanden, hängt mit seiner schwierigen Biographie zusammen. Eine reguläre Ausbildung, ein ungehindertes Erwachsenwerden, die berufliche Integration waren ihm verwehrt geblieben. Daraufhin sprossen die Satiren kräftig ins Kraut. Poes *Grotesken*, wie er sie selbst nannte, sind weniger bekannt als seine Horrorfiktionen, sie werden selten in eine Werkauswahl aufgenommen. Es sind Gelegenheitsstücke, er hat sie auch kaum überarbeitet, was er bei den *Arabesken* häufig tat.

Als er sich nach dem Keulenschlag von 1834 *nolens volens* beruflich in der Literatenwelt versuchte, konzipierte er die ersten Satiren als selbstbewußte Angriffe auf andere Schriftsteller (wie Nathaniel Willis und Benjamin D'Israeli in *Der Duc de l'Omelette* von 1832) und auf die Kritikergilde (*Löwe des Tages*, 1835). Eine erfolgreiche Zeitschrift aus Edinburgh, das *Blackwood Magazine*, spezialisiert auf Horrorgeschichten aus England – Markenzeichen *Gothic Tales* – wird 1832 in der Satire *Der Atemverlust* verhöhnt. In der Glosse *Wie man einen Blackwood-Artikel schreibt* hat Poe diese Mediensatire 1838 weitergeführt. Solche Sarkasmen auf den Literaturbetrieb gaben dem Neuling Gelegenheit zur Selbstdarstellung, es waren relativ ressentimentfreie Versuche, Aufmerksamkeit zu erheischen.

Daneben entstanden – verstärkt gegen Ende der dreißiger Jahre, als Poes Hoffnungen auf ein etabliertes Literatentum mit bürgerlicher Basis schwanden – ironische Angriffe aufs Establishment. *Bon-Bon* (1832) und *Eine Mystifikation* (1835) nehmen das Akademische, die tiefsinnige Bildung, deutsche Metaphysik und Emersons Transzendentalismus aufs Korn. *Der Teufel im Glockenturm* (1839) verhöhnt kleinbürgerliche Selbstgefälligkeit, *Ein verbrauchter Mann* (1840) großbürgerliche Technikgläubigkeit und das Militär. *The Business Man* (1840) karikiert die Geschäftswelt, *Did-*

deln oder Das Schwindeln als eine der exakten Wissenschaften betrachtet (1843) schließlich nimmt die legalen Regelübertretungen im Gesellschaftsleben seiner Zeit aufs Korn.

In diese Texte spielen Ressentiments hinein. Poe sah, wie seine Altersgenossen im etablierten Bürgertum weiterzogen (nicht zuletzt ihrer Kenntnis der Regeln und Tricks wegen), während er selber auf der Stelle trat. *Wer kann sich retten vor des Teufels Wetten* (1841), eine ironisierte *Geschichte mit Moral*, zieht gegen didaktische Dichtung zu Felde. *Drei Sonntage in der Woche* (1841) führt einen aufsässigen Halbwüchsigen vor, der sich mit seinem Großonkel zankt: »Du hartherziger, barbarischer, eigensinniger, mürrischer, grämlicher, muffiger, dämlicher alter Häckselkopp!« heißt es am Anfang. Ein durch und durch humorloser Mensch wird porträtiert, ohne jeden Sinn für Kunst und Spiel, voll Haß auf die Jugend. Da verarbeitete Poe eine Menge eigener Erfahrungen. *Die Brille* (1844) veralbert das jugendliche Schönheitsideal alternder Damen, von Alkoholexzessen handelt *Der Engel des Sonderbaren* aus demselben Jahr. Die Groteske *Thingum Bob* karikiert den Literaturbetrieb. *Der Ballon-Jux* schließlich fingiert 1844 eine Atlantik-Überquerung in einem Heißluftballon. Diese »Zeitungsente« wurde kurze Zeit sogar für wahr gehalten, das New Yorker Publikum riß sich um immer neu nachgedruckte Extra-Ausgaben!

Poes Ironie hatte einen juvenilen Zug. Satire kann ja auch Ausdruck reifer Skepsis sein. Dann schauen Lebenserfahrene selbstkritisch und spöttisch auf etwas zurück, was sie selbst einst anerkannten. Das ist erwachsene Selbstironie, oft verbunden mit Altersweisheit. Man denke an Erasmus' *Lob der Torheit*. Diesen Weg zu gehen war Poe nicht vergönnt, bei ihm war und blieb jugendliches Opponieren die

Triebkraft der *Grotesken*. T. S. Eliot schrieb in seinem Essay über Poes Einfluß auf den französischen Dichterphilosophen Valéry: »In Poe und Valéry treffen zwei Extreme zusammen, der unreife Geist, der mit Ideen spielt, weil er sich noch nicht bis zu Überzeugungen entwickelt hat, und der sehr ausgereifte Geist, der mit Ideen spielt, weil er zu skeptisch ist, um Überzeugungen zu hegen.«

Poes *Arabesken* sind voller Versatzstücke der *Gothic Tales*: alte Burgen, bröckelnde Gemäuer, grau-dämmrige Hallen, verschlissene Gobelins und ehrwürdige Bibliotheken, darin der Held Egaeus als müder Spätling alter Adelsgeschlechter. *Arabesk* nennt Poe eine Erzählung, wenn sie vollständig von der Imagination lebt. Daß oft eine sterbende Frau im Zentrum steht, läßt sich biographisch deuten. *Berenice* (1835) war ja nur der erste einer ganzen Serie von Texten über morbide, kranke und dahinsiechende schöne Frauen – *Morella, Ligeia, Eleonora, Madeline Usher*.

Schon der Klang dieser Namen erzeugt Stimmungen. Sie schweben vorm inneren Auge wie die Frauen auf den Gemälden der Präraffaeliten in England. John Millais, Dante Gabriel Rossetti, später auch Edward Burne-Jones wandten sich wie Poe gegen die langweilige Regularität des Akademischen, etwa mittels der Melancholie, die sich auf den Antlitzen der gemalten Figuren widerspiegelt.

Doch nicht der Inhalt allein macht das Wesen der arabesken Imagination aus. Viel wichtiger als die Handlung waren Poe die intellektuellen Stimmungen, die Trancen, die Versunkenheit. Daß diese sich vorzugsweise an Krankheit und Tod festmachen, hat er später poetologisch zu untermauern versucht.

Das ovale Porträt (1842) gibt eine psychologisch subtile Variante. Ein Maler malt seine Geliebte und verliebt sich in das *Bild*, das *seine* Kunstfertigkeit (die ihre, der Frau, Rivalin ist) geschaffen hat. Die Bild-Maske wird ihm wichtiger als die reale Person – ein Motiv, das fünfzig Jahre später Oscar Wilde in *Das Bildnis des Dorian Gray* aufgreift. Fast folgerichtig stirbt des Malers Geliebte. Die Fiktion, von ihm gestaltet und schöner als das Modell, überlebt.

Ein jugendlicher Poet flieht vor der *cold reality*. Egaeus oder Berenice samt der Welt, die sie umgibt, schuf ein Fünfundzwanzigjähriger, der ohne rechte Ausbildung und seit Jahren ohne Anstellung war. Wie seine Protagonisten entfernte er sich tagträumend von der Wirklichkeit und schuf Welten zwischen Realität und Traum, zwischen Leben und Tod. Er kultivierte damit eine Fiktion *sui generis*, die keinen Zwecken außerhalb ihrer selbst folgt: Das war der *Genius der Jugend*. In der frühen Lyrik hatte er in elegischen Rückblicken Gestalt angenommen. Nun bewegte er sich nicht mehr *zurück*, sondern *weg* von allem, was der Realitätssinn diktierte und was didaktische Dichtung als aufbauende, das heißt der Reifung, der Zukunft, dem Fortschritt dienende Poesie anstrebte. Diese Flucht muß zum *Fluch der Jugend* werden, wenn ihr Selbstzweck Stagnation bedeutet. Die Poesie wird so zum Selbstgenuß inmitten einer als kalt empfundenen Realität, und ihre melancholischen Valeurs sind der resignative Ausdruck eines Unvermögens zur Integration. *Der schwarze Duft erzeugt künstliche Paradiese.*

In einem weiteren Werksegment hat Poe das Fluchtmotiv ausgebaut: *Phantastische Fahrten* und *Ideale Landschaften* als Fluchten ins Weite und Naturschöne. Im Kontrast zu den Sterbezimmern, nächtlichen Gemächern, düsteren Gebäuden und dem stinkenden schwarzen Schlammpfuhl im *House of Usher* wirken sie befreiend. Diese gegensätzlichen Sphären produzierte Poe nicht in chronologischer Abfolge, sondern nebeneinander. Die amerikanische Wirklichkeit interessierte ihn nicht sonderlich. Er hat sie kaum zum Gegenstand seiner Texte gemacht. Nach den elegischen Rückblikken auf eine idealisierte Kindheit und Jugend und nach den selbstbewußten Literatursatiren tat sich 1835 eine Weggabelung auf: innere Räume sensibler Morbidität hier, äußere Räume des Abenteuers dort.

Weder die Enge geordneter Bürgerlichkeit noch die nahen Horizonte aktiver Siedlerpioniere konnten ihn als literarische Sujets begeistern. Er wollte weiter, viel weiter hinaus. Die Abenteuergeschichten *Manuskriptfund in der Flasche* (1833) und *Umständlicher Bericht des Arthur Gordon Pym aus Nantucket* (1838) waren voll jugendlicher Sehnsüchte hinaus auf die Weltmeere. *Das unvergleichliche Abenteuer eines gewissen Hans Pfaall* (1835) stand halbwüchsigem Schabernack ebenso nahe wie der *Ballon-Jux*.

Die Europareise, die Poe für die Zeit fingiert hat, die er unter Pseudonym als gemeiner Soldat diente, war eine phantastische Geschichte, die sein Scheitern auf der Universität und die Demütigung jener Anstellung kaschieren sollte. Ganz nach dem Vorbild Lord Byrons hatte ihn diese fiktive Reise nach Griechenland und Rußland geführt, in Krisengebiete voller mitreißender Abenteuer. In Poesie *und* Leben war die Weite der Welt als Fluchtperspektive präsent. So schloß sich der Kreis der jugendlichen Attitüden und Irritationen: der *Hoax* (Jux), die intelligente Lüge, die Lust an der Perversion, die Sehnsucht nach Abenteuern, die Maskeraden, das Doppelgängertum in *William Wilson* (1840) und die Bildverliebtheit.

In den *Phantastischen Fahrten* hat Edgar Allan Poe riesige Horizonte eröffnet – und mit Horror grundiert. *Der Manuskriptfund in der Flasche* berichtet von Schiffskatastrophen und Geisterschiffen in den weiten Meeren südlich des Äquators. *Arthur Gordon Pym* wird um die halbe Erdkugel getrieben, erst eingeschlossen in einen Schiffsbauch, grausige Klaustrophobien erleidend, dann auf einem Wrack dahintreibend. Endloses Harren und Warten und Bangen. Dann, endlich! Ein Schiff naht und verspricht Rettung:

> Die Brigg kam langsam herzu, und nun weit stetiger als zuvor, und – ich kann von dem Vorfall einfach nicht ruhig sprechen! – uns begannen die Herzen wie wild im Leibe zu hüpfen; wir schütteten unsre ganzen Seelen aus & riefen & dankten Gott für die umfassende unerwartete herrliche Erlösung, die so handgreiflich nahe war! Plötzlich aber, ganz unvermittelt, kam über'n Ozean her, von dem fremden Fahrzeug (das nun ganz dicht bei uns war) herübergeschwebt ein Geruch, ein Gestank, für den's auf Erden keinen Namen hat – keinen Begriff gibt – höllisch – schlechthin erstickend – unerträglich unvorstellbar. Ich rang nach Luft; und als ich mich zu meinen Gefährten umwendete, gewahrte ich, daß sie bleicher denn Marmor waren. Aber wir hatten nun keine Zeit mehr übrig für Fragen oder Vermutungen – die Brigg war uns bis auf 50 Fuß genaht; und man schien dort die Absicht zu hegen, direkt an unser Hinterschiff anzulegen, so daß wir an Bord gehen könnten, ohne daß man ein Boot aussetzte. Wir stürmten nach achtern; als plötzlich

ein weites Gieren sie wieder volle 5 oder 6 Strich von dem Kurs abbrachte, den sie bisher eingehalten hatte; und wie sie nun langsam, in einer Entfernung von etwa 20 Fuß, unsern Stern passierte, hatten wir einen vollen Überblick über ihre Decks. Werd' ich je das Dreimalgräßliche jenes Schauspiels vergessen? 25 oder 30 menschliche Leiber, unter denen sich auch einige weibliche befanden, lagen, unregelmäßig verstreut, zwischen Heck und Kombüse herum, im letzten & ekelhaftesten Stadium der Verwesung. Wir sahen klar, daß auf dem Unglücksfahrzeug nicht eine lebende Seele mehr war! Und trotzdem konnten wir nicht anders: wir schrien die Toten um Hülfe an! Ja, lange bettelten wir & laut, in der Verzweiflung des Augenblicks, daß diese schweigenden & widerlichen Gebilde auf uns warten möchten, uns nicht verlassen, auf daß wir würden wie sie, vielmehr uns aufnehmen möchten in ihre wackre Kumpanei! Wir rasten vor Grauen & Verzweiflung – schlicht verrückt ob der Qualen unsrer fürchterlichen Enttäuschung.

Als unser erster lauter Schreckensschrei erscholl, wurde ihm irgendwie Erwiderung, etwa vom Bugspriet des Fremden her; und glich so sehr dem Kreischen einer Menschenstimme, daß das geübteste Ohr getäuscht & aufgeschreckt worden wäre. Gleichzeitig brachte eine neuerliche Schwenkung uns die Region des Vorderschiffes einen Moment lang in Sicht, und sogleich erschauten wir den Ursprung des Lautes. Wir sahen die große athletische Gestalt noch immer an der Reling lehnen, ihr Haupt noch immer hin & her nicken, aber das Gesicht im Augenblick von uns abgewandt, so daß wir's nicht erkennen konnten. Die Arme waren aufs Geländer hingebreitet und die Handflächen nach auswärts gekehrt; und die Knie auf einem derben Tau gelagert, das straff gespannt vom Ansatz des Bugspriets zu einem Kranbalken hin verlief. Auf seinem Rücken, von dem ein Stück Hemd heruntergerissen worden war, so daß er teilweise bloß lag, saß eine großmächtige Seemöve, eifrig damit beschäftigt, sich mit dem furchtbaren Fleisch vollzustopfen; Schnabel & Krallen waren tief hineinvergraben, und das weiße Gefieder über & über mit Blut besprüht. Als die Brigg noch weiter herumholte, auf daß wir sie von ganz nahem sehen konnten, zog der Vogel, augenscheinlich unter beträchtlichen Schwierigkeiten, seinen karminenen Kopf heraus; beäugte uns einen Augenblick lang wie betäubt; erhob sich träge von dem Leib, an dem er sich gütlich getan; und schwebte dann, direkt über unser Deck hinstreichend, eine Weile noch um uns herum, einen Batzen geronnener klebriger Substanz im Krummschnabel. Endlich entfiel ihm der gräuliche Bissen, und landete, mit einen dumpfen Plop, direkt zu Parkers Füßen …

Diese Szene gehört zu den bildstärksten des Romans. Anschließend – angeregt durch den »gräulichen Bissen« Menschenfleisch – fallen die Überlebenden auf dem Wrack in höchster Hungersnot über einen ihrer Leidensgenossen her, der zuvor ausgelost wurde. – Auf einem anderen Schiff, das sie findet und rettet, führt sie die Fahrt in die Antarktis, zu Eingeborenen, die – nach anfänglicher Freundlichkeit – die fremden Ankömmlinge in eine tödliche Falle locken. Pym überlebt all dies bis zum Ende der Abenteuer am warmen weißen Schlund eines fiktiven Südpols.

Zwei Grundfigurationen fundieren den Roman (übrigens einer der wenigen Langtexte in Poes Œuvre): auf der *Grampus* unglückliches Umsichselberkreisen des einzelnen und der Gruppe (Klaustrophobien, Kampf, Kannibalismus), auf der *Jane Guy* pfeilschnelles Dahinschießen in Richtung Katastrophe und weißer Schlund: zwei Schiffe, zwei Schicksalsmodelle.

Das ungeheure archetypische Bild vom *Maelström* in der gleichnamigen Erzählung von 1841 verbindet die Abenteuer in den Weiten der Wasserwelten mit einer Ikonographie des Grauens:

Nie werde ich das Empfinden von Grauen, Schrecken und Bewunderung vergessen, mit dem ich um mich sah. Das Schiff schien wie durch Magie auf halber Höhe an der Innenfläche zu hängen, dessen vollkommen glatte Wandung man leicht hätte für Ebenholz halten können, wäre nicht die bestürzende Geschwindigkeit gewesen, mit welcher sie im Kreise wirbelte, und der schimmernd geisterhafte Schein, der davon ausging, als die Strahlen des Vollmonds durch jenes Kreisloch in den Wolken, das ich bereits beschrieb, in einer Flut von goldenem Glanz an den schwarzen Wänden hinströmten, hinab bis in den innerst-untersten Schlund des Abgrunds. ... Die Strahlen des Mondes schienen den untersten Grund des gähnenden Schlundes zu suchen. Doch immer noch vermochte ich mit Bestimmtheit nichts zu erkennen, denn alles dort unten ward eingehüllt von einem dichten Nebelschleier, über dem sich – der schmalen und schwanken Brücke gleich, von welcher die Muselmänner sagen, sie sei die einzige Brücke zwi-

schen Zeit und Ewigkeit – ein herrlicher Regenbogen
wölbte. Dieser Nebel, oder Sprühgischt, ward ohne
Zweifel vom Zusammenprall der gewaltigen Wände
des Trichters verursacht, denn auf dem Grunde trafen
sie sich alle, – doch den gellenden Schrei, der aus diesem Nebel zu den Himmeln aufschoß, den wage ich gar
nicht zu beschreiben: schon der Versuch geht über
meine Kräfte.

Der riesige Meeresstrudel bei den Lofoten vor Norwegen
(die Fakten kannte Poe aus der *Encyclopaedia Britannica*)
reißt den Fischer in einen schimmernden Krater hinab. Das
Entsetzen färbt dem Opfer im Nu die Haare schlohweiß,
nur mit fast übermenschlicher geistiger Disziplin kann es
sich retten: durch die Überlegung, daß Hohlkörper an Stru-
delwänden nach oben rotieren.

Das Tagebuch des Julius Rodman (1840) handelt von
einer Expedition zur Überquerung der Rocky Mountains –
ein damals gängiges Thema. Poe plünderte die diversen Ex-
peditionsberichte, die auf dem Markt waren, und ergänzte
sie um zum Teil ungeheuer schöne Landschaftsbeschreibun-
gen. Dieser Abenteuerbericht aus dem Landesinnern Nordamerikas steht zwischen den aufregenden Fluchten in die
gefährlichen Weiten der Weltmeere und dem stillem Rückzug in konstruierte Ideallandschaften wie dem *Park von
Arnheim*, den Poe 1847 entwarf:

Die Hänge waren vom Fuß bis zum Gipfel in ein Gewand
der allerprächtigsten Blumenblüten gekleidet, so daß in
der ganzen weiten See von duftenden & wallenden Farben kaum ein grünes Blättchen zu erkennen war. Das

Becken war von beträchtlicher Tiefe; aber so transparent war die Flut, daß sein Boden, der aus einer dichten Masse von kleinen, rundlichen Alabasterkieseln zu bestehen schien, zuweilen, obschon flüchtig, ganz deutlich erkennbar wurde – das heißt sobald das Auge es sich einmal erlauben konnte, *nicht* also tief in den verkehrten Himmel, das Doppel der Blütenhügel, hineinzuschauen. Auf diesem letzteren befanden sich keinerlei Bäume, ja nicht einmal Buschwerk von nennenswerter Größe. Die beim Beschauer ausgelösten Impressionen waren zusammengesetzt aus Üppigkeit, Wärme, Farbigkeit, Stille, Gleichförmigkeit, Weichheit, Köstlichkeit, Eleganz, Wollüstigkeit, und ein wundersames Äußeres von Kultur, das Träume von einem neuen Geschlecht von Feen hervorrief, emsig geschmackvoll, prachtliebend & wählerisch zugleich; aber wenn das Auge die Myriaden Tinten der Hänge aufwärts schweifend verfolgte, von der scharf durchzogenen Wasserlinie bis hinauf zu der verschwimmenden Begrenzung inmitten der Falten überhängenden Gewölks, dann wurde es wahrlich schwierig, sich nicht der Vision eines Rundumkataraktes aus Rubinen, Saphiren, Opalen und Goldonyxen hinzugeben, der lautlos aus dem Himmel auf Einen einrollte.

In der mittleren Lebensphase konsolidiert sich Poes Existenz, und er läßt die jugendlichen Überspanntheiten hinter sich; es kommt zu einer *Emanzipation des Kalküls*. Im Zentrum dieser Phase steht die Entdeckung des Detektivromans. Dichtung wird zweckfreies intellektuelles Spiel, wird das, was in Frankreich später mit der Formel *l'art pour l'art* bezeichnet wird. Sehr schön hat T. S. Eliot diese Wandlung formuliert: »Je vollkommener der Künstler, desto entschiedener wird sich in ihm eine Kluft auftun zwischen dem erlebenden Menschen und dem produktiven Geist, desto vollkommener wird der letztere die Leidenschaften, die seinen Stoff bilden, in sich verarbeiten und verwandeln.« Das hohe Maß an Kalkül, das bereits Poes *Arabesken* einen hohen poetischen Rang verleiht und wesentlich in der *Form* zu konstatieren ist – dieser Kalkül hat sich zu Beginn der vierziger Jahre in den *tales of ratiocination* und in seiner Horrordichtung vollends emanzipiert. In seiner Dichtungstheorie hat Poe das Artefakt über die spontane Imagination gestellt. Die exakt-wissenschaftliche Methode (obwohl nie gründlich gelernt) war ihm Vorbild für sein künstlerisches Tun. Sein Ziel war die vollkommene Übereinstimmung von Phantasie und Konstruktion.

Aus solcher intellektuellen Zweckfreiheit heraus wurde Edgar Allan Poe zum Erfinder des Detektivromans. Vor allem die Erzählung *Die Morde in der Rue Morgue* (1841) gilt als der Prototyp aller modernen Detektivgeschichten. Hochreflexiv setzt das Vorwort ein: »Die Geisteszüge, welche landläufig für analytische gelten, sind, an und für sich, der Analyse selbst nur wenig zugänglich.« Poe stellt erkenntnistheoretische Erwägungen zu den analytischen Fähigkeiten an, die einen guten Detektiv auszeichnen, etwa in folgender zentraler Aussage:

Zwischen Verstandesbegabung und analytischer Fähigkeit besteht ein Unterschied, weit größer als der zwischen bloßer Phantasie und der eigentlichen Imaginationskraft; zugleich aber liegt eine strikte Entsprechung vor. Man wird tatsächlich finden, daß der Verstandesmensch wohl immer auch Phantasie hat, der wahrhaft imaginativ Begabte aber auf jeden Fall über analytische Fähigkeiten verfügt.

Hier ist die Synthese zweier Fähigkeiten – abstraktes Denken und anschauliches Phantasieren – angesprochen, die (nach Charlotte Bühler) beim Jugendlichen noch auseinanderfallen. Der Detektiv ist erwachsen.

Die Hauptfigur dieser ersten klassischen Detektiverzählung, Monsieur César Auguste Dupin, ist der Ahnherr aller literarischen Detektivgestalten. Deren berühmteste, Sherlock Holmes in den Romanen von Arthur Conan Doyle, ist bis in die Einzelheiten Poes Monsieur Dupin nachgezeichnet. Ein Typus war geboren, der seither in vielfacher Ausformung Literaturgeschichte gemacht hat. Doch nicht nur der Typus des Detektivs ist neu, weit voraus in die literarische Moderne deutet auch Poes Anspruch von Authentizität und Faktizität. Nicht ein Geschehen wird fingiert, sondern das ungeklärte Verbrechen aus Zeitungsberichten heraus dokumentiert. Die Ebene der Fakten wird von derjenigen der Ursachen und Motive getrennt. In der *Rue Morgue* werden die Kombinationen zwischen beiden Ebenen solange durchgespielt, bis der »große lohfarbene Orang-Utan der Ostindischen Inseln« als Mörder der beiden Frauen entlarvt ist.

Am 16. Juli 1857 notierten die Brüder Goncourt in ihr später berühmt gewordenes Tagebuch, sie hätten nach der Lektüre von Poes Detektivgeschichten den Eindruck gehabt, dies sei eine neue literarische Welt, Zeichen der Literatur des kommenden 20. Jahrhunderts – die Liebe als Inhalt der Romanhandlung habe Deduktionen zu weichen, das Interesse an der Story verlagere sich vom Herzen in den Kopf, vom Drama selbst zu dessen Lösung.

Das Geheimnis um Marie Roget (1842) ist eine minderwertigere Variante der Geschichte vom frauenmordenden Affen. Anlaß für die Erzählung war der Mord an der Zigarrenverkäuferin Mary Rogers in der Nähe von New York im Sommer 1841. Es wurde vermutet, daß John Anderson, der Besitzer des Tabakladens, in dem das hübsche Mädchen als Kundenfang angestellt war, den Schriftsteller für eine Auftragsarbeit gedungen habe, zu Werbezwecken. Denn in der Erzählung wird der Verdacht auf einen jungen Geliebten des Mädchens gelenkt. Dadurch sei Anderson selbst der Gerüchteküche entkommen. Der Schauplatz der Vergewaltigung und des Mordes wird in die Wälder bei Paris verlegt. Monsieur Dupin klärt den Fall.

Der Goldkäfer (1843) ist berühmt geworden, weil sich die detektivischen Recherchen des William Legrand auf einen vergrabenen Schatz richten – in jeder Hinsicht äußerst erfolgreich. 1844 spricht Poe einem Briefpartner gegenüber von ungefähr dreihunderttausend zirkulierenden Exemplaren der Erzählung. Ganz sicher eine Übertreibung, selbst wenn der Absatz von Raubdrucken beachtlich gewesen ist. Leider entsprach das Autorenhonorar nicht der Resonanz. Kein Schatz für Poe.

Der stibitzte Brief – The Purloined Letter von 1845 feiert den Sieg des imaginativen Verstandes über den Pragmatismus. Die Erzählung steckt voller Sarkasmen über die geistig unterbelichtete Polizei, die an den Details entlangtappt, ohne das Wesentliche zu erschließen: ein *Topos* späterer Detektivgeschichten. Der Brief ist gerade dadurch raffiniert »versteckt«, daß er offen an einer Stelle liegt, wo ihn keiner vermutet: im Briefhalter nämlich. In diesem Text verzichtet Poe auf jegliche Sensationsmache. Die Distanz des Detektivs zum kriminellen Geschehen ist poetisch kalkuliert. Aber auch der Täter ist ein Intellektueller, der seine Kriminalität kalkuliert und kultiviert. Der »gesunde« Menschenverstand verwundert sich über ihn: »… und dann schreibt er auch noch Gedichte!« Der erzählende Betrachter des ganzen Vorgangs vermerkt kühl: »Die Methode des Diebstahls war ebenso ingeniös wie kühn.«

Jenseits der wohlgeordneten kleinbürgerlichen Welt mit ihren engen Moralvorstellungen (von deren Zwängen der Mensch Poe keineswegs frei war) begibt sich der Poet ins weite Land intellektuell hochgezüchteter Außergewöhnlichkeit, in Horror, Laster, Perversion, Verbrechen. Die Inhalte allein sind nicht einmal entscheidend, oft bieten sie nur den Anlaß für subtile Darstellung und Enthüllung.

Die Erzählung *Der Massenmensch – The Man of the Crowd* von 1840 weist am weitesten voraus in die Moderne. Poe ist hier wohl durch Charles Dickens' Skizze *Der Tod des Trinkers* angeregt worden. 1836 hatte er des britischen Dichters Sammelband *Watkins Tottle and Other Sketches* rezensiert. Bei Dickens ist vom Herumwandern sterbender Menschen die Rede. Der Brite beschrieb reale Plätze und Menschen in London und moralisierte über die Übel sozialer Ungleichheit und Ungerechtigkeit. Poe übernahm die städtische Umgebung, enthob aber die Hauptfigur auffällig einer Biographie: Ist der Unbekannte arm oder reich? Was hat er zuvor getan? Wo kommt er her? Das alles bleibt unklar. Er ist der Herr Jedermann. Damit hat Poe (in anderer Weise als Dickens) ein Spezifikum der Moderne erfaßt. Er hoffte Dickens ein besseres Leben infolge sozialer Gerechtigkeit, auch in den Metropolen, so lag Poe Sozialethik fern. Er ahnte, daß selbst in einem perfekten Sozialstaat bestimmte Phänomene der modernen Metropolen, etwa Anonymität und Austauschbarkeit des Massenmenschen, nicht abzuschaffen sein würden. Wer konnte auch wissen, daß soziale Gleichheit und Gerechtigkeit diese Dinge eher noch fördern? Die *Wolfsstadt*, die Dickens anprangerte, bot alle Formen der menschlichen Existenz, einschließlich Elend und Verbrechen – als ob Ungerechtigkeit und Kampf gerade die farbige Lebensfülle präsentierten, während in perfekter Sozialplanung gleichmacherische Farblosigkeit drohte. Poes *Massenmensch* scheint über solche Alternativen erhaben zu sein. Die Gleichgültigkeit des Autors dem Problem gegenüber kündet moderne Entwicklungen an.

Edgar Allan Poe nahm eine Existenzform vorweg, die erst später unter Textproduzenten üblich wurde: ohne bürgerliche Basis nur vom Schreiben leben zu wollen. Hatte er auch in seinen Anstellungsverhältnissen regelmäßig Schwierigkeiten: In der Welt der Texte war er mit äußerster Disziplin am Werke. Wortschöpfungen, Verse, Schriftgestalt – alles mußte stimmen. Und welch erhabenes Gefühl, wenn die Texte in gestochen schönen Lettern, gedruckt auf seidigem Papier vor ihm lagen! Das Schreiben und das Geschriebene waren für ihn Inseln der Ordnung, Schönheit und Reinheit. War ein Werk vollendet, ließ er sich gehen. Hier wurzelt seine teilweise unerträgliche Arroganz ebenso wie sein Alkoholismus.

Sieben eigene Bücher oder Büchlein (manche in mehreren Belegexemplaren) standen zu Beginn des Jahres 1844 in Poes Bücherschrank: *Tamerlane and other Poems, By a*

Bostonian, Boston: Calvin F. S. Thomas, 1827; *Al Araaf, Tamerlane and Minor Poems, By Edgar A. Poe*, Baltimore: Hatch & Dunning, 1829; *Poems by Edgar A. Poe*, Second Edition, New York: Elam Bliss, 1838; *The Narrative of Arthur Gordon Pym of Nantucket*, New York, Harper & Brothers 1838; *The Conchologist's First Book, or: A System of Testaceous Malacology, By Edgar A. Poe*, Philadelphia: Harvell, Barrington and Haswell, 1839; *Tale of the Grotesque and Arabesque, By Edgar A. Poe, In Two Volumes*, Philadelphia: Lea & Blanchard, 1840, und *The Prose Romances of Edgar A. Poe, No. 1: Containing the Murders in the Rue Morgue, and The Man That Was Used Up*, Philadelphia: William H. Graham, 1843.

Die Ausbeute von sechzehn Jahren, nach der Zahl der Titel beachtlich, dem Umfang nach nicht eben viel – es waren oft schmale Bändchen. Sosehr die Bücher den Autor ergötzt haben mögen, die Absätze waren minimal, einige hundert, wenn's hoch kam. Eine magere Ausbeute. Aber Poe konnte sich zugute halten, daß seine Präsenz in den Zeitschriften um so imposanter war. In die Hunderte gehen die Abdrucke seiner Gedichte, Erzählungen, Essays und Rezensionen bis 1843.

Angesichts des fertigen schönen Buches fand Poe – wie viele Autoren, die sich in das Vorausexemplar verlieben – die Frage nach dem Verkauf unangemessen. Das betraf die *cold reality*. Poes Einschätzung von Zielgruppen und Märkten war, wie schon bei seinen Zeitschriften, auch bei seinen Büchern naiv und unrealistisch.

Da er keine didaktischen Absichten hatte, war sein Interesse an potentiellen Lesern relativ schwach. Aber wollte er den Lesern nicht Schönheit, Wortmusik, ästhetische Werte vermitteln? Sein Verhalten – sowohl als Zeitschriftenredakteur als auch als Buchautor – deutet nicht darauf hin. Der Narziß kreist um sich selbst, bespiegelt sich selbst. Seine Erfolge im Zeitschriftenbereich waren nicht seinen Wortkunstwerken – ob Lyrik, ob erzählende Prosa – zu verdanken, sondern seinen *Kritiken*. Die scharfzüngigen Polemiken des *l'art pour l'art*-Poeten gegen seine Kolleginnen und Kollegen waren es, die das Publikum erfreuten. Trug er Literaturkritik vor, hatte er immer volle Säle.

New York, zweiter Anlauf

Folgender Brief vom 7. April 1844 ist ein zentrales Dokument, nicht nur, weil er den neuen Start in New York schildert, sondern auch die chronischen Schwachstellen von Poes Existenz aufzeigt: Trunksucht, Geldsorgen, Hunger sowie die Krankheit seiner Frau, die fast noch ein Kind ist, Entwurzelung und Heimatlosigkeit:

Meine liebe Muddy, just in diesem Augenblick sind wir mit dem Frühstück fertig, und so setze ich mich nun hin, Dir über alles zu berichten. Frankieren kann ich den Brief aber nicht, weil das Postamt heute nicht offen hat … –
Wir brachen in guter Laune auf, kamen aber doch erst kurz vor 3 Uhr an. Wir fuhren per Bahn nach Amboy, etwa 40 Meilen von N. York, und für den Rest der Reise nahmen wir dann den Dampfer. – Sissy hat überhaupt nicht gehustet. Als wir am Pier in N. York ankamen, regnete es schlimm. Ich ließ sie an Bord des Bootes, nachdem ich die Koffer in der Damenkabine untergebracht hatte, und entfernte mich dann, um einen Regenschirm zu kaufen und mich nach einem Gasthaus umzusehen. Ich traf auch einen Mann, der Regenschirme verkaufte, und erwarb einen für 62 Cents. Dann ging ich die Greenwich St. hinauf und fand hier bald einen Gasthof. Er liegt auf der West Side, kurz bevor man zur Cedar St. kommt –

auf der linken Seite. Er hat braune Steinstufen und eine Vorhalle mit braunen Säulen. »Morrison« ist der Name an der Tür. Ich war in ein paar Minuten handelseinig, nahm mir sodann eine Droschke und fuhr zu Sis zurück. Das Ganze hatte nicht länger als 1/2 Stunde gedauert, und sie war ganz erstaunt, mich so bald schon zurückzusehen. Sie hatte mit mindestens einer Stunde gerechnet. An Bord warteten noch 2 andere Damen – so war sie also nicht allein gewesen. …

Gestern bekamen wir zum Abendbrot den schönsten Tee, den man sich nur denken kann, stark und heiß – dazu Weizen- und Roggenbrot – Käse – feines Teegebäck – eine große Platte (2 Platten) feinen Schinken und 2 mit kaltem Fleisch, einen Haufen wie ein Berg und große Scheiben – 3 Platten Gebäck, alles im größten Überfluß. Den Hungertod brauchen wir hier nicht zu befürchten. Die Wirtin machte den Eindruck, als könnte sie uns gar nicht genug nötigen, und wir fühlten uns richtig zu Hause. …

Zum Frühstück hatten wir herrlich duftenden Kaffee, heiß und stark – dazu Rahm, der allerdings ebensowenig reichlich wie reinlich war – Kalbskoteletts, feinen Schinken, Eier und schönes Brot und Butter. Niemals noch saß ich vor einem reichlichern und bessern Frühstück! Ich wünschte, Du hättest die Eier sehen können – und die großen Fleischschüsseln. Ich aß das erste herzhafte Frühstück, seit ich unser kleines Heim verließ. Sis ist entzückt, und wir sind beide exzellenter Laune. Sie hat kaum einmal gehustet und hatte auch keinen Nachtschweiß. …

Wir haben jetzt noch 4 und einen halben $ übrig. Morgen gehe ich los und versuche, drei $ zu borgen – so daß die nächsten vierzehn Tage erst einmal gesichert wären. Mein Befinden ist ausgezeichnet, und ich habe noch keinen Tropfen getrunken – so daß ich hoffe, aus der Sache herauszukommen. Sobald ich nur genug Geld zusammenkratzen kann, werde ich es Dir schicken. Du kannst Dir nicht vorstellen, wie sehr wir beide Dich vermissen. Sissy hat bitterlich geweint letzte Nacht, weil Du und Catterina nicht da waren. Wir sind entschlossen, 2 Zimmer zu nehmen, sobald wir nur können. Bis dahin könnten wir es gar nicht bequemer und heimeliger haben als jetzt. Es sieht ganz danach aus, als sollte es nun heller werden. … Unsere schönsten Grüße an Catterina. Eddy. – P. S. Wir hoffen beide, daß wir Dich *sehr* bald nachkommen lassen können.

Poes erste publizistische Tat in der Stadt brachte sehr bald Auftrieb und Hoffnung. In dem Groschenblatt *New York Sun* erschien am 13. April 1844 der *Balloon Hoax*, die als Tatsachenbericht ausgegebene Reportage über eine angebliche Atlantik-Überquerung im Heißluftballon. Im Zeitalter vor der Nutzung der Telegraphie waren solche Tricks beliebt; sie waren schwer überprüfbar und steigerten den Absatz der Zeitungen. Die Laufkundschaft stand Schlange, die Ausgabe mußte mehrfach nachgedruckt werden – ein Erfolg. Doch nur ein Achtungserfolg, der weiter keine Vorteile mit sich brachte.

Um der Stickigkeit der Pension zu entfliehen, machte Poe stundenlange Spaziergänge durch Villenquartiere und Landstücke um New York oder an der Uferböschung des Hudson und träumte vor sich hin. Wenn er etwas schrieb, dann Juxberichte oder Literaturporträts. Die *Hoaxes* handeln von unglaublichen Vorfällen, angesichts derer die Zeitungsleser sich fragten, »ob das wohl stimmen kann – wie die Kinder bei Gespenstergeschichten« (so die britische Dichterin Elizabeth Barrett-Browning im April 1846 über Poes *Die Tatsachen im Falle Valdemar*). Nach dem Erscheinen und den Leserreaktionen zog Poe über die Leichtgläubigkeit seiner Zeitgenossen her.

In dem Essay *Diddeln oder Das Schwindeln als eine der exakten Wissenschaften betrachtet* hatte Poe den *Hoax* (Jux) »begründet«. Man könnte das als lustige und muntere Satirik anerkennen, wenn dahinter nicht die Verletzungen sichtbar wären, die das Establishment Poe geschlagen hatte. Der auffällige Mangel an Selbstironie paßt dazu. Poe schrieb auch vermehrt Satiren über Kollegen, die er seinen Frauen zu Hause vorlas. Der mit Häme vermischte Humor dieser Texte hat einen schlechten Geruch.

Wurde er selbst angegriffen, reagierte er überempfindlich und völlig humorlos. Sein späterer Partner Charles Briggs, der beim *Broadway Journal* arbeitete, schrieb nach ihrer Trennung:

Ich werde Poes Name von der Titelseite streichen; er ist letztlich wieder in seine alten Gewohnheiten zurückgefallen, und ich fürchte, er wird sich und uns den größten Schaden zufügen. Seine Kritiken, die ich vom ersten Eindruck her für unparteiisch und hochgebildet hielt, sind nichts als Wortklaubereien und so egozentrisch, daß ich nichts mehr für ihn übrig habe … Ich bin noch nie einer Person mit einem solchen Mangel an Anstand und Moral begegnet.

Manches an diesem Urteil mag Briggs' kleinbürgerlicher Borniertheit zuzuschreiben sein, aber die Fülle der widersprüchlichen Aussagen verschiedener Personen über Poes Charakter ist und bleibt auffällig. Wir wissen um seine Vielseitigkeit und Rollenspiele.

Im Privatbereich war er der zärtlichste und fürsorglichste Ehemann, »Bruder« und »Sohn« – oder spielte er das nur? In literarischen Salons und Gönnern gegenüber gab er den schwarzgekleideten sensiblen Poeten, konnte im Alltag jedoch sehr ungenießbar werden und weinerlich-wütend um sich schlagen, wie ein Halbwüchsiger. Wenn er Prügel bezogen hatte, weinte er sich bei Frau und Mutter aus. Seine Charaktermängel waren ihm durchaus bewußt: »Und so ist's nur die *Liebe zum eigenen Selbst*, welche uns verdirbt und in der Verderbnis gefangen hält«, heißt es in *Ein Kapitel Betrachtungen* von 1845.

Die New Yorker Situation der Poes im Jahr 1844 muß nach der anfänglichen Euphorie beklemmend gewesen sein. Poe wußte, daß die überwältigende Mehrheit der Literatenkollegen mittelmäßige Texte schrieb, bei weitem schlechter als seine eigenen. Trotzdem wurde er kaum beachtet, geschweige denn integriert, jeder zeigte ihm die kalte Schulter, jeder*mann* sowieso (von wenigen Ausnahmen abgesehen). Frauen waren ihm eher geneigt. Die Nichtbeachtung zehrte an seinen Nerven. Einmal organisierte seine Schwiegermutter eine vorübergehend feste Anstellung für ihn beim *Evening Mirror*.

Ein wichtiges Organ der New Yorker Schriftstellerszene war die Zeitschrift *The Knickerbocker*. Deren Herausgeber Lewis G. Clark kannte den Neuling von dessen Zeit beim *Southern Literary Manager* her, als Poe scharfe Kritiken auch gegen Clark und dessen Zeitschrift als Hort der *puffery* gerichtet hatte. Jetzt wollte Clark eine Revanche und machte Stimmung gegen Poe, wo immer der auftauchte.

Doch da landete der Dichter einen Volltreffer. Ein Gedicht, *The Raven – Der Rabe*, erregte die Aufmerksamkeit der Literaturszene, nicht bloß die des Straßenpublikums, wie beim *Ballon-Jux*. Sieben bis acht Monate habe er wie ein Eremit gelebt und außer seiner Familie niemanden gesehen, berichtete er im September 1844 seinem Freund Frederick Thomas. Es war die Inkubationszeit für sein wohl berühmtestes lyrisches Werk.

Once upon a midnight dreary, while I pondered,
weak and weary,
Over many a quaint and curious volume of forgotten
  lore –
While I nodded, nearly napping, suddenly there came
a tapping,
As of some one gently rapping, rapping at my
  chamber door.
»'Tis some visitor«, I muttered, »tapping at my
  chamber door –
Only this and nothing more.«

Ah, distinctly I remember it was in the bleak December;
And each separate dying ember wrought its ghost
upon the floor.
Eagerly I wished the morrow; – vainly I had sought to
  borrow
From my books surcease of sorrow – sorrow for the
  lost Lenore

For the rare and radiant maiden whom the angels
    name Lenore
Nameless here for evermore.

And the silken, sad, uncertain rustling of each purple
    curtain
Thrilled me – filled me with fantastic terrors never felt
    before;
So that now, to still the beating of my heart, I stood
    repeating,
»'Tis some visitor entreating entrance at my chamber
    door –
Some late visitor entreating entrance at my chamber
    door; –
This it is and nothing more.«

So beginnt das äußerst suggestive Wortklangbild – es wirkt
nur in der Originalsprache mit voller Kraft – der ersten drei
von insgesamt achtzehn Strophen. Die Publikation war ge-
staffelt: zuerst, Januar 1845, in der Tageszeitung *Evening
Mirror*, unter Poes Namen; dann erschien es im Februar in
der Wochenendbeilage des *Mirror*, dem *Weekly Mirror*, unter dem Pseudonym »Quarles«. Schließlich gab es eine
Notiz über Autorennamen und Pseudonyme im *Broadway
Journal*, wo Poe seit Beginn 1845 mitarbeitete. So kam er
in der Literaturszene ins Gespräch. Das Gedicht war eine
kleine Sensation. Die öffentliche Aufmerksamkeit und Wert-
schätzung schlugen sich in einer Menge von Nachdrucken
und Kommentaren nieder. Ein Meisterwerk amerikanischer
Poesie war geboren.

Man muß den Kalkül bewundern, mit dem Poe das Gedicht produziert und mit dem er dessen Vermarktung in den diversen Druckmedien dirigiert hat. Zuletzt setzte er sich selbst als vortragendes Medium ein. Auf den Partys der Society gehörte der ganz in Schwarz erscheinende Poe mit seinem *Raben*-Vortrag bald zu den Glanznummern. Alles aus einem Guß!

»Seine Rezitation des ›Raben‹ rief im Geiste einen ganz anderen Eindruck hervor als den, welchen man beim Lesen empfand. Es war eine unheimliche, völlig selbstvergessene Beschwörung, als spräche er zu etwas wirklich Anwesendem«, erinnerte sich ein Beobachter 1845. Und ein anderer berichtete:

> Er ließ die meisten Lichter löschen, bis der Raum fast ganz im Dunkel lag, postierte sich in der Mitte des Zimmers und rezitierte die wunderbaren Verse mit der melodischsten aller Stimmen; und während er sich mehr und mehr von seiner neuen Schöpfung hinreißen ließ, vergaß er die Zeit, die Menschen um sich herum, seine eigene Identität – und wildes Hoffen und die unterdrückte Sehnsucht seines Herzens brachen aus ihm in den leidenschaftlichen Worten des Gedichts hervor. Die Zuhörer glaubten, die Geräusche fallenden Regens und von im Wind ächzenden Zweigen zu vernehmen; der Rabe schlug mit seinen schwarzen Flügeln über der Pallas-Büste, und das liebliche Angesicht Lenorens schien vor ihnen aufzuleuchten. Die Kraft seines Vortrages war so unglaublich intensiv, daß man kaum Atem zu holen wagte, bis der Bann gebrochen war.

Plötzlich schien alles wie verwandelt. Jetzt beherrschte er das Geschäft, veröffentlichte im *Mirror* eine Menge Artikel und Rezensionen. Seine Kurzbiographie, verfaßt von dem Freund James Russell Lowell, wurde lanciert, da und dort erschienen auch Lobesartikel. Und die beiden Herausgeber des im Januar neu erschienenen *Broadway Journal*, eines Wochenmagazins, das in kurzer Zeit auf tausend Abonnenten gekommen war, C. F. Briggs und John Bisco, machten ihn zum Dritten im Bunde. War das der Durchbruch?

Nach allem, was geschehen war, wäre es ein Wunder gewesen, wenn Poe auf dem Gipfel seines Erfolgs eine solide Bergfestung erbaut und gehalten hätte. Schon bald fügte er sich wieder großen Schaden zu, und zwar im »Longfellow-Krieg« und mit seiner Artikelserie *Die Literaten von New York*. Beide Male wagte er sich zu weit vor. In der »Osgood-Affäre« konnte er darüber hinaus seine Anfälligkeit für weibliche Verehrung nicht zügeln und tappte hilflos in Fallen – *tapping into traps*, um es in den Worten des *Raben* zu sagen. Den Erfolg verarbeiten und in solide Bahnen lenken – Poe war es nicht vergönnt.

Poe stieg als Salonlöwe auf das Dichterpodest. Außerhalb der geschmückten Salons versuchte er, den Medienlöwen zu spielen. Eine Rolle, die er anderswo selbstmitleidig als ihm aufgezwungen darstellte. Ende Oktober 1844 hatte er Charles Anthon, einem Professor für Alte Sprachen am Columbia College, vorgejammert: »Ich habe keine Bücher geschrieben, sondern bin hauptsächlich als *Magazinist* tätig gewesen. Damit habe ich freiwillig und guten Mutes die bittere Armut, Drangsale und Kränkungen auf mich genommen, wie eben ein Journalist in Amerika.«

Wir wissen, daß das nicht stimmt. Buchautor zu werden war aus Gründen ganz anderer Art schwierig, und im journalistischen Metier war durchaus Geld zu verdienen, außerdem gab es feste Anstellungen. Natürlich war er auch bestimmten Strukturen im Printmedienbereich zum Opfer gefallen, doch das waren nicht die Hauptgründe seiner Misere. Jetzt – so glaubte er –, wo ihm seit dem Erfolg des *Raben* New York zu Füßen lag, bekäme er auch die Medienszene in den Griff! Er wollte an mehreren Fronten kämpfen und siegen.

Henry Wadsworth Longfellow war für Edgar Allan Poe ein rotes Tuch, denn dieser Mensch genoß all jene Privilegien, die ihm versagt geblieben waren. Der eine Großvater Senator, der andere Großgrundbesitzer in Maine, General und Kongreßabgeordneter; der Vater Jurist und Harvard-Absolvent. Longfellow selbst heiratete nach einer etwas windigen Laufbahn als Dozent und Poet in die wohlhabende Appleton-Familie ein und brachte es über eine Dozentur am Bowdoin College in Brunswick (Maine) schließlich zum Professor in Harvard, der renommierten Bostoner Universität. Dichter und Kritiker, Idealist und Schöngeist, beim Establishment angesehen, eingebunden in Institutionen – eine Art amerikanischer Goethe, von allen verehrt. Er war Inbegriff und Leitfigur all dessen, was Poe als *Didaktizismus* in der Dichtung angegriffen hatte.

Indem Poe sich mit Longfellow anlegte, hatte er eine zweite Front gegen die herrschende öffentliche Meinung geschaffen, die er doch als Poet gerade für sich eingenommen hatte. Dieser Kampf mußte ihm über den Kopf wachsen.

Die eine Gegenfront Poes war die realistische *yankee ideology* der pragmatischen Macher, die vor allem in New York konzentriert waren und dort auch das Print-Business beherrschten. Sie hatte Poe schon von Richmond aus, als

Redakteur des *Southern Literary Messenger*, aufs Korn genommen. Dabei diente ihm ein idealistisches, wenn auch formales Kunstverständnis als Maßstab: Die literarische Qualität war gegen alle Tricks der Durchsetzung mittelmäßiger Bücher und Autoren hochzuhalten! Doch plötzlich ging er auch gegen die idealistischen Kunstphilosophen und Poeten an, die vor allem in und um Boston ansässig waren. Statt sich mit den eher inhaltlich orientierten Idealisten auf der Basis des gemeinsamen Qualitätsempfindens gegen das Print-Business und dessen Verhunzung der Literatur zu verbünden, griff er die Idealisten an, weil sie die Dichtung als Mittel zu inhaltlichen Zwecken benutzen. Besonders die Transzendentalisten, denen es um eine sinnstiftende Gesamtsicht der Existenz jenseits der Tatsachenwelt ging, waren ihm ein Dorn im Auge.

Unter dem Einfluß von Kants, Fichtes und Hegels Idealismus hatte sich an der Leituniversität der Neuenglandstaaten eine philosophische Schule gebildet, welche die Religion im Zeitalter nach der Aufklärung zu beerben gedachte. Der von Ralph Waldo Emerson auf dem amerikanischen Olymp in Harvard entwickelte Transzendentalismus war ein solcher Sinngebungsversuch, eine im Idealen einheitliche Weltanschauung. Oliver Wendell Holmes, ein Zeitgenosse, nannte die Ansprache, die Emerson unter dem Titel *The American Scholar* 1837 an der Harvard University gehalten hatte, »unsere intellektuelle Unabhängigkeitserklärung«. Unbelastet von Traditionen, sei der Mensch von sich aus zu höheren Erkenntnissen fähig, welche die empirische Erfahrung überstiegen, und zu Willensanstrengungen in der Lage, die seine angeblich sündhafte Determination hinter sich ließen. Unter den Leitsternen solcher Ideen könne das

freie und selbstverantwortliche Individuum voll Selbstbewußtsein sein Leben gestalten und – innerhalb der positiv
ausgerichteten Gesellschaft und mit ihr zusammen – die
Welt. Und wenn sich zu solchen philosophischen Theore-
men eine Dichtung hinzugesellte, dann hatte sie aufbauend,
erhebend, zukunftsweisend und belehrend zu sein: *power of
positive thinking*!

Longfellow gehörte zu dieser Gruppe. Poe fiel mit einem
erbärmlichen Vorwurf über ihn her, als habe er *partout*
einen Repräsentanten des Olymps in die Gosse zerren wollen. In einem seiner Poeme – *Die belagerte Stadt* – hatte
Longfellow eine ähnliche Thematik gewählt wie Poe in seinem Gedicht *Der Spuk im Palast*. Poe, der ein Plagiat wit-
terte, veröffentlichte im März und April 1845 im *Broadway
Journal* unter den Überschriften *Eine umfangreiche Geschichte des kleinen Longfellow-Krieges* sowie *Imitation und
Plagiat* fünf längere Artikel. Longfellow schwieg vornehm
und ließ sich von seinen Anhängern verteidigen. Da steigerte sich Poe als bissiger Angreifer bis hin zum ausdrücklichen Plagiatsvorwurf:

Ist es denn ganz und gar unmöglich, daß ein Kritiker zur
Enthüllung eines Plagiats – oder besser noch: *jeden* Plagiats, wo immer es ihm begegnet – von einem streng eh-
renhaften, ja sogar barmherzigen Motiv veranlaßt wird?
Sehen wir uns das doch einmal näher an. Ein Diebstahl
der genannten Art wird begangen – fürs erste wollen wir
doch immerhin die *Möglichkeit* einräumen, daß ein solcher Diebstahl begangen werden kann. Nun ist es natur-
gemäß am wahrscheinlichsten, daß ein etablierter Autor
von einem unbekannten stiehlt – wahrscheinlicher jeden-

falls als der umgekehrte Fall; denn zur Verbreitung des Originals steht in direktem Verhältnis das Risiko der Entdeckung. Die Person, welche im Begriff steht, den Diebstahl zu begehen, hofft aufgrund der Verborgenheit der Quelle ungestraft davonzukommen. Dieser naheliegende Gedankengang wird jedoch selten berücksichtigt. Wir lesen einen bestimmten Abschnitt in einem bestimmten Buch. Später begegnet uns in einem anderen Buch ein nahezu ähnlicher Abschnitt. Das erste Buch ist nicht zur Hand und ein Textvergleich nicht möglich. Wir urteilen folglich nach dem, was uns als das Wahrscheinliche des Falles bedünkt. Der eine Autor ist ein Mann von Rang – und dem Rang gelten immer unsere Sympathien. »Es kann doch nicht gut sein«, so sagen wir uns im Herzen, »daß eine so hervorragende Persönlichkeit wie A. sich des Plagiats an diesem B. schuldig macht, von dem noch kein Mensch in der Welt je etwas gehört hat!« Folglich entscheiden wir uns alsbald und ohne weiteres gegen B., von dem noch kein Mensch in der Welt je etwas gehört hat; und eben *weil* noch kein Mensch in der Welt je etwas von ihm gehört hat, ist diese so überstürzt gefällte Entscheidung in neunundneunzig von hundert Fällen irrig. Damit hat nun aber der Plagiator nicht bloß ein Unrecht überhaupt begangen – ein Unrecht, dessen unvergleichliche Gemeinheit bereits für sich genommen die Enthüllung verdiente –, sondern er, der Schuldige, der Erfolgreiche, der Geachtete, hat die Schande seines Verbrechens – die Vergeltung, welche ihn selbst dafür hätte ereilen sollen – auch noch auf den Schuldlosen abgewälzt, der sich, einsam und unbeachtet, quälen muß auf dem dornigen Pfad zum Ruhm. Ist Sympathie für den

Plagiator da nicht ebenso scharfsinnig und ebenso edelmütig, wie es etwa die Sympathie für den Mörder wäre, welcher der Henkersschlinge frohgemut entgeht, doch um den Preis, daß ein Unschuldiger dafür hängen muß? Und als ich meinerseits den Wunsch hatte, den Schuldigen zu hängen, damit der Unschuldige frei ausgehe, – war es da richtig von irgendeinem »Bekannten von Herrn Longfellow«, welcher zum Augenzeugen der Exekution wurde, – dürfte man sagen, frage ich, daß es ritterlich und anständig von diesem Bekannten war, mich der »tadelsüchtigen Kleinlichkeit« zu bezichtigen, während wir friedlich zusammen unter dem Galgen standen?

Man spürt, unter welch großer Spannung Poe die Mechanismen der Produktion und Vermarktung von Literatur analysiert, selber betroffen von den Kriterien des »Marktwerts« und der klaren Rangdifferenz zwischen den Etablierten und den Nobodys. Mechanismen, die für die letzteren transparenter sind, weil Neid und Haß bekanntlich den Blick schärfen – man denke an Friedrich Nietzsches These vom Ursprung der Moral aus dem Geist des Ressentiments.

Die Fronten verhärteten sich, viele Anhänger des Bostoner Dichters äußerten Unverständnis über Poes unverhältnismäßige Attacken. Das hielt der Einzelgänger nicht durch: Poe lenkte ein und betonte Longfellows Verdienste.

Die ganze Sache wirkte sehr konstruiert, weil Poe in einer ihn irritierenden Umgebung und in einer Position, die ihn überforderte, Ansehen gewinnen wollte. Die Longfellow-Debatte förderte die Absatzzahlen des *Broadway Journal*, aber das Herausgebertrio zerfiel. Briggs bekam kalte Füße, Bisco schied im Oktober aus, und so war Poe wieder auf sich allein gestellt. Am Ende war alles nur ein Strohfeuer gewesen. Wie um die Attacke in Richtung Boston völlig auf den Angreifer zurückfallen zu lassen, kam es im Herbst des Jahres zu folgenden Schlüsselszenen.

Am 16. Oktober 1845 wurde Poe durch Vermittlung seines Bekannten James Russell Lowell nach Boston eingeladen – damals das geistige Zentrum der Neuengland-Staaten –, um einen Vortrag zu halten. Der Anlaß war das dreißigjährige Jubiläum des Lyceum Club, des Bildungszentrums der Stadt. Dem Südstaatler Poe hatte zeitlebens der Argwohn zu schaffen gemacht, den ihm die Elite der Nordstaaten entgegenbrachte. Und nun diese Einladung, obwohl Poe wenige Monate zuvor Professor Longfellow, einen der Lieblinge der Stadt, rüde angegriffen und des Plagiats beschuldigt hatte. Doch da er ein berühmter Kritiker war und in New York mit *Der Rabe* einen solchen Erfolg hatte, drückte man ein Auge zu. Poe wollte über seine Dichtungstheorie sprechen und ein für diesen Anlaß neu verfaßtes Gedicht vortragen. War das seine Chance, sich bei den Nordstaatlern Anerkennung zu verschaffen? Dem versierten Auftragsschreiber hätte es nicht schwerfallen dürfen, innerhalb von zwei Wochen ein gutes Gedicht zu komponieren, doch er entschied sich für *Al Aaraaf*, ein Poem, das während seiner Militärzeit 1827 bis 1829 entstanden war.

Poes Auftritt kam unglücklicherweise erst nach dem des bekannten Politikers Caleb Cushing, der mehr als zwei Stunden lang von seiner jüngsten Chinareise berichtete. Die Aufmerksamkeit des Publikums hatte bereits stark nachgelassen. Mit seinem Vortrag strapazierte Poe es gleich doppelt: Der hohe Abstraktionsgrad seiner Theorie von der *Häresie des Didaktischen* setzte wache Zuhörer voraus. Außerdem verärgerte er die Kenner unter ihnen mit Angriffen auf die Transzendentalisten, deren Anführer in Boston und Umgebung beheimatet waren. Der Vortrag war also weder taktisch noch didaktisch klug. Als Poe schließlich sein Jugendgedicht deklamierte, soll ein Teil des Publikums bereits den Saal verlassen haben. Um wenigstens einen guten Abschluß zu finden, trug er auf Bitten der Veranstalter den *Raben* vor, den *Evergreen* der vergangenen Monate.

Danach hätte der ganze Auftritt halbwegs als Erfolg angesehen werden können, doch Poe, sensibel wie er war, spürte, daß er eigentlich mißlungen war. Während des Umtrunks, der nach der Veranstaltung in kleinem Kreis stattfand, trat er die Flucht nach vorn an. Er schwadronierte darüber, daß er bewußt ein Gedicht ausgewählt habe, das er als Knabe *von weniger als zwölf Jahren* verfaßt habe – um so die »Froschteichler« von Boston auf den Leim zu führen. (Daß Poe mehrfach Daten und Fakten manipulierte, ist gut dokumentiert; hier jedenfalls ist ihm sicherlich klar gewesen, daß er *Al Aaraaf* in Wirklichkeit als Neunzehnjähriger verfaßt hatte.)

Der Eklat war da. Im *Boston Daily Evening Transscript* des nächsten Tages gab die Redakteurin Cornelia Walter einen sehr kritischen Bericht von der Veranstaltung. Und wieder einen Tag später kommentierte sie Poes Enthüllung: »Einer literarischen Vereinigung von Erwachsenen wurde also ein Gedicht geboten, das angeblich von einem Knaben stammt. Man stelle sich das vor! Poh! Poh!«

Poes Replik ließ nicht auf sich warten. In einem Artikel mit der Überschrift *Boston and the Bostonians* ging er ausführlich auf den Vorfall ein und verunglimpfte Miss Walter als

kleine alte Dame mit Morgenhaube und Brille: Sie vertei-
digt unser Gedicht, weil es »jugendlich« ist, und wir halten um so mehr von ihrer Verteidigung, als sie selbst
lange genug jugendlich war, um Jugendlichkeit zu beurteilen. Nun, alles in allem müssen wir ihr vergeben – und
tun es auch. Sprechen wir nicht mehr davon, mein
Schatz! Sie sind ein entzückendes Wesen und haben das
Herz am rechten Fleck – wollte Gott, man könnte das
auch von Ihrer Perücke sagen!

Solche Unverschämtheiten schlagen zurück auf den, der
sie zu Papier bringt. Aber von Fehltritten abgesehen, war
Poe durchaus in der Lage, die Entstehungs- und Vermitt-
lungsbedingungen der Literatur nüchtern zu analysieren.
Sein analytisches Sensorium war jedoch nicht durch das
Streben nach sachlicher Darlegung, sondern durch Ressentiments geschärft. Poe mißtraute allen Heroisierungen und
Heroen, die als Führer der Nation auf hohe Sockel gehievt
wurden. Gegen den Engländer Thomas Carlyle und dessen
Heldenverehrung unter dem Motto *Heroes and Heroe-Wor-
ship* polemisierte Poe (Carlyle war mit Emerson befreundet). Doch das war im Grunde nur Theorie. In der Praxis
hatte Poe nichts dagegen, wenn er selber, etwa als Poet des
Raben, auf den Sockel dichterischen Ruhms gehoben wurde. Das wiederum konnte die Klarheit vieler seiner theoretischen Einsichten nicht mindern.

Wenn der Herausgeber des *Knickerbocker*, Lewis G.
Clark, fürchtete, Poe könne aufdecken, wie er und seine Cli-
que Longfellows Ruhm manipuliert hatten, dann war die
Furcht berechtigt. Aber Poe inszenierte solche Entlarvungen
nicht aus ethischen Impulsen heraus, sondern um eigener

Interessen willen. Er war ethischer Relativist. Absolut unbestechlich war er nur in bezug auf die Ästhetik. Aber das ist eine abstrakte Lehre weit weg von der gesellschaftlichen Wirklichkeit.

Poe lavierte in New York auf schwankendem Boden. Die New Yorker Öffentlichkeit war ihm nicht wohlgesonnen, lediglich einzelne Kenner. Ein Indikator für seine vertrackten Beziehungen zur Öffentlichkeit war die Vortragstätigkeit. Hier hatte er es direkt mit dem Publikum zu tun. Schriftlich auszuteilen und einzustecken fiel ihm leicht. Im direkten Kontakt aber herrschten andere Regeln – und auch andere Empfindlichkeiten. Am 28. Februar 1845, bei einer Lesung in der Society Library von New York, vor etwa dreihundert Zuhörern aus dem normalen Stadtpublikum, hatte er den *Raben* in den Mittelpunkt des Vortrags gestellt. Alles lief zur allgemeinen Zufriedenheit, zumal Poe die Lokalgrößen hofierte. Auch hatte er wochenlang keinen Alkohol zu sich genommen und war entsprechend fit. Am 17. April sollte der Vortrag wiederholt werden, aber es hagelte und regnete so stark, daß nur ganz wenige Interessenten kamen, denen man ihr Ticket zurückerstatten mußte. Poe war maßlos enttäuscht und führte die Misere keineswegs nur aufs Wetter zurück. Ein Besucher berichtete tags darauf: »Er ist jemand, der sich über Kleinigkeiten ganz leicht aufregen kann. Am nächsten Tag kam er ins Büro des *Broadway Journal,* auf den Arm eines Freundes gelehnt und mit einem Hangover von zuviel Weingenuß.«

Am 1. Juli sollte Poe – und dies war recht ehrenvoll – an der New York University sprechen, und zwar vor zwei akademischen Gesellschaften, den *Philomathean and Eucleian Societies.* Am 2. Juli stand im *New York Herald*:

Die Veranstaltung wurde besucht von allen, die Schönheit und Ansehen haben in der Stadt, und natürlich auch von allen Studenten. Nach dem exzellenten Vortrag des Hon. D. D. Barnard mußte Professor Mason mitteilen, daß Mr. Poe leider wegen einer Unpäßlichkeit das Gedicht nicht vortragen könne, das im Programm angekündigt sei. Mr. Poe sei eine Woche zuvor schwer krank gewesen und habe es für nicht geraten gehalten, daß er hier auftrete.

Doch sein Freund Thomas Chivers, der ihn tags zuvor noch im Bett hatte liegen sehen, sah ihn am Tag darauf munter und gesund und fein gekleidet den Broadway hinabgehen. Offenbar war er nicht krank gewesen; er hatte es nur nicht über sich gebracht, an einer *Universität* aufzutreten, also einer Institution, an der er vor Jahren kläglich gescheitert war.

Eine weitere Niederlage erlebte Edgar Allan Poe auf dem glatten Parkett der New Yorker Salons. Schuld daran war seine Empfänglichkeit für weibliche Bewunderung und die Tatsache, daß er nicht in die Spielregeln eingeweiht war. Bei einem Vortrag in New York lernte er Frances Osgood, eine der *literary ladies*, kennen und begann sie – auch in veröffentlichten Gedichten – anzuschwärmen. Ein Briefwechsel entstand. Dieser Flirt setzte in den Salons Eifersüchteleien und Gerede frei. Im Salon von Mrs. Ann Charlotte Lynch, wo sich die geballte weibliche Literaturszene traf, schwärmte man für Poe, solange er den *Raben* rezitierte oder bedeutungsvoll schwieg. Aber sobald es um die Beurteilung von Literatur ging, wurde er verletzend, was die Schwärmereien schnell dämpfte. Eine seiner Intimfeindinnen, Mrs. Ellet, inszenierte schließlich den Skandal, der ihn zu Fall brachte. Intrigant, wie sie war, setzte sie Geschichten um eine angebliche »Affäre« in Umlauf. Poor Edgar, völlig unerfahren in solchen Dingen und geblendet von der Aufmerksamkeit, die man ihm entgegenbrachte, durchschaute dies erst, als es zu spät war.

Ein Zeitlang war Poe der Star der Salons, aber ohne den Rückhalt stabiler Beziehungen war dieser Status ohnehin eher vergänglicher Natur. Sein ehemaliger Freund Thomas Dunn English brachte 1848 in einer satirischen Serie über den New Yorker Literaturbetrieb folgendes Porträt Poes, der hier den Spitznamen *Marmaduke Hammerhead* trägt:

Sehen Sie den Mann, der sich vor der kleinen, lächelnden Frau in Schwarz postiert hat und, seiner Mimik und Gestik nach zu urteilen, gerade eine Ansicht erläutert, die er für eine nur ihm bekannte Offenbarung hält, an der zu zweifeln schierer Wahnwitz wäre? – »Der mit der breiten, melancholischen, fliehenden und leicht deformierten Stirn und dem selbstgefälligen Gesichtsausdruck?« – »Eben der.« – »Das ist Marmaduke Hammerhead – ein wohlbekannter Groschenheftautor, der gerne ein Kritiker sein möchte, sich jedoch nie anmaßen würde, ein Gentleman zu sein. Er ist der Verfasser eines Gedichtes, betitelt ›Die Krähe‹, das gerade in den hiesigen literarischen Kreisen einigen Wirbel verursacht.« … »Von sieben Tagen ist er nicht mehr als fünf betrunken; er sagt manchmal aus Versehen die Wahrheit; seine Zivilcourage reicht hin, sein Weib zu prügeln, wenn er glaubt, sie verdient's, oft auch nur, um in Übung zu bleiben.«

Im März 1846 also wendete sich das Blatt, und die Presse begann fast *unisono* auf Poe einzuhacken. Das provozierte ihn zu einem weiteren Rundumschlag, der allerdings sein letzter werden sollte. Poe hatte diverse Attacken ruhig weggesteckt und erschien wie selbstverständlich weiterhin in den Salons, auch nachdem seine Zeitschrift *Broadway Journal* eingegangen war und er verzweifelt nach neuen Geldquellen suchte. Er war sogar bereit, das Recht zu verschleudern, seine Erzählungen gesammelt zu veröffentlichen. Hatte er keine Selbstachtung? Zumal er in den Salons regelmäßig seine Gläubiger traf. Rachegelüste wühlten in ihm. Nicht mehr mit den Mitteln der Dichtung wollte er es ihnen zeigen, sondern mit denen hämischer Kritik.

In *Godey's Lady's Book* brachte Poe, professionell eine Marktlücke schließend, eine Artikelserie mit dem Titel *Die Literaten von New York City*. Einige aufrichtige Meinungen aufs Geratewohl in bezug auf ihre Verdienste als Autoren, mit gelegentlichen Bemerkungen zu ihrer Persönlichkeit. Um für Spott, Intrigen und sonstige Mißlichkeiten Rache zu nehmen, verriet er hier seine hohen literarischen Prinzipien und ging zu persönlichen Angriffen über. *Godey's Lady's Book*, beliebt für seine bebilderten Mode-Reportagen, war für diesen Zweck nicht schlecht gewählt: Die Auflage lag bei enormen zweihunderttausend Exemplaren. Poes Porträts waren nicht durchweg abwertend kritisch, er sprach von Fall zu Fall auch Lob aus. Aber die scharfen Kritiken machten das Bild: Er habe Blausäure statt Tinte benutzt, hieß es.

In der Einleitung zu der Serie skizzierte er die wahren Verhältnisse der Literaturwelt und Druckmedienwirtschaft. Diese Skizze ist aus zweierlei Gründen bemerkenswert. Zum einen erliegt dieselbe Person, die als Poet und Poetologe die *Häresie des Didaktischen* verdammt, einer fast penetranten Belehrungsattitüde. Um seinen Kunstbegriff des Nicht-Didaktischen, der reinen zweckfreien Schönheit zu propagieren, tritt er mit äußerst didaktisch-moralischem Anspruch auf. Zum anderen offenbaren seine Unterscheidungen zwar genaue Personenkenntnisse, gleichzeitig aber wenig Verständnis für die Mechanismen der Druckmedienwirtschaft, also des Zusammenspiels von Zeitung, Zeitschrift und Buch als Objekten der Ökonomie.

Daß ein Verleger sein Buch anpreist, um es gut zu verkaufen, liegt auf der Hand. Ganz professionelle Verleger huldigen sogar dem Grundsatz, noch der größte Verriß sei besser als die Nichtbeachtung ihres Produkts. Nicht, daß das Buch gelobt wird, ist demnach entscheidend, sondern daß es ins Gespräch kommt. Poe hingegen meinte, das Publikum werde durch die Lobhudeleien der Presse übertölpelt, und wollte es mit den »ehrlichen« Meinungen versorgen, die in den privaten Zirkeln herrschen. Schön wäre es, das Publikum schlösse sich seiner Auffassung von echter Kunst an und handele danach, wenn es Bücher kauft.

So gehorcht seine Darstellung der Literaten von New York einer Logik der Enthüllung. Poe statuierte, es gebe zwei Öffentlichkeiten: eine der Presse, also die anonyme große Öffentlichkeit, die durch merkantiles *puffing* bestimmt werde, und dahinter die Halböffentlichkeit der literarischen Zirkel. Dort würden recht ehrliche Meinungen ausgetauscht, in der direkten Konversation könne man sich nicht so verstellen wie auf dem Papier. Doch auch die Halböffentlichkeit sei infiziert. In der Szene würden sich Schreiberlinge herumtreiben, die das Netzwerk, die Protektion, das *puffing* nötig hätten – aus den entsprechenden Absprachen gingen die Lobhudeleien der Presse hervor. Die wahren Genies schließlich würden scheu und einsam der Textproduktion nachgehen. Sie seien weder Gesellschaftslöwen noch *Sudler*, die sich als Auftragsschreiber von Buch- und Zeitschriftentexten oder von positiven Besprechungen prostituieren würden.

Drei Räume staffeln sich hier: die Entstehungsräume echter Kunst, die Halbwelt der Literaturzirkel und die große Öffentlichkeit. Bei allem Scharfsinn, den diese Unterscheidung hat: Sowohl in der Offenlegung privater »ehrlicher« Meinungen (den »wahren«) als auch in der Propaganda für den »richtigen« Standpunkt offenbart sich bei Poe ein naiv-idealistisches, jugendlich-schwärmerisches Weltbild. Nicht nur auf der Ebene der Buchobjekte, sondern auch auf der Ebene der Bewertung von Buchobjekten herrschen Marktgesetze. Wenn ein Leser, motiviert durch Werbe- und Pressetexte, ein mittelmäßiges Buch kauft, dann dürfen andere Konkurrenten das Niveau des Buches oder auch der Werbung anprangern (wie Poe), aber beide sind vom Markt umfangen. Wenn er diese Praktiken entlarven und »ehrliche« Meinungen liefern will, muß Poe sich folglich in Widersprüche verwickeln.

Zeitlebens hat er sich darüber beklagt, daß man seine privaten Probleme an die Öffentlichkeit zerrte. Nach seinen Begriffen hatte in der Kunst die Mitteilung persönlicher Dinge jeder Art zu unterbleiben. Dennoch zielte Poe in der direkten Konkurrenz mit den Kollegen auf die Bloßstellung von *Personen*, um sich selbst in ein besseres Licht zu setzen. Als er auch noch die Medienmogule ins Visier nahm, überspannte er den Bogen. Die »Entlarvung« wurde zur Selbstzerstörung. Hatte er die Mechanismen seines Metiers wirklich so gut verstanden, wie er vorgab? Die Literaten waren eben oft auch Mediengewaltige. Lewis Gaylord Clark vom renommierten *Knickerbocker* oder Charles F. Briggs, sein früherer Kompagnon beim *Broadway Journal*, sowie Thomas D. English wurden von Poe mit Nachrede traktiert. Gegen letzteren ging er sogar vor Gericht, wo English zwar – nach langem Hin und Her – unterlag. Poes Renommee aber war damit endgültig dahin.

Als die gesamte Presse im Juni 1846 auf ihn einzudreschen begann und er sich wieder einmal in einer Welt voller Feinde sah, schrieb er einen der wenigen erhaltenen Briefe an Virginia und weinte sich an deren kränkelndem Busen aus:

Mein liebes Herz, meine teure Virginia! unsere Mutter wird Dir erklären, warum ich heute abend ausbleibe. Ich habe die feste Gewißheit, daß bei der Unterredung, die mir in Aussicht gestellt ist, etwas *wirklich Gutes* herausschauen wird – für mich, für Dich, meine Lieb, und für sie. Laß nur den Mut nicht sinken, bleibe voll Hoffnung und hab noch ein wenig länger Vertrauen! Bei meiner letzten großen Enttäuschung hätte ich gewiß den Mut verloren, *wärest Du nicht gewesen* – mein geliebtes kleines Weib, Du bist mein *größter* und *einziger* Antrieb jetzt, mit diesem widrigen, unbefriedigenden und undankbaren Leben den Kampf aufzunehmen. Ich werde morgen nach Mittag bei Dir sein, und sei versichert, bis ich Dich wiedersehe, werde ich ohne Unterlaß *in Liebe Deiner letzten Worte gedenken* und Deines inbrünstigen Gebetes! Schlaf wohl, und schenke Gott Dir einen friedvollen Sommer mit Deinem Dich zärtlich liebenden

Edgar.

Mittlerweile war die Familie Poe – Muddy war inzwischen nachgekommen – aus der Stadt geflohen: im Februar übergangsweise auf eine Farm am East River, im Mai zogen die zwei Frauen, die Katze und der Poet ins »Fordham Cottage«, das in einem Dörfchen dreizehn Meilen außerhalb von New York lag. Poe beschrieb Thomas Chivers im Juli 1846 seine neue Zuflucht:

Wir sind da in einem schmucken kleinen Landhaus, haben eigenen Haushalt und würden uns sehr behaglich fühlen, wäre ich nicht schon lange Zeit jetzt furchtbar krank. Es geht mir freilich allmählich besser, jedoch nur langsam, und ich werde gewiß wieder *ganz genesen*. In der Zwischenzeit haben die kleinen Raubvögel, die stets eine Krankheit zur Gelegenheit nehmen, um auf einem Geflügel größerer Dimensionen herumzuhacken, sich haufenweise und mit aller ihrer Macht bemüht, meinen Ruin zu bewirken. Meine furchtbare Armut hat ihnen dazu außerdem jeden Vorteil gebracht. In der Tat, mein lieber Freund, man hat mich bis an die Pforten des Todes getrieben und in eine Verzweiflung, die furchtbarer noch ist als der Tod, und ich hatte nicht einmal *einen* Freund, außer meiner Familie, mit dem ich mich hätte beraten können.

Trotz dieses Lamentos *de profundis* endet der Brief zuversichtlich:

Lassen Sie sich bitte von nichts in diesem Briefe zu dem Glauben verleiten, daß ich etwa am weltlichen Wohlstand *verzweifelte*. Im Gegenteil – obschon ich mich krank fühle und vor Armut buchstäblich in den Staub gedrückt bin, lebt doch eine süße *Hoffnung* im Grunde meiner Seele.

Thomas Holley Chivers, gleichen Alters wie Poe, war einer seiner größten Verehrer. Ein etwas exzentrischer *gentleman poet* aus Georgia, den Poe seit seiner Zeit beim *Southern Literary Messenger* kannte und auf den er zählen konnte, wenn es um die eigene Zeitschrift ging. In all den Nöten und Enttäuschungen waren immer einige wenige Freunde um ihn, die allerdings mit Kritik nicht sparten.

William Gilmore Simms, Journalist und Poet aus South Carolina, lobte stets Poes Imaginationskraft, verurteilte aber seine kritischen Exzesse und sein persönliches Verhalten. Er schrieb ihm Ende Juli 1846 hinsichtlich der Nöte und Schwierigkeiten folgendes nach Fordham:

Geld kann im Zweifel immer beschafft werden. Das ist nicht das, was Du brauchst. Erlaube mir, Dir offen zu sagen – als Privileg eines wirklichen Freundes –, daß Du Dich jetzt in der gefährlichsten Phase Deiner Karriere befindest: genau in der Position, an dem Punkt Deines Lebens, wo ein einziger falscher Schritt sich zu einem kapitalen Irrtum auswächst, wo ein einzelner Fehler fatale Konsequenzen haben kann: Du bist nicht länger ein Knabe! Wie heißt es? »Mit dreißig weise oder nimmermehr.«

Poc war bereits siebenunddreißig.

George Pope Morris und Nathaniel Parker Willis gaben zusammen den *New York Mirror* heraus, ein Traditions-Wochenblatt, das 1843 in ein Magazin und 1844 in eine Tageszeitung umgewandelt wurde, den *Evening Mirror*. Sie waren Poe stets gewogen und schrieben manche konstruktive Kritik zu seinen Werken. Von Oktober 1844 bis Februar 1845 stellten sie ihn als Zeitungsschreiber ein. Später gingen auch sie auf Distanz.

Der junge Dichter James Russell Lowell aus Massachusetts, Jahrgang 1819, war anfangs ein treuer Anhänger. Poe hatte ihn 1841 in seiner Autographen-Serie porträtiert. Von da an kommunizierten sie regelmäßig, besprachen einer des anderen Texte, tauschten Beiträge für ihre Periodika. Lowell gab 1843 für einige Monate ein literarisches Blatt heraus: *The Pioneer*. In einem Brief an Lowell aus dem Jahr 1844 findet sich ein bemerkenswertes Statement von Poe – wohl als Reaktion auf entsprechende Fragen und typisch für seine verquere Bewußtseinslage:

Ich bin *nicht* ehrgeizig – es sei denn im negativen Sinne. Hin und wieder fühle ich mich aufgestachelt, einen Narren auszustechen, bloß weil es mir verhaßt ist, daß ein Narr sich einbildet, er könnte mir überlegen sein. Darüber hinaus aber kenne ich nicht den mindesten Ehrgeiz. Ich bin zutiefst vom Bewußtsein jener Nichtigkeit durchdrungen, von welcher die meisten Menschen bloß schwatzen – der Nichtigkeit des menschlichen oder zeitlichen Lebens. Mein Leben bewegt sich fortwährend in Zukunftsträumen. Ich glaube nicht an die menschliche Vervollkommnungsfähigkeit. Ich meine nicht, daß menschliche Anstrengung irgendeinen bestimmbaren Effekt für die Menschheit haben wird.

In Grahams Magazin brachte Lowell im Februar 1845 ein sehr wohlwollendes Porträt von Poe heraus. Doch als dieser sich über Longfellow hermachte, endete die Freundschaft.

Ende Mai 1845 besuchte Lowell Poe in New York, um die Differenzen beizulegen, fand ihn aber in Folge von Alkoholräuschen in einem desolaten Zustand vor. Im August desselben Jahres schrieb er an Charles Briggs, Poe sei völlig ohne dasjenige Element von Männlichkeit, das man Charakter nenne: »Poe liebt es, die Leiter umzustoßen, auf welcher er hochkam.« Damit meinte er natürlich – anders als bei der berühmten Leiter aus Wittgensteins *Tractatus* –, daß Poe noch oben auf der Leiter stand, als er sie selber umstieß. In seinem Buch *A Fable for Critics* prägte Lowell 1848 die Formel über Poe: »Drei Fünftel von ihm sind Genius und zwei Fünftel reinster Unsinn.«

Der Tod einer schönen Frau

Ein farbenprächtiger Blütentraum war es, als Edgar und Virginia – Eddy und Sissy, wie sie sich gegenseitig riefen – das Häuschen in Fordham erstmals zu Gesicht bekamen, fast zugewachsen mit Obstbäumen. Seit Februar 1846, als sie die Wohnung in der Amity Street N° 85 in New York verlassen hatten, wohnten sie vorübergehend auf der Farm der Millers am East River. Jetzt – es war April – mußte schnell entschieden werden: Sie mieteten das Haus.

Nüchtern betrachtet war es ein besserer Schuppen – noch heute kann man es in der Bronx besichtigen. Nur drei wirkliche Räume: eine Küche und ein Wohnzimmer im Erdgeschoß, darüber ein Schlaf- und Schreibraum, sonst nur Verschläge und kleine Anbauten. Man sehe sich das herrschaftliche Anwesen des Dichters Washington Irving am Hudson bei Irvington an und erkenne, welche Ärmlichkeit Poe im Vergleich zu den meisten seiner schriftstellernden Zeitgenossen (die ja nicht vom Schreiben leben mußten) umgab. Doch er machte aus der Not eine Tugend, indem er die Kargheit ästhetisch überhöhte und gar einen theoretischen Essay darüber schrieb: *Die Philosophie der Einrichtung.* Eine Bekannte der Poes, Mary Grove, schrieb: »So reinlich, so unmöbliert, aber doch so charmant habe ich noch niemals eine Wohnung gesehen.«

Hier verbrachte Virginia ihre letzten Monate. Im Sommer saß sie vor dem Haus und blickte hügelab nach Westen in den Abend. Ständig litt sie an Husten und Lungenschmerzen. Mary Grove erinnerte sich an die ausgeprägte Kindlichkeit der Frau. Sie konnte kaum glauben, daß Maria Clemm, die würdige alte Dame, die Mutter der Kindfrau sei. Sie schätzte Muddy auf über sechzig. Dabei war sie 1846 um die sechsundfünfzig Jahre alt, die Tochter vierundzwanzig. Man meinte, eine Großmutter mit Enkeltochter vor sich zu sehen. Schon sehr früh hatte die Mutter die volle Verantwortung für ihre Familie gehabt, damals in Baltimore, als sie – die Schwester von Edgars Vater – William Clemm als Witwe zurückließ. Fünf Kinder aus ihres Mannes erster Ehe hatte sie großziehen müssen, dazu noch drei eigene: Henry (1818), Virginia Sarah (1820), die zweijährig starb, und Virginia Eliza, die 1822 an dem Tag getauft wurde, als man ihr Schwesterchen zu Grab trug. Der Vater starb 1826 im Alter von siebenundvierzig Jahren. Seitdem war Maria auf sich gestellt. Und sie überlebte alle: 1871 starb sie hochbetagt.

Mary Grove schilderte sie als hochgewachsene alte Dame in schwarzer Kleidung, die – obwohl alt und abgetragen – an ihr elegant wirkte. Auf dem schneeweißen Haar trug sie ein Witwenkäppchen. Alles an ihr hatte eine fast königliche Größe, neben der das kleine Mädchen Sissy schlecht abschnitt. (Leider geben die einzigen Photos, die von den beiden Frauen überliefert sind, einen völlig verzerrten Eindruck. Um so wichtiger sind die schriftlichen Porträts.)

Bereitwillig nahm Maria 1830 auch noch die Brüder Henry und Edgar Poe in ihren Haushalt auf, der eine entlassener Seemann und Säufer, der andere an der Universität und in West Point gescheitert. Zu allem Überdruß dilettierten beide als Poeten, statt ordentliche Berufe zu ergreifen. Maria nahm das alles auf sich, sie schuftete für die Familie, und wenn das Geld ausging, auch noch für andere. Sie vermietete jeden freien Quadratmeter Wohnung, nähte Kleider, ging für Edgar auf Stellensuche. Klaglos trug sie die enorme Belastung.

Die Erscheinungen der beiden Frauen spiegelten die Widersprüche der familiären Lebensführung. Virginia Eliza schwebte wie eine Elfe über all dem Elend. Als Edgar 1831 in Baltimore auftauchte, zweiundzwanzig Jahre alt, war Sissy ein Kind von neun. Fünf Jahre später machte Edgar sie zu seiner Frau, hob sie in den Status einer Poetengattin, stilisierte sie entsprechend. Da mittlerweile der Rest der Familie verstorben oder anderswo untergekommen war, lief Maria Clemms unermüdlicher Tatendrang leer. Der ärmliche Haushalt in Richmond, Philadelphia und New York unterforderte sie, und so engagierte sie sich immer auch außer Haus.

Virginia war trotz Edgars Geldnöten eine privilegierte Existenz vergönnt. Zwar nicht in Wohlstand wie die Damen in Philadelphia oder New York, aber doch in *leisure* und Privatvergnügen. Singen, Harfe spielen, repräsentieren, wenn Besucher kamen, vor allem aber unter Blüten Edgars Vortrag seiner neuesten Werke lauschen. Diese Funktion war die wichtigste: dem Narziß den Spiegel halten.

Edgar baute ein Ambiente um sie herum auf, das aus seinen Poemen hätte stammen können: karges, aber reinliches Interieur, die Harfe im Schoß der schönen kranken Frau, Blütenzweige vor blauem Himmel, deren Duft ein sanfter Wind herüberfächelte, ein üppiger Blumengarten. Wie ein Beweis für die Werte des Immateriellen, alles dessen, was man mit keinem Geld der Welt kaufen kann. Aus der Not die Tugend herauspressen. Wenn sich die »Kritiker-Bulldogge« (wie man Poe nannte) in New York in den unappetitlichen Streitereien mit dem kulturellen Establishment ausgetobt hatte, dann war die Rückkehr nach Fordham wie die Heimkehr ins Elysium der reinen Poesie.

Sissy war zeitlebens Statistin in diesem Szenario. Von ihr ist nirgends überliefert, daß sie Charakter zeigte, Widerstand, Ecken und Kanten. Die völlige Abhängigkeit von Edgar (finanziell und geistig) verhinderte das ebenso wie ihre Kränklichkeit spätestens nach dem Blutsturz vom Januar 1842. Sie konnte nirgends Eigenständigkeit entwickeln, zumal die geschäftige Mutter ihr auch im praktischen Leben jegliche Möglichkeit zur Profilierung nahm. »Mrs. Poe«, so Mary Grove nach ihrem Besuch im Sommer 1846,

sah äußerst jung aus; große schwarze Augen, ein perlweißes Aussehen von perfekter Blässe. Das weiße Gesichtchen mit den leuchtenden Augen und das rabenschwarze Haar verliehen ihr ein unirdisches Aussehen. Man fühlte, daß ihr Geist bereits abgehoben war; und wenn sie gar hustete, verdichtete sich zur Gewißtheit, daß sie nicht mehr lange zu leben hatte.

Hier hatte sich Edgar als *poeta juvenilis* über Jahre hin ein Pendant geschaffen: kindlich, weich, ästhetisch-ätherisch, lebensuntauglich, ohne Charakter – eine Elfe, die über dem Elend schwebte und vor der Zeit verschied. Wie hatte er sie porträtiert – als *Eleonora* (1842) – nach dem Blutsturz?

Sie, die ich liebte in meiner Jugend und von der ich jetzt ruhig und klar diese Erinnerungen zu Papier bringe, war die einzige Tochter der einzigen Schwester meiner längst verstorbenen Mutter. Eleonora war der Name meiner Kousine. Wir hatten immer beieinander gewohnt ... Die Lieblichkeit Eleonorens war wie die der Seraphim; doch war sie ein Mädchen, kunstlos und unschuldig wie das kurze Leben, das sie zwischen den Blumen geführt hatte. Kein Arg verhehlte künstlich die Liebesglut, die ihr Herz belebte ... Sie war sich bewußt, daß der Finger des Todes ihren Busen angerührt hatte, daß sie – der *Ephemera* gleich – nur deshalb von so vollendeter Lieblichkeit geschaffen war, um früh zu sterben.

So ging es zu Beginn des Jahres 1847 mit *Virginia Ephemera* zu Ende. Daß ihr Gatte die Ästhetik einer sterbenden Frau wieder und wieder als Inbegriff der Schönheit thematisiert hatte, bekam jetzt einen sehr bitteren Beigeschmack. Und ebenso abgeschmackt wirkte, was sich vor Weihnachten 1846 in gewissen New Yorker Zeitungen abspielte. Da war der Notstand des Hauses Poe in aller Öffentlichkeit breitgetreten worden, teilweise sogar in Spendenaufrufen. Poes Elend kam allen denen recht, die ihn als Kritiker erledigen wollten. Gerüchte gingen um; neben Sissys Krankheit erwähnte man ein Gehirnfieber, das ihren Mann befallen habe. Manche sahen ihn schon in der Irrenanstalt von Utica hoch oben im Staate New York. Hiram Fuller schlug sarkastisch die Gründung eines Spitals für verwirrte und verarmte Geistesarbeiter vor.

Maria Clemm und die Krankenschwester und Arztfrau Marie Louise Shew blieben von all dem unbeeindruckt und leisteten tätige Nächstenhilfe. Da die medizinische Versorgung in den Staaten damals unterentwickelt und nur für wenige bezahlbar war, blieben die unteren Schichten auf Hausmittel angewiesen. Die mangelnden hygienischen Verhältnisse in den vor Einwanderern überbordenden Städten taten ein übriges. Gerade bei Frauen war Tuberkulose weit verbreitet. Das Penicillin war noch lange nicht erfunden. Man konnte nur Symptome bekämpfen, nicht Ursachen. Zur Schmerzlinderung nahm Virginia Laudanum, ein sanftes Narkotikum. Wie Besucher berichteten, dämmerte sie gewöhnlich nur mit Edgars Mantel bedeckt und die Katze auf der Brust vor sich hin.

Am 30. Januar 1847 starb sie. Drei Tage später wurde sie auf dem Friedhof der Old Dutch Reformed Church in Fordham begraben. Nur wenige Freunde waren zugegen. Zuvor soll ihr Sarg auf Edgars Schreibtisch aufgestellt gewesen sein. Ein Bild von ungewollter Symbolik, hatte er doch an diesem Tisch oft genug die Ästhetik morbider und sterbender Weiblichkeit praktiziert.

Edgar erlitt einen Nervenzusammenbruch. Über eine Woche verdämmerte er in einer Art Koma. Zu viel war über ihn hereingestürzt. Mrs. Shew, die eine medizinische Ausbildung genossen hatte, rettete ihm das Leben. Sie diagnostizierte Gehirnfieber, da er keine Anregungs- und Stärkungsmittel einnehmen konnte, ohne Anzeichen von Wahnsinn zu zeigen. Sie hatte wenig Hoffnung, daß er sich von diesem Fieber erholen werde, schaffte es aber, ihn mit Hilfe harmloser Beruhigungsmittel zu kurieren.

Der Patient erholte sich nur langsam. Ein Heilmittel war das Schreiben. Lange Wochen saß er an dem Welterklärungsmanuskript *Heureka*. Maria Clemm schilderte jene Zeit nicht ohne Ambivalenz:

> Er mochte niemals allein sein, und ich pflegte ihm Gesellschaft zu leisten, oft bis vier Uhr in der Frühe – er, in seine Arbeit vertieft am Schreibtisch, und ich, im Halbschlaf, in meinem Lehnstuhl. Als er »Eureka« schrieb, spazierten wir fast jeden Tag Arm in Arm im Garten umher, bis ich zu müde war, um weiterzugehen. Alle paar Minuten hielt er an, erklärte mir seine Gedanken und fragte mich, ob ich ihm folgen könne. Ich blieb immer mit ihm auf, wenn er sie zu Papier brachte, und bereitete ihm alle ein oder zwei Stunden eine Tasse heißen, starken Kaffees. Zu Hause war er einfach und liebesbedürftig wie ein Kind, und während all der Jahre, in denen ich mit ihm unter einem Dach lebte, kann ich mich nicht an eine einzige Nacht erinnern, da er nicht, bevor er zu Bett ging, zu mir kam und seiner »Muddy« (wie er mich nannte) einen Gutenachtkuß gab.

Nach Sissys Tod geriet Poe in die Fänge der *literary ladies*. Wie ein Magnet wirkte er auf bestimmte Frauen. Nicht vordergründig sexuell. Keinesfalls war er der Männertyp des amerikanischen Klischees: stark, viril, erfolgreich, *good looking*. Poe repräsentierte eine sublime, ästhetisch verfeinerte Erotik. Die Anziehungskraft, die er auf Frauen ausübte, verdankte er seiner Sensibilität und vor allem seinem Sinn für Schönheit, aber auch seiner Jungenhaftigkeit, die bei den Damen allerdings wohl eher mütterliche als erotische Instinkte ansprach. Männliche Literaten dagegen erlebten ihn vorzugsweise als bissigen Kritiker und unangenehm im persönlichen Umgang.

War Poe, abgeschirmt von seinen beiden Frauen, sozial und poetisch lange Jahre eine unbedeutende Gestalt gewesen, so hatte sich das durch die öffentlichen Auftritte mit dem berühmten Gedicht *Der Rabe* schlagartig geändert. Er war zum Gesellschaftsereignis geworden und in ein Netz weiblicher Annäherungen, Avancen und Intrigen geraten, aus dem er sich bis an sein Lebensende nicht mehr befreien konnte. Nun, nach Virginias Tod, zappelte er hilflos darin herum.

In New York hatte es mit der bereits erwähnten »Osgood-Affäre« begonnen. Frances Sargent Osgood, eine talentierte Dichterin aus Massachusetts, seit 1835 mit dem Maler Samuel Osgood verheiratet, war von Poe in einem Vortrag am 28. Februar 1845 vor New Yorker Publikum sehr gelobt worden. Kurz darauf lernten sie sich kennen. Sie war zwei Jahre jünger als er. Frances Osgood war von der neuen Stimme im Chor der männlichen Kollegen und Konkurrenten sogleich äußerst angetan. Bereits am 5. April erschien im *Broadway Journal* ein Huldigungsgedicht von ihr auf Poe, das er erwiderte, und es folgten weitere gegenseitige Verbeugungen in der Öffentlichkeit. Mrs. Osgood gehörte wohl zu den wenigen Personen, die Poe ebenbürtig waren. Völlig unbefangen besuchte sie ihn in seiner Privatwohnung. Wann immer Maria Clemm ihren Neffen nach der Art der Beziehung fragte, da sich auch Sissy besorgt gezeigt hatte, meinte er, sie habe rein platonischen Charakter. Über den Wahrheitsgehalt dieser Beteuerungen zu spekulieren ist müßig. Wenn Samuel Osgood noch 1846 ein Porträt des Dichters malte, läßt das auf gute Beziehungen schließen. Vielleicht war Osgood souverän genug, erotische Eskapaden zu tolerieren – oder das

Verhältnis war tatsächlich platonisch-geschwisterlich, wie so oft bei Poe.

Die Romanze zwischen dem Dichter und der Dichterin wurde durch ein Eifersuchtsdrama zerstört. Elizabeth Ellet hieß die Konkurrentin, eine attraktive achtundzwanzigjährige Professorengattin, die poetisch dilettierte. (Diese Amateurliteratinnen ließen sich ihre Gedichte im übrigen gerne von Poe »korrigieren«, bezahlten ihn auch dafür.) Im Dezember 1845 publizierte Poe im *Broadway Journal*, das ihm kurze Zeit allein gehörte, je ein Gedicht von Mrs. Ellet und von Mrs. Osgood. Beide Poeme galten verschlüsselt seiner Person. Schon das war undiplomatisch und führte bei den Frauen zu Irritationen. Bei Eliza Ellet schlug die Schwärmerei in Feindseligkeit um, als ihr klar wurde, daß Frances Osgood Poes Favoritin war. Da verlegte sich die Professorengattin auf Indiskretionen und Intrigen und setzte die Behauptung in die Welt, die arme Mrs. Poe habe ihr bei einem unangemeldeten Besuch in der Amity Street kompromittierende Briefe der Osgood an Edgar gezeigt. Poe kam in eine prekäre Lage, zumal Mrs. Osgood im vierten Monat schwanger war. Um deren Ehre zu retten, bildete sich unter Führung der Salondame Anne Lynch aus den Reihen der *literary ladies* ein Komitee. Sie verlangten von Poe, er solle die Briefe herausgeben, ein Wunsch, dem er schließlich nachkam, um sich und Frances zu entlasten, allerdings nicht ohne die Drahtzieherin, also Mrs. Ellet, zu beschimpfen. Sie solle doch kommen und ihre eigenen Briefe abholen!

Jäh endete damit seine gerade ein Jahr alte Salonkarriere. Poes Unbefangenheit, die selbstbewußte Attitüde des Provinzlers, der auf die Regeln des urbanen Establishments pfeift, hatte ihm die Türen der Salons geöffnet. Nun schlossen sie sich wieder. Einer Duellforderung von Mrs. Ellets Bruder entging er durch ein Schreiben, in dem er sich entschuldigte: Er sei geistig umnachtet gewesen, als er von den Briefen gesprochen hätte, welche die Ellet an ihn gerichtet habe. So etwas käme bei ihm öfters vor.

Die dreißigjährige Anne Charlotte Lynch war unverheiratet und bewohnte zusammen mit ihrer Mutter eine prächtige Villa am Waverley Place. Hier führte sie einen regelrechten Salon, in dem sich auch die Matadore der New Yorker Kulturszene trafen. Im Gegensatz zu europäischen Salons (man denke an Rahel Varnhagens Salons in Berlin) gaben hier allerdings nicht die Männer den Ton an, sondern die selbstbewußten, eigenständigen *literary ladies*.

Bis zum Beginn der Industriellen Revolution Anfang des 19. Jahrhunderts hatten die nordamerikanischen Frauen außerhalb des Haushalts kaum Berufschancen: als Näherinnen, Schneiderinnen, Putzmacherinnen, auch als Lehrerinnen, etwa auf Grundschulen oder im privaten Bereich, doch dies waren schon Ausnahmen (Clotilda Fisher beim kleinen Edgar), denn es fehlten Ausbildungsmöglichkeiten für sie. Allein an Krankenschwestern und Hebammen mangelte es nie. Sie erhielten allerdings keine reguläre Ausbildung, sondern wurden in der Praxis angelernt. Außerdem gab es für Frauen Stellen im Gastgewerbe, als Ladenverkäuferin oder auch im Verlagswesen. Wenn die Frauen hier zum Zug kamen, waren sie meist Angehörige oder Nachfolgerinnen männlicher Verwandter. Frauen mit dem Ziel einer beruflichen Karriere höhere Bildung angedeihen zu lassen, war noch unüblich. Um so stärker blühte eine Art höherer Dilettantismus unter den Städterinnen, meist Gattinnen wohlhabender Männer, die ihre Bildung aus privater Lektüre sowie Lese- und Debattierzirkeln bezogen. In den literarischen Salons von Philadelphia und New York traf sich die weibliche Avantgarde.

Hier hatte Poe anfangs beste Chancen. Aber nach der Affäre um die Ellet und die Osgood wurde er aus dem Salonleben New Yorks ausgestoßen. Zwar wurden später gelegentlich Valentinsgedichte auf ihn produziert, aber er gehörte nicht mehr dazu. »Pestilenzialische Gesellschaft der Literary Ladies« nannte Poe sie vier Jahre später im Rückblick.

Der Umzug von der Amity Street erst auf die Miller-Farm und dann nach Fordham ins Blütenparadies war auch ein Rückzug ins Idyll gewesen, zusammen mit den bewährten Begleiterinnen Maria und Virginia, wie all die Jahre zuvor. Wenn Poe sich nach Virginias Tod bei Frauen engagierte, dann eher außerhalb von New York.

Sarah Anna Lewis war die Gattin eines Brooklyner Richters, mit dem Poe schon seit längerem bekannt war. Sie hatte ihm 1846 eines ihrer Gedichte zugeschickt, auf das er bewundernd reagierte. Sie schwärmte für ihn als Dichter und als Mensch. Die Familien Lewis und Poe befreundeten sich. Man besuchte sich gegenseitig, Richter Lewis erschien oft bei Maria und Sissy und bot freundlich Hilfe an. Das war für Edgar bei all dem Ärger, den er hatte, eine Wohltat. Mrs. Shew war von Sarah Anna Lewis allerdings wenig angetan. Sie haßte die dicke, aufgedonnerte Person, die sich da in Muddy Clemms kleiner Küche breitmachte.

Begierig nahm Poe in dieser schwierigen Phase jede positive Reaktion auf. Die strengen Maßstäbe, die er in seiner

Literaten-Serie angelegt hatte, stellte er dabei zurück. Aus seiner Leserschaft kamen immer wieder ermunternde Zurufe, wenn auch in relativ geringer Zahl. Nach Zeitungsberichten über die Not des Hauses Poe hatte zum Beispiel eine Dame aus Lowell in Massachusetts ein Gedicht mit dem Titel *An Invocation for Suffering Genius* verfaßt, also eine »Beschwörung für ein leidendes Genie« (*Suffering Servant* ist der leidende Gottesknecht der Bibel – eine Figur aus Jesaja 53, die als Vorläufer des leidenden Gottessohnes interpretiert wird, guten Christen wohlbekannt). Sie schickte es dem Herausgeber des *Home Journal* und früheren Kollegen Poes beim *Evening Mirror*, Nathaniel Willis, und der brachte es im Dezember 1846 heraus. Im Februar 1847 schrieb Poe der Verehrerin: Jane Ermina Locke war ihr Name. Eine intensive Korrespondenz begann, mit wechselseitigen Besuchen und Aufmerksamkeiten.

Annie Richmond, geborene Heywood, stammte ebenfalls aus Lowell. Poe lernte sie kennen, als er durch Vermittlung von Ermina Locke im Juli 1848 dort einen Vortrag halten konnte. Es wurde eine heftige Romanze, unter den Augen von Mrs. Locke. Zunächst hatte er bei einem weiteren Besuch im Oktober im Haus Erminas Quartier genommen, war dann aber bald zu Annie Richmond übergewechselt. Von Ermina konnte Poe nichts erwarten. Er hatte in ihr eine wohlhabende Heiratskandidatin gewittert, bis er erfuhr, daß sie Ehefrau und Mutter von fünf Kindern war. Annie dagegen war jünger und ungebunden, sie besuchte ihn bald darauf in Fordham und freundete sich mit Maria Clemm an. Im April 1849 schrieb Poe für sie das Gedicht *To Annie*, fünfzehn Strophen lang.

Die ernsthafteste Liaison jener Jahre war die zu Sarah

Helen Whitman aus Providence, Rhode Island. Sechs Jahre älter als Poe, hatte sie 1828 einen Bostoner Anwalt geheiratet. Der war 1833 gestorben. Helen Whitman entwickelte sich zu Anfang der vierziger Jahre zu einer leidenschaftlichen Poe-Leserin. Poe lernte sie 1845 bei einem Besuch in Providence kennen. Anne Lynch und Frances Osgood hatten sie über die Lebensumstände des Dichters informiert (beide Freundinnen hatten früher in Providence gelebt).

1848, ein Jahr nach Virginias Tod, trug Sarah Helen auf einer Valentinsparty bei Miss Lynch ein Lobgedicht auf Poe vor. Es wurde am 18. März im *Home Journal* veröffentlicht.

Oh, thou grim and ancient Raven,
From the Night's Plutonian shore,
Oft, in dreams, the ghastly pinions
Wave and flutter round my door –
Oft thy shadows dims the moonlight
Sleeping on my chamber floor!

Romeo talks of »white doves trooping
Amid crows, athwart the night«;
But to see thy dark wing swooping
Down the silver path of light,
Amid swans and dovelets stooping
Were, to me, a nobler sight.
.....

Midst the roaring of machinery,
And the dismal shriek of steam,
While each popinjay, and parrot,

> Makes the golden age his theme,
> Oft, me thinks, I hear the croaking,
> »All is but an idle dream«.
>
> While these warbling »guests of summer«
> Prate of »Progress« evermore,
> And, by dint of *iron foundries*,
> would this golden age restore,
> Still me thinks, I hear the croaking,
> Hoarsely croaking, »Nevermore«.

Das nimmt kongenial vorweg, was Baudelaire später als den »Götzen *Juggernaut*« bezeichnete. Poes Rabe und sein Krächzen werden von Helen Whitman als Menetekel verstanden – als das Menetekel des amerikanischen Fortschrittsglaubens, der dem Ungeist der Maschine huldigt und über Leichen geht, sich aber zugleich heuchlerisch mit einer literarischen Romantik der Schwäne und weißen Täubchen verbindet.

Poe bedankte sich mit der anonymen Zusendung des Gedichtes *To Helen*, das in früheren Varianten bereits in seiner Jugendzeit gute Dienste geleistet hatte – man denke an die verstorbene Mutter seines Schulkameraden, Jane Stanard. Die späte Version klingt lebensgesättigter:

> All' Leben hauchte aus – nur du, du bliebst;
> nur deiner Augen göttlich reines Licht –
> nur der emporgewandten Augen Seele.
> Ich sah nur sie – sie war'n die Welt für mich.
> Ich sah nur sie – sah stundenlang nur sie –
> nur sie, bis still der Mond zur Rüste ging.

Welch wilde Herzenskunde steht geschrieben
auf jenen kristallinen Himmelskörpern!
Welch dunkles Weh! doch welch erhabne Hoffnung!
Welch schweigend heitre See des Stolzes auch!
Welch wagemut'ger Ehrgeiz! doch welch tiefe
unauslotbare Liebesfähigkeit!

Im September machte er der Whitman seine Aufwartung
und bei einem Gang über den Friedhof einen Antrag. Sie
lehnte ab, unter Hinweis auf ihre Kränklichkeit und die
finanzielle Abhängigkeit von ihrer Mutter. Im Oktober versicherte Poe ihr brieflich, er erkenne bei ihr Gedanken, Gefühle, Charakterzüge, Stimmungen, die er bisher allein bei
sich selbst beobachtet hatte und die er noch nie mit einem
anderen Wesen teilen konnte. Daher hege er ihr gegenüber
tiefe Sympathie. Im November, kurz nachdem er Annie
Richmond besucht hatte, kreuzte er alkoholisiert bei Helen
auf. Das erregte ihr Mitleid so sehr, daß sie ihren Widerstand gegen eine Ehe aufgab. Sie glaubte, dem armen Mann
nur als Ehefrau helfen zu können. Die Vorbereitungen liefen
an, andere Verehrerinnen zeigten sich erleichert über Poes
Rettung. Frances Osgood dankte Helen förmlich auf Knien
dafür.

Doch Bekannte der Whitmans und vor allem Helens
Mutter leisteten erbitterten Widerstand. Poe versprach Enthaltsamkeit. In Briefen, die er Mitte November schrieb,
zeigte er sich irritiert über die Verzögerungen. Jedoch hatte
er die Stirn, zur selben Zeit an Annie Richmond zu schreiben: »Ich liebe dich, wie nie ein Mann je eine Frau geliebt
hat.« Im selben Brief berichtet Poe von einer Überdosis des
Opiats Laudanum, die er in einem Hotelzimmer von Pro-

vidence zu sich genommen habe. Ob man daraus einen Selbstmordversuch konstruieren muß, wie die Herausgeber der deutschen Gesamtausgabe das tun, steht dahin. Kurz vor Weihnachten schließlich hat Poe sein Versprechen, den Alkohol betreffend, wieder gebrochen. Da zerschnitt Sarah Helen Whitman die zarten Bande zu ihrem Bräutigam. Nach wie vor schätzte sie ihn als Dichter, und nach seinem Tod erwies sie sich als eine der standfestesten Verteidigerinnen seines Werkes. Doch mit dem Menschen Poe zusammenzuleben, war ihr nicht möglich gewesen.

So umgab den Dichter von 1845 an eine ganze Schar von Frauen, ohne daß ihm daraus wirkliche Liebe oder auch nur Schutz und Unterstützung erwachsen wären. Auf entsprechende Anläufe folgte stets das Scheitern. Die einzige, die immer zu ihm stand, war Maria Clemm, die Mutter seiner verstorbenen Frau.

Poe, Europa und Amerika

Die Jahre 1846 und 1847 hatten Edgar Allan Poe eine Reihe von Katastrophen beschert. Beim literarischen Establishment New Yorks, wo er mit seinem *Raben* so hoffnungsvoll gestartet war, hatte er ausgespielt. Seine Artikelserie gegen die *Literati* und sein ungeschickter Umgang mit den Salondamen hatten massiv gegen die Spielregeln verstoßen. Gegen den Herausgeber des einflußreichen *Evening Mirror*, Hiram Fuller (der die Zeitung 1845 von Morris und Willis übernommen hatte), strengte er einen Prozeß wegen übler Nachrede an, die von einem der Zeitungsautoren, seinem früheren Freund Thomas Dunn English, in Umlauf gesetzt worden war. Dieser Prozeß war der Schlußpunkt. Daß er ihn gewann, konnte ihn nicht aus der Lethargie befreien, die ihn nach Virginias Tod befallen hatte. English hatte auch in seinem Roman *1844* ein bösartiges Porträt eines debilen Trunkenboldes und Amateurpoeten namens Hammerhead gezeichnet, in dem jeder Eingeweihte Poe erkennen konnte. Schließlich, Anfang 1847, als das *Broadway Journal* eingestellt wurde, endeten alle Engagements Poes bei Zeitschriften. Edgar Allan Poe war arbeitslos.

Da kam ein Lichtblick von jenseits des Atlantik. Poe wurde in Europa entdeckt. Welch eine Genugtuung muß das für ihn gewesen sein! Welcher seiner Konkurrenten und Kontrahenten konnte wichtige Besprechungen und Ab-

drucke in England vorweisen, ganz zu schweigen von Übersetzungen ins Französische? Jetzt endlich kam, trotz aller
amerikanischen Borniertheiten, die längst fällige Anerkennung. Jetzt, nach fast zwanzig Jahren, ließ sich realisieren,
was sich Poe in einem Brief vom 22. Dezember 1828 in ju-
gendlichem Überschwang erträumt hatte: »Richmond &
the U. States were too narrow a sphere & the world shall be
my theatre.« – »Die Welt soll meine Bühne sein.«

Poes Bekannter Evert Augustus Duyckinck, der seit 1845
bei Wiley & Putnam die *Library of American Books* heraus-
gab, schrieb im *Home Journal* vom Januar 1847 eine Ko-
lumne unter dem Titel *Ein Autor in Europa und Amerika*.
Dort wies er genüßlich auf den kuriosen Kontrast hin, der
zwischen Poes heimischer Position und seiner europäischen
Reputation klaffte. Daheim werde er von mediokren Schrei-
berlingen *(penny-a-liners)* attackiert, in Europa dagegen kä-
men aufgrund der räumlichen Distanz nur die hervorragen-
den Seiten seines Genies an die Öffentlichkeit.

Im Januar 1846 war bei der Londoner Filiale von Wiley &
Putnam ein Bändchen herausgekommen: *The Raven and
Other Poems* von E. A. P. Die bekannte Dichterin Elizabeth
Barrett-Browning setzte sich in England mit Poes Poemen
auseinander. Der hatte ein Jahr zuvor das Werk der Barrett
für Amerika gewürdigt und ihr das Londoner Bändchen
gewidmet, ohne sie persönlich zu kennen. In der Folgezeit
wurde man in Englands literarischen Gazetten vermehrt auf
Poes Werk aufmerksam.

Auch Frankreich entdeckte Poe für sich. Im Juni 1846 erschien in der Pariser Zeitung *La Quotidienne* die Detektiv-
geschichte von den Morden in der Rue Morgue, allerdings
ohne Angabe des Autors. Nach weiteren Nachdrucken kam

es zu einem Plagiatsprozeß, in dessen Verlauf Poe als der Autor identifiziert und öffentlich gemacht wurde. Im September publizierte die *Revue Britannique* in Paris den *Maelström*. Das alles muß Poe elektrisiert oder besser: mesmerisiert haben.

In Europa, wo er einen Teil seiner Kindheit verbracht hatte, gingen nun also seine Sterne auf. Aber auch in einem übertragenen Sinn ging er dorthin zurück, woher er gekommen war: Der Einfluß der europäischen Literatur auf Poes Œuvre ist nicht zu unterschätzen. In seiner Jugendlyrik hatte er sich an Lord Byron und Percy Bysshe Shelley orientiert. Nach der Pleite von West Point, stellungslos in Baltimore, wandte er sich der Prosa zu. Schnell nahm er auf, was in England und Kontinentaleuropa im Schwange war, und setzte Schwerpunkte. Die Verbindung von *Horror* und *Hoax*, von Schrecken und Ironie, faszinierte ihn, das Zwielichtige und Dunkle zog ihn an. Der im Leben Alleingelassene vermochte sich – zumal bei seiner intellektuellen Sensibilität – nicht an hehren Vorbildern und aufbauender Dichtung zu orientieren. Eine positive Weltsicht setzt zumindest eine Zukunftsperspektive voraus, die Poe in jenen Jahren fehlte.

Daß nach Poes lyrischem Frühwerk eine Zeitlang die Satire dominierte, wird gern übersehen, so sehr überschatten die Horrorfiktionen sein Werk. *Die schwarze Katze*, *Grube und Pendel* oder *Der Fall des Hauses Usher* sind nach wie vor die bekanntesten Texte Poes. Die munteren Literatursatiren der Anfangszeit stehen in der Tradition europäischer Romanparodien. Die Mischung von Groteskem und Arabeskem, wie sie etwa *Bon-Bon* auszeichnet, ist bei Benjamin D'Israeli vorgeformt, Laurence Sterne hat die Satire *Löwe des Tages* beeinflußt. In den späteren Satiren, die seine gesellschaftliche Umwelt karikierten, arbeitete Poe ständig mit dem Instrumentarium und den Versatzstücken europäischer Literatur.

Relativierten bereits die Grotesken ironisch die fixierten Wertmaßstäbe, so wird in den Arabesken die europäische Tradition der *Gothic Tales* weitergeführt. Deren formale und inhaltliche Exzentrizitäten waren gegen die neoklassische Regularität gerichtet, die in der Architektur und Geistigkeit vor allem der Neuenglandstaaten gepflegt wurde. Thomas Jeffersons Villa »Monticello« im Stile Palladios hoch über Charlottesville sowie der Campus der Universität von Virginia mit seinen Säulenreihen und Portiken symbolisieren diese Gepflogenheit – ebenso sinnbildlich ist, daß Edgar Allan Poe aus diesem akademisch-klassischen Ensemble herausgefallen war. Poe war zunächst weniger von der »British Gothic« beeinflußt (Ossian-Kult, Schauerromane wie *Ambrosio the Monk* von Matthew Lewis, auch dessen Balladen *Tales of Terror* von 1799), sondern mehr von der »German Gothic«, der schwarzen Romantik, repräsentiert etwa von Ludwig Tieck, Justinus Kerner oder E. T. A. Hoffmann. Der »English Terror« galt als eher empirisch fundiert, während der »German Terror« phantastischer Natur war. In dem Vorwort zu seinen *Tales of the Grotesque and Arabesque* von 1840 hat Poe solche Zuweisungen allerdings relativiert: »In vielen meiner Werke ist der Schrecken gestaltet; doch kommt er nicht aus Deutschland, sondern aus der Seele.« (»Düsterer deutscher Mystizismus«, »Geist der deutschen Literatur«, »deutsche Schule«: Solche Vorhaltungen wurden ihm in den Kritiken regelmäßig gemacht – um zu betonen, wie wenig amerikanisch seine Texte seien.)

Früh schon hatte Poe neben der Literatur auch die Philosophie Europas rezipiert, insbesondere die romantische Ästhetik. Die Brüder Schlegel hatten die Idee einer universalen Ironie entwickelt, ein Ganzheitskonzept ohne festes Normgefüge. Die Überwindung jeder Borniertheit und Eindimensionalität, die »Einheit und Totalität des Interesses«, von August Wilhelm Schlegel proklamiert, kam Poes Wissensdrang entgegen. Schlegels *Vorlesungen über dramatische Kunst und Literatur* waren 1815 in einer englischen Fassung erschienen. Der juvenile Impuls des Alles-Wollens, die Unfähigkeit zur konzentrierten Bündelung blieb für Poe typisch. Noch 1846 verwahrte er sich dagegen, daß man diejenigen seiner Texte, in denen ein kühl-analytisches Denkmodell vorherrschte, als repräsentativ für sein Werk ansehe. Er betonte dessen Vielfalt *(wide diversity and variety)*. Dem kam die romantische Poetologie entgegen, war ihr doch die Fülle poetischer Blickwinkel eingeschrieben. Die spielerische Auffassung der fiktionalen Welt führte Poe in Konflikt mit der ernsten Zucht didaktischer Dichtung, wie sie im damaligen Amerika vorherrschte, jedenfalls bei den Eliten.

An einem wichtigen Punkt setzte er sich allerdings vom Hauptweg der deutschen Romantik ab: Er glaubte nicht an das spontane Genie. Zum Genius gehörten seiner Meinung nach Reflexivität, Rationalität, Kalkül, handwerkliches Können. Theodor W. Adorno nannte Edgar Allan Poe und Charles Baudelaire die ersten »Technokraten der Kunst«. Der Vorrang des Formalen bekam später bei den französischen Symbolisten Konjunktur. Bis es soweit war, mußten erst die kanonisierten Inhalte aufgelöst werden. Dem hat die deutsche Romantik mit ihrem Ironiekonzept vorgearbeitet. Poe schloß sich dieser Richtung voller Zustimmung an.

Poe zeigte schon früh ein Sensorium für die Eigenständigkeit der Form. Samuel T. Coleridges Würdigung des Wertes der Wörter beeindruckte ihn. »Von Coleridge kann ich nur mit Ehrerbietung sprechen«, schrieb er. Schon als Kind hatte er Sinn für den bloßen Klang der Wörter gehabt. Ein Mitschüler erinnerte sich, daß Poe 1822 auf Clarkes Schule in Richmond die Oden des Horaz las und sie »so oft vor meinen Ohren wiederholte, daß ich allein vom Klang her viele Wörter auswendig lernte, bevor ich ihre Bedeutung begriff«. Das hielt sich ein Leben lang: 1848 berichtete Annie Richmonds Schwester Sarah Heywood von einem Vortrag, den Poe so perfekt intoniert und rhythmisiert habe, mit so vollkommener Aussprache, daß er die Verse fast gesungen habe.

Auf jeden Fall baute er schon in jungen Jahren Coleridges Position für sich aus. Immer wieder verwies er in seinen Essays auf den Wert der Klangfarben und Wortwiederholungen, auf die Musikalität der Sprache. Die Schönheit des Sprachlichen unterschied er von den Inhalten. »Ein leidenschaftliches Gedicht ist ein Widerspruch in sich«, dekretierte er lapidar. Die Leidenschaft sei in poetische Klänge, in Elegie oder Melancholie umzusetzen – genau wie Farben und Formen erst den Gegenstand des Gemäldes schön machten. Diese Ansichten verraten europäischen Einfluß, im Amerika der Poe-Zeit war die Dichtung auf Inhalte fixiert – vor allem im Bostoner »Froschteich«.

Doch auch Ralph Waldo Emersons »Transzendentalismus« hatte europäische Wurzeln. Beide kulturelle Antipoden, Poe und Emerson, einte das Interesse an deutscher Philosophie und Dichtung. Emerson folgte einem philosophischen Weltbild (Immanuel Kant und Gefolge), das die

Romantiker überwinden zu können glaubten. Vereinfacht gesagt: Emerson rezipierte die »Tagseite«, Poe die »Nachtseite« Europas. Vom deutschen Idealismus beeinflußt, setzte der Philosoph und Theologe aus Harvard auf eine säkulare Ideenwelt, die zugleich platte Empirie und engstirniges Christentum transzendieren sollte. In der Ethik befürwortete er die Maxime »Du sollst, denn du kannst!«, in der Ästhetik die ernste, strenge und regelmäßige Idee des Schönen. Eindeutigkeit in Erkenntnis, Praxis und Kunst: ein pragmatisch abgewandelter Idealismus.

Poe knüpfte ebenfalls an diese europäische Tradition an, allerdings ausschließlich in der ästhetischen Sphäre. Das Schöne darf – anders als bei Emerson – gerade *nicht* dem Wahren untergeordnet werden. Das Schöne wird sogar noch gesteigert, wenn es sich mit dem Morbiden und Zwielichtigen verbindet, dort, wo die Nachtseiten von Geist und Natur aufeinandertreffen. Mit »Nachtseite« ist all das gemeint, was nicht rational erklärt, ethisch gelenkt, pädagogisch gezähmt, pragmatisch geplant und gestaltet werden kann: die Alpträume, die Neigungen zum Bösen, Perversionsgelüste, geheimnisvolle Bedrohungen, Spukgespinste, sexuelle Abartigkeiten, morbide Erschlaffungen.

Poe hat diese Seite der europäischen Romantik nach Amerika importiert – und wurde nicht akzeptiert. Seine Zeitgenossen mögen ihn als Kritiker respektiert haben, auch seine Theorie und Praxis der Kurzgeschichte wurden gewürdigt, aber sein zweifelhafter Ruf machte die Anerkennung seines Werks letztlich zunichte. Er galt als Trunkenbold und talentierter Schwächling – bis heute.

Die Namen Emerson und Poe bezeichnen einen Konflikt, der seit fast zwei Jahrhunderten die amerikanische Kulturgeschichte spaltet. Alexis de Tocqueville charakterisierte Neuengland als einen Landstrich, »wo Erziehung und Freiheit Töchter der Moral und Religion sind, wo der schon alte und seit langem gefestigte Staat Grundsätze und Gewohnheiten ausbilden konnte«. Die dortige geistige Elite entwickelte in der Tat so etwas wie eine »Harvard-Ideologie«: Fortschrittsoptimismus und Nützlichkeitsdenken, Pflege des Körpers und der Gesundheit, Verantwortungsethik, Einbindung in eine akademisch-intellektuelle Tradition von Leitfiguren, Pragmatismus, selbstverständliche Inanspruchnahme von Institutionen, eine klare Botschaft, pädagogisch und politisch verwertbar. Gegen diese Ideologie des etablierten Bürgertums erhob sich eine Stimme aus den Südstaaten, ein intellektueller Einzelgänger und sozialer *underdog*, aus gesellschaftlichen Randgruppen stammend, belastet mit frühkindlichen Traumata, die akademische Ausbildung vereitelt, die militärische Karriere abgebrochen, in äußerst labilen Verhältnissen zeitlebens, weder finanziell noch institutionell abgesichert. Und doch mauserte er sich zu einem beachteten Schriftsteller und führenden Literaturkritiker. Als Vordenker der Moderne gar war er seinen Zeitgenossen weit voraus.

Die Jahre von 1830 bis 1860 hat man hinsichtlich der Vereinigten Staaten eine Periode der Hoffnung genannt. Wirtschaftskrisen waren durchzustehen, doch die Grundtendenz war positiv. In dieser Atmosphäre mußte Poe, ein Poet der Verzweiflung, deplaziert wirken. Der Kontrast, wie er in *The Richmond Compiler* von 1836 angedeutet wurde, ist in der Tat atemberaubend:

Mister Poe liebt zu sehr das Wild-Unnatürliche und Schreckliche. Warum erlaubt er seinem Genius nicht, sich in reinere, hellere und glücklichere Regionen emporzuschwingen? Warum befreit er sich nicht von den Fesseln der deutschen Zauberei und übernatürlichen Bildsprache? Es gibt genügend Felder für die Ausübung hervorragender Talente in den vielfältigen Verflechtungen des menschlichen Lebens, ohne daß man hinabsteigen muß in die dunklen, mysteriösen und unaussprechlichen Kreationen einer liederlichen Phantasie.

Das Dunkel des Unbewußten gehörte im Urteil der Mehrheit nicht zu den eigentlichen Dingen des Lebens, seine Hervorholung galt als pathologisch. Poes ehemaliger Freund Henry Hirst schrieb im Januar 1848 über dessen Gedicht *Der Sieger Wurm*: »Wir bedauern den Mann, der Derartiges zu schreiben vermag. Seine Erzählung oder Gedicht bleibt uns in Erinnerung, als hätten wir mit den größten Qualen, Schrecken und Entsetzen, wenn nicht mit Abscheu an Krebs oder einem Tumor gelitten.«

Die Repräsentanten der Harvard-Tradition, in der die Künste konstruktiv zu wirken haben, konnten mit den – aus ihrem Blickwinkel – pubertären und pathologischen Abseitigkeiten des Einzelgängers Poe wenig anfangen. Ihren Meinungsführern galt er als ein Zukurzgekommener, der im Medium der Auftragsschreiberei seine Defizite zu kompensieren suchte. Man machte den Nichtakademiker und Außenseiter verächtlich. Wie die »Lady of Shalott« in Alfred Tennysons Gedicht starre er in einen Spiegel von Träumen, den Realitäten des Lebens den Rücken zugekehrt.

Emerson nannte Poe einen *jingle-man*, den Klingel-Mann, der auf Töne statt Inhalte setze, in Anspielung auf dessen späte Lyrik – etwa das Gedicht *Die Glocken*, in dem der Inhalt in der Tat zugunsten subtilen Sprachklangs zurücktritt. Mit solchen Hervorbringungen aber hat Poe die moderne Lyrik vorweggenommen. Die erste Strophe von Poes lautmalerischem Gedicht, angeregt durch eine Kirche in der Fordhamer Nachbarschaft, hat Glöckchen an Reiseschlitten zum Thema, die folgenden drei Strophen handeln von Hochzeits-, Alarm- und Stundenglocken.

> Hear the sledges with the bells –
> Silver bells!
> What a world of merriment their melody foretells!
> How they tinkle, tinkle, tinkle,
> In the icy air of night!
> While the stars that oversprinkle
> All the heavens, seem to twinkle
> With a crystalline delight;
> keeping time, time, time,
> In a sort of Runic rhyme,
> To the tintinnabulation that so musically wells
> From the bells, bells, bells,
> Bells, bells, bells –
> From the jingling and the tinkling of the bells.

Die Vorreiterrolle brachte Poe weder Anerkennung noch ökonomischen Erfolg, erst recht keinen Platz im Establishment, das ihn in jeder Hinsicht ablehnte. Auch das unterschied ihn von Emerson, der von James Lowell in *Fable for Critics* so porträtiert wurde: »Ein griechischer Kopf auf rechtschaffenen Yankee-Schultern, dessen Aktionsradius als den einen Pol den Olymp, als den anderen aber den Umsatz hat.« Herman Melville, wie Poe sein Leben lang in Geldnot, kontrastierte in der Satire *The Confidence Man* (1857) den »Mystiker« Mark Winsome (Emerson) mit einem abgerissenen Bettler (Poe). Es geht um Geld, und ersterer weigert sich eiskalt, dem verrückten Gauner zu helfen.

Die Wirklichkeit übertraf die Satire gewissermaßen noch, als Emerson 1844, am Ende einer mehrjährigen Wirtschaftskrise, der Nation verkündete, Geld sei in seinen Wirkungen und Gesetzmäßigkeiten so schön wie Rosen: »Eigentum hält die Welt in Gang und ist immer moralisch. Das Eigentum wird immer dort gefunden, wo die Arbeit, die Weisheit und die Tugend gewesen sind – in den Nationen, in den Klassen und bei den Individuen.« Wo Philosophie und Literatur der Stützung und Leitung der Gesellschaft dienen, wo der ideale Dichter Ästhetik und Gesellschaft versöhnt, da ist der Poet der Nachtseite fehl am Platze, die Armut ihrer poetischen Verkünder nur gerecht.

In Frankreich erstand mit Charles Baudelaire ein kongenialer Bruder im Geiste, der Poe hartnäckig verteidigte und protegierte, nicht nur, weil er ihm als Dichter, sondern auch, weil er ihm in seiner Existenzweise so ähnlich war. 1846 begann Baudelaire mit seinen Poe-Übersetzungen, die ihn sein Leben lang begleiteten. Einem Freund gegenüber bekannte er:

Weißt Du, warum ich Poe mit einer solchen Geduld übersetzte? Weil er wie ich war. Beim ersten Mal, als ich ein Buch von ihm öffnete, sah ich mit Entsetzen und Entzücken nicht nur Sujets, von denen ich geträumt hatte, sondern auch Sätze, an die ich gedacht und die er bereits zwanzig Jahre früher formuliert hatte.

Baudelaire konnte Poes Existenz als *poète maudit* nur zu gut nachvollziehen: »Edgar Poe, der Trunkenbold, der Arme, der Verfolgte, der Paria, gefällt mir mehr, als wenn er gleichmütig und *tugendhaft* wäre, mehr als ein Goethe oder ein Walter Scott.« Hier spricht sicher auch eigene Erfahrung mit. Baudelaires Einführung in Leben und Werk Poes beginnt mit Sätzen wie Peitschenhiebe:

Es gibt unausweichliche Verhängnisse; es gibt in der Literatur jedes Landes Menschen, die das Wort *guignon* in geheimnisvollen Zeichen in die gewundenen Falten ihrer Stirn geschrieben tragen. Vor einiger Zeit wurde den Gerichten ein Unglücklicher zugeführt, auf dessen Stirn die seltsamen Worte *pas de chance* eintätowiert standen. So trug er überall das Etikett seines Lebens mit sich herum, wie ein Buch seinen Titel, und als man ihn verhörte, zeigte es sich, daß seine Existenz seiner Aufschrift entsprach. In der Literaturgeschichte gibt es ähnliche Schicksale. Man sollte meinen, der blinde Engel der Vergeltung hätte sich gewisser Menschen bemächtigt, um sie aus Leibeskräften auszupeitschen, zur Erbauung der anderen. Durchforscht man jedoch aufmerksam ihr Leben, so wird man ihnen Talente, Tugenden, Liebenswürdigkeit nicht absprechen können. Die Gesellschaft verhängt einen eigenen Bannfluch über sie und legt ihnen Charakterfehler zur Last, die ihre Verfolgung erst in ihnen hervorgerufen hat.

Bei diesen Worten führte der Haß Baudelaires Feder, der Haß auf die durchschnittliche Mentalität der Amerikaner, die Poe verschmähten:

> Aus sämtlichen Dokumenten, die ich gelesen habe, ergibt sich für mich, daß die Vereinigten Staaten für Poe nur ein riesiges Gefängnis waren, das er mit der fiebrigen Unrast eines Wesens durcheilte, das geschaffen war, um in einer Welt zu leben, wo reinere Lüfte es erquickten, – nur eine einzige große Barbarei mit Gasbeleuchtung, – und daß sein inneres, geistiges Leben, als Dichter oder selbst als Trunkenbold, nichts als ein unablässiges Bemühen war, dem Einfluß dieser abstoßenden Umwelt zu entrinnen. Erbarmungslos ist die Diktatur der öffentlichen Meinung in den demokratischen Gesellschaften; man erwarte von ihr weder Mitleid noch Nachsicht, noch Geschmeidigkeit in der Anwendung ihrer Gesetze auf die vielfältigen und vielverschlungenen Fälle des moralischen Lebens. Es ist, als wäre aus der ruchlosen Liebe zur Freiheit eine neue Tyrannei entstanden, die Tyrannei der Tiere oder Zookratie, die in ihrer grausamen Fühllosigkeit dem Götzen *Juggernaut* gleicht.

Für Baudelaire stand fest: »In Paris, in Deutschland hätte er Freunde gefunden, die ihn verstanden und ihm geholfen hätten; in Amerika mußte er um sein Brot kämpfen.«

Poe hat dem Prinzip des *l'art pour l'art*, wie Baudelaire es propagieren würde, mächtig vorgearbeitet: Nicht die hohen Inhalte adeln demnach die Poesie, sondern ihr Spiel mit sich selbst: »Phantasien von exquisiter, zartester Feinheit, die man nicht als Gedanken bezeichnen kann – Schatten von

Schatten« seien es, die Seele und Intellekt verweben, »ein Hauch, ein Schimmer der seelischen Überwelt – Impressionen der Seele« (aus Poes *Marginalien*). Der Poet, der Erzählungen mit solch alptraumartig drastischen Inhalten schuf, erfand eine Poetologie, in der es um erlesene Feinheiten geht, die didaktisch kaum zu vermitteln sind. Deshalb diente ihm die Musik wieder und wieder als Vorbild für seine Poesie. Musik rühre uns ihrer Schönheit wegen an, ohne uns belehren oder uns etwas mitteilen zu wollen:

> Ich werde zutiefst erregt von Musik und von einigen Gedichten – denen von Tennyson besonders – den ich, mit Keats, Shelley, Coleridge (gelegentlich) und ein paar andern von ähnlichem Gedanken und Ausdruck, als die *einzigen* Dichter betrachte. Musik ist die Vollkommenheit der Seele oder die Idee der Poesie.

So in einem Brief an Lowell vom 2. Juli 1844. Auch die Mathematik, deren Verbindung mit der Poesie Poe in der Romantik vorgeprägt sah, hat diesen Charakter des zweckfreien In-sich-selber-Klingens.

In dem Essay *Das poetische Prinzip* von 1849 dekretierte Poe, ein Gedicht solle – und zwar in möglichster Kürze, nicht weitschweifig – durch Erhebung der Seele erregen. Allein das Schönheitsempfinden sei anzusprechen. Der Inhalt dürfe allenfalls elegisch stimulieren, aber keine sentimentalen Herzensvereinigungen zwischen Figur und Leser stiften. Schon gar nicht dürfe ein Poet der *Häresie des Didaktischen* verfallen:

Während die epische Manie – die Vorstellung, daß für poetische Verdienstlichkeit das Weitschweifige unerläßlich sei – seit einigen Jahren allmählich im öffentlichen Bewußtsein abklingt, und zwar dank ihrer eigenen Absurdität, sehen wir an ihre Stelle eine neue Häresie treten, die zu offenkundig falsch ist, um lange geduldet zu werden, in der kurzen Zeit ihres Bestehens aber wohl mehr zum Verderbnis unserer poetischen Literatur beigetragen hat als ihre sämtlichen Feinde zusammen. Ich spreche von der Häresie des Didaktischen. Man hat, implizit und explizit, direkt und indirekt, vorausgesetzt, Wahrheit sei das letzte Ziel aller Dichtung. Jedes Gedicht, heißt es, müsse eine Moral einschärfen; und nach dieser Moral sei der dichterische Wert eines Werkes zu beurteilen. Zumal wir Amerikaner haben diese treffliche Idee begünstigt. Wir haben uns in den Kopf gesetzt, daß die Verfertigung eines Gedichtes einfach um seiner selbst willen und das Eingeständnis, dies allein sei unsere Absicht gewesen, auf das Schuldbekenntnis hinauslaufe, wir ermangelten zutiefst dichterischer Würde und Kraft. Dagegen steht fest, daß wir – verstatteten wir uns nur einen Blick in unser eigenes Inneres – dort augenblicklich aufdeckten, daß auf Erden kein würdigeres Werk existiert noch existieren kann – nichts Edleres als eben dieses Gedicht, dieses Gedicht per se – dieses Gedicht, das nur Gedicht ist und nichts sonst, das allein um seiner selbst willen geschrieben ist.

Das ist exakt Baudelaires Prinzip des *l'art pour l'art*. Wahrheit und Poesie sind demnach wie Öl und Wasser. Folglich hat der Inhalt nicht unter den Kriterien der Wahrheit oder

der Ethik zu stehen. Er ist als zweckfreier Gegenstand Kristallisationspunkt für das Wesentliche des *Gesanges*: für die Töne, die Klangfarben, die Rhythmen und Klangverbindungen, also für die *Form*. In diesem Sinne ist vor allem Poes späte Lyrik der »Emanzipation des Kalküls« zuzurechnen. In *Der Rabe*, Poes berühmtestem Gedicht, begründen die Monotonie der Wiederholungen *nothing more, evermore, nevermore* und andere Klangphänomene die poetische Hauptwirkung. Ähnliches gilt für die Ballade *Ulalume* (1848) und das Liebesgedicht *Annabel Lee* (1849):

It was many and many a year ago
In a kingdom by the sea,
That a maiden there lived whom you may know
By the name of Annabel Lee; –
And this maiden she lived with no other thought
Than to love and be loved by me.

She was a child and I was a child,
In this kingdom by the sea,
But we loved with a love that was more than love –
I and my Annabel Lee –
With a love that the wingéd seraphs of Heaven
Coveted her and me.
…

For the moon never beams without bringing me dreams
Of the beautiful Annabel Lee;
And the stars never rise but I see the bright eyes
Of the beautiful Annabel Lee;
And so, all the night-tide, I lie down by the side

Of my darling, my darling, my life and my bride,
In her sepulchre there by the sea –
In her tomb by the side of the sea.

Die Übersetzung ins Deutsche kann nur ein matter Wider-
klang des Originals sein, weil die Töne nur im Amerikanischen klingen:

Es war vor so manchem und manchem Jahr
in dem Seereich, nicht weit von hie,
daß ein Mädchen dort lebte, wunderbar,
mit dem Namen Annabel Lee: –
und dies Mädchen, es lebte dem einzigen Sinn,
mich zu lieben, wie ich liebte sie.

Sie war ein Kind und ich war ein Kind
in dem Seereich, nicht weit von hie,
doch uns einte, was mehr noch als Liebe war, –
mich und lieb Annabel Lee –
und so blickten am Ende die Seraphim selber
begehrlich auf mich und sie.
…

Der Mond mir nicht blinkt, ohn’ daß Träume er bringt
von der lieblichen Annabel Lee;
in den Sternen gewahr ich die Augen klar
meiner lieblichen Annabel Lee;
und so lieg alle Nachtzeit ich wachend zur Seit’
meiner Lieb’, der ich lebte, die einst ich gefreit,
in dem Grabe, nicht weit von hie –
in der Gruft, nicht weit weg von hie.

Kindheit und Jugend in Abgrenzung gegen die ältere und weisere Erwachsenheit, der Tod einer schönen Frau und die morbide Todessehnsucht: In diesem Gedicht aus Poes letztem Lebensjahr sind die Hauptmotive seiner Dichtung versammelt. Doch Form und Klang haben sich von den Inhalten losgelöst.

Valéry sagte über Poe: »Ich verehre die Theorien Poes mit ihrer Tiefe und ihrem hinterhältigen Wissen; ich glaube an die Allmacht des Rhythmus und besonders an die suggestive Wendung.« Es ist dies die »Grunddissonanz der modernen Poesie«: »So wie sich das Gedicht vom Herzen getrennt hat, so trennt sich Form vom Gehalt. Ihre Rettung ist nur eine solche der Sprache, während der Gehalt in seiner Ungelöstheit belassen wird.« (Hugo Friedrich) In Mallarmés Gedicht *Sainte* von 1884 etwa singt die Sprache, und Alltagsgegenstände werden zu Aufhängern für subtile Sprachklang-Kompositionen. Bereits in *Tamerlane* jedoch hatte der junge Poe 1826/27 gedichtet:

> So streiften die Augen wohl dann und wann
> durch alter Bücher Seiten hin,
> bis sie auf einmal das Filigran
> der sinnreichen Lettern verschmelzen sahn
> zu Phantasien – ganz ohne Sinn.

Auch Baudelaires »künstliche Paradiese« wurden, wie schon gesagt, von Poe vorweggenommen, etwa in den Monomanien des Egaeus in *Berenice*, noch deutlicher in den Erfahrungen des Augustus Bedloe in *Geschichte aus den Rauhen Bergen* von 1844:

Derweil tat das Morphium seine gewohnheitsmäßige Wirkung – die nämlich, der gesamten Außenwelt ein hochgespanntes Interessant-Sein zu verleihen. Im leisen Zitterrascheln eines Blattes – im Farbschatten eines Grashalms – im Formgebilde eines Kleeblatts – im Summen einer Biene – im Schimmern eines Tautropfens – im Hauch des Windes – in den linden Düften, die vom Walde herüberstrichen – in all diesem tat sich eine ganze Welt von Suggestionen auf – all diesem entstieg ein lustiger und buntscheckiger Zug von rhapsodischen und unmethodischen Gedanken.

Poe kannte Thomas De Quinceys *Confessions of an English Opium Eater*, 1821 zweiteilig im *London Magazine* und 1822 als Buch erschienen. Es ist ein Lob auf das »gerechte, feine und alles besiegende Opium, ... das bei Arm und Reich für nie heilende Herzenswunden linderndes Balsam bringt«. Der Skandal, den der Text in England verursacht hatte, bebte in den Staaten nach. Daß poetische Entwürfe durch Drogen stimuliert wurden, war nicht neu. Auch Lord Byron und dessen Freunde berauschten sich am Opium. Neu war, daß man sich methodisch Gedanken machte, daß oberhalb der Gefühlswelt eine systematische Reflexionsebene aktiviert wurde. Dies war jenes »Zusammentreffen von Dichtung und ranggleicher Reflexion über Dichtung«, das nach Hugo Friedrich ein Symptom von Modernität ist.

Bedingt durch seine Zeitschriftenjobs und die rege Rezensionstätigkeit, hatte Poe schon früh diese reflektorische Ebene »oberhalb« der Dichtung ausbauen müssen. Seine philosophischen Neigungen schlugen sich in einer Vielzahl von Essays nieder, nicht nur zur Poetologie, sondern über die Ästhetik der Möbel bis hinauf zur Kosmologie. Auch gab er sich, kühle Ratio vorexerzierend, mit ganz konkreten Rechenaufgaben ab. Er ließ sich aus über einen angeblichen Schachautomaten *(Maelzel's Schach-Spieler)*, er schrieb mehrfach über den Mesmerismus, in lässiger Distanz zu den unheimlichen Geschehnissen der Totenerweckung *(Mesmerische Offenbarung* und *Die Tatsachen im Falle Valdemar)*. Auch konstruierte er gerne Kryptogramme und forderte die Zeitschriftenleser auf, Geheimschriften zu erdenken, die er selbst löste: Spiele des Kalküls, Selbstzweck der Logik.

Selbst vor der Welt geheiligter Gefühle macht die Ratio nicht Halt. Wie sinnierte Egaeus über seine Beziehung zu Berenice? »Während der strahlendsten Tage ihrer unvergleichlichen Schönheit schon, hatte ich sie, und das steht fest, niemals geliebt. Mir, in der raren Abnormität meines Wesens, waren Gefühle *nie aus dem Herzen* gekommen; meine Leidenschaften entsprangen *stets nur dem Kopfe*.«

Der unstete Wanderer

Poes Leben war voller gestörter Bewegungsabläufe: Aufbruch ins Ungewisse schon als Kind, gebrochene Jugendzeit, Scheitern in Institutionen der Ausbildung, Stolpern ins Berufsleben, doppelter Anlauf auf die Metropole, Karriere-Aufs und -Abs, das berufliche Ende, das gesellschaftliche Aus, der Tod seiner Frau. In Poes letzten beiden Lebensjahren dominiert das unstete Hin und Her alles andere. Er sprang von Chance zu Chance, von Frau zu Frau, von Ort zu Ort, von Vortrag zu Vortrag, von Kneipe zu Kneipe – keinerlei Stetigkeit mehr.

Dabei hatte Poe kurz nach Virginias Tod eine ökonomische Verschnaufpause einlegen können. Am 17. Februar 1847 wurde Poes Klage gegen Hiram Fuller, unter anderem wegen Verleumdung, vor einer zwölfköpfigen Jury unter Richter Samuel Jones verhandelt. Drei Zeugen attestierten Poe einen guten Charakter: Frederick Thomas, Freeman Hunt, ein Journalist aus New York, sowie Mordecai Manuel Noah, eine wichtige Figur in New Yorks jüdischer Gemeinde, Herausgeber mehrerer Zeitungen. Die Gegenseite versuchte, die satirische Unterstellung Thomas Dunn Englishs, Poe habe Geld unterschlagen, durch Fakten zu stützen. Vergeblich. Die Jury entschied zugunsten Poes und sprach ihm zweihundertfünfundzwanzig Dollar Schadenersatz zu – über ein Viertel des Jahresgehalts, das er bei Graham verdient hatte.

Besucher haben für Juni 1847 in Fordham folgende Szene beschrieben:

> Als wir uns ins Eßzimmer begaben, fanden wir zum Erstaunen der ganzen Gesellschaft den Fußboden belegt mit einem nagelneuen Flickenteppich, ein neuer großer Tisch, mit kostbaren Speisen beladen, Mrs. Clemm präsidierte die Tafel und schenkte aus einer Kanne köstlichen Kaffee aus, der im Lichte der Nachmittagssonne wie Bernstein leuchtete. All das stand in starkem Kontrast zu Poes immer wieder behaupteter äußerster Armut.

Doch ihm, der an ganz anderen Werten als Flickenteppichen und Kaffeekannen orientiert war, konnte dies alles nicht helfen. Seine Unstetigkeit wuchs.

Symptomatisch sind seine endlosen Fußmärsche und Wanderungen. Er pflegte sie zeitlebens. Wie Jugendliche ihre Träume in die Natur tragen und dort in Selbstgespräche versunken mit sich ins reine kommen wollen – so suchte Poe zeitlebens die Zwiesprache mit sich selbst im Umfeld der offenen Landschaft. Jetzt, stellungslos, floh er die Hütte von Fordham, wo er zu ersticken drohte. Immer wieder mußte er hinaus. Selbst an Regentagen sah man ihn am Rande der Bronx entlanghasten. In der Erzählung *Der Park von Arnheim*, die im März 1847 erschien, hat er wunderschöne Naturszenerien entworfen:

> Das Ufer hebt sich in ganz flacher Böschung aus dem Fluß, und bildet ein breites Band aus Gras, das nichts so sehr ähnelt wie einem Samtgewebe, und von einem der-

art strahlenden Grün, daß es den Vergleich mit dem Ton des reinsten Smaragden aushielte ... Dahinter eine Felswand. Der gemeißelte Stein ist wie altersgrau, und verschwenderisch überdeckt & überhangen von Efeu & korallenrotem Geißblatt, von Heckenrose & Waldrebe ... Das Kanu nähert sich dem Großen Tor. Dessen gewichtige Flügel dehnen sich langsam & musikalisch auseinander. Zwischen sie hinein gleitet das Boot, und beginnt seinen rapiden Abstieg in eine Art weiten Amfitheaters hinein, gänzlich von purpurnen Bergen umgürtet, deren Füße, im vollen Umkreis ihres Hingelagertseins, ein schimmernder Fluß bespült. Gleichzeitig offenbart sich das ganze Paradies von Arnheim dem Blick. Ein Erguß zaubrischer Melodien ertönt; ein beklemmendes Gefühl von fremdsüßem Duft stellt sich ein; – ein traumgleiches Sichvermischen hochschlank nahöstlicher Baumgestalten nimmt das Auge wahr – buschiges Blühgesträuch – Heere von gold- & carminenen Vögeln – liliengesäumte Teiche – Wiesen aus Violen, Tulpen, Mohnen, Hyacinthen & Tuberosen – lange verhedderte Linien silbriger Wasserrillen – und, verworrengestaltig zwischen all dem aufschießend, eine halb-gotische halb-sarazenische Architekturmasse, die sich wie durch Wunderkraft schwebend in den Lüften erhält, glitzernd im rötesten Sonnenlicht mit Hundertschaften von Erkern, Minaretten & Zinnen, und einer Geisterhandarbeit ähnelnd, der vereinigten Sylphen, der Feen, der Genien & der Gnomen.

In dieser Erzählung hat Poe auch die vier Grundlagen eines seligen Lebens formuliert: »Körperliche Bewegung in freier Luft und Gesundheit; die Liebe eines Weibes; Verachtung jeglichen Ehrgeizes; ein Gegenstand unablässigen Strebens.« Eine Welt jenseits des garstigen Alltagslebens in den großen Städten, mit ihrer schlechten Luft, ihren intriganten Frauenzirkeln, ihren *pufferies* und Ehrgeizlingen – und die Ökonomie sollte möglichst ganz entfallen. Alles mußte in seligem Streben nach Schönheit aufgehen. Die *Landschaft mit Haus*, so das Szenario in einer seiner letzten Erzählungen, gibt den Rahmen dafür her.

In einem Brief an George W. Eveleth in Maine (der in den letzten Lebensjahren ein wichtiger Ansprechpartner des Dichters war), geschrieben im Februar 1848, schilderte Poe seinen Tageslauf genauso wie den des Glückspilzes Ellison in der idealen Landschaft des *Park von Arnheim*:

Tatsache ist: Meine Gewohnheiten sind rigoros auf Enthaltsamkeit und Mäßigung abgestellt, und ich unterlasse nichts, was von Natur aus der Gesundheit förderlich ist – d. h. ich stehe früh auf, esse eine Kleinigkeit, trinke nichts als Wasser und unternehme lange und regelmäßig Wanderungen in freier Luft. – Aber das alles ist mein privates Leben – mein gelehrtes und literarisches Leben – und das entgeht natürlich den Augen der Welt. Verlangen nach Geselligkeit kommt nur auf, wenn ich durch Drinks aufgeheitert bin. Nur dann gehe ich – genauer: nur dann war ich in Gesellschaft von Freunden. Wer mich selten oder niemals gesehen hat, ohne daß ich durch Drinks aufgekratzt war, meint natürlich, ich sei immer so.

Muß man das auch so verstehen, daß Poe es nur unter Alkoholeinfluß in Gesellschaft aushielt? In seinen letzten Jahren wurde er zwischen der verborgenen Existenz im inneren

Sanctum seines *studious and literary life* und den vielen Reisen hin- und hergerissen, wo es in Gasthäusern notwendig zu geselligen Ereignissen kommt, wenn auch selten unter Freunden.

Im August 1848 machte er in Richmond einem seiner Nachfolger beim *Southern Literary Messenger*, John R. Thompson, seine Aufwartung (Thomas White war 1843 gestorben). Thompson beschrieb Poes Trunksucht wie folgt:

Poe war nicht das, was man einen regelmäßigen Trinker nennt. Er war vielmehr – was schlimmer ist – ein höchst unregelmäßiger. Das Verlangen nach Alkohol befiel ihn wie ein Anfall von Verrücktheit, dem er nicht widerstehen konnte. Nach einem Monat in völliger Abstinenz konnte er für eine Woche völlig von der Schiene sein … Einmal fand ich ihn im Saloon *The Alhambra*, der von Spielern und lockerem Volk frequentiert wurde. Er stand auf einem Marmortischchen und deklamierte Passagen aus seinem damals noch unveröffentlichten *Heureka* an eine buntscheckige Menge, der das so unverständlich war, als trüge er etwas auf Hebräisch vor.

Ein anderer Bekannter notierte, Poes Hang zu Drinks erscheine wie eine Krankheit, keinesfalls als eine Quelle des Genusses oder der Anregung. *King Spirit* als Herrscher – wie *King Pest the First*, der *König Pest* der Erzählung von 1835, die wie *Die Maske des Roten Todes* sieben Jahre später die Feuerschrift unausweichlicher Todeskrankheiten an die Wand wirft. Sind es denn nicht die Schwächen unserer Physis, ob unverschuldet, ob verschuldet, die uns in geistige Hysterie versetzen, wie Sören Kierkegaard die Schwermut umschrieb? Was die selbstverschuldete Krankhaftigkeit betrifft: Poes Alkoholkonsum trug selbstzerstörerische Züge. Wahrscheinlich haben sich in jener Zeit die wenigsten Amerikaner dem maß- und stilvollen Genuß von Getränken hingegeben. Für die meisten war der Alkohol Streßkiller. Unvorstellbar der Alkoholverbrauch in den ersten Jahrhunderten der amerikanischen Geschichte bis 1800. Bei allen Gelegenheiten wurde kräftig zugelangt: Geburt, Beerdigung, Hochzeit, Tanz, Parties, Einführung des Pfarrers oder Bürgermeisters, Collegefeste, patriotische Feiern, politische Feldzüge, Heuen, Getreideernte, Erntedank, Weihnachten: Alles rief nach *King Spirit*. Pastoren und Lehrer waren regelmäßig betrunken. Das bevorzugte Getränk war Rum. In dem kleinen Dorf Wilbraham in Massachusetts wurden bei einer Einwohnerzahl von zirka zweitausend Personen – Kinder mitgezählt – im Jahr 1827 achttausend Gallonen Rum verzehrt (eine amerikanische Gallone mißt 3,7853 Liter). Das waren – nimmt man fünfhundert Erwachsene an – immerhin fast ein Fünftelliter pro Tag und Kopf. Whiskey und Fruchtbrände folgten in der Beliebtheit. Ebenfalls im Jahr 1827 wurden für den Staat Georgia, der ungefähr vierhunderttausend Einwohner hatte, zwei Millionen Gallonen Whiskey produziert, also pro Kopf fünf Gallonen oder neunzehn Liter. Weine und Gin waren nur schwer zu bekommen, für Bier fehlten noch Brauereitechnik und Konservierungsmittel.

In den religiösen Erweckungsbewegungen des 19. Jahrhunderts, dem *Great Revival*, die meist von Einwanderern getragen wurden, sagte man dem Alkohol den Kampf an. Die *American Home Missionary*, die 1800 bereits dreihundertsechzigtausend Mitglieder verzeichnen konnte, steigerte sich bis 1850 auf dreieinhalb Millionen Anhänger und war seit den dreißiger Jahren auch ein politischer Faktor. Zu Poes Lebzeiten gingen von diesen Kreisen eine Reihe von Reformen aus: Gefängnisreform, Gesetze gegen Prostitution und Sklaverei – und nicht zuletzt der Kampf gegen den Alkoholmißbrauch. Poe selber ist in seinem letzten Lebensjahr in Richmond der Temperenzlerbewegung beigetreten.

Poes Wanderungen waren ebenso wie seine *Drink Trips* Ausdruck von Fluchtreflexen und Unrast – denn er hatte seine Ambitionen nicht aufgegeben. Vor allem die Resonanz, die seine Werke jenseits des Ozeans erzeugten, rief er sich wieder und wieder in Erinnerung. 1846 hatte die renommierte *Revue des Deux Mondes* in Paris eine ausführliche Besprechung seiner Erzählungen gebracht, das Blatt *La Démocratie pacifique* eine Übersetzung der *Schwarzen Katze*. Mit dem Zeitschriftenprojekt, das er nach wie vor betrieb, wollte er eine nationale Plattform für internationale Aufmerksamkeit festigen.

Außerdem entdeckte er den *Kosmos* als Thema philosophischer Spekulationen. Bereits acht Jahre zuvor hatte er in Burtons *Gentleman's Magazine* einen zehn Seiten langen Text veröffentlicht: *Die Unterredung zwischen Eiros und Charmion*. Diese *Unterredung* handelte vom möglichen Ende der Welt. Poe folgte der Theorie des schottischen Philosophen Thomas Dick, der in seinem Hauptwerk *The Christian Philosopher* 1837 die These aufgestellt hatte, die von der biblischen Apokalypse vorausgesagte Zerstörung der Welt durch Feuer werde durch die vollständige Extraktion des Stickstoffs aus der Atmosphäre zustande kommen. Weltuntergangsphantasien fanden damals vor allem unter den religiös Erweckten Nahrung, besonders wenn Himmelserscheinungen im Spiel waren. Im November 1833 war über Baltimore ein Meteoritenregen niedergegangen, 1835 hatte Poe den Halleyschen Kometen beobachten können. Im Juni 1839 hatte ein Father Miller in Philadelphia das Weltende für 1843 vorausgesagt.

Das Gespräch zwischen Monos und Una, im August 1841 in Grahams Magazin veröffentlicht, nimmt das kosmologische Thema wieder auf. Poe stellte in diesem Zusammenhang auch ökologische und kulturkritische Überlegungen an: über die Verpestung der Luft und über die Folgen der Technik, auch ist von »rechtwinkligen Unflätigkeiten« die Rede, was an Rudolf Steiners Anthroposophie denken läßt.

Dann folgte ein wissenschaftlicher Essay: *Heureka*, nach der Erzählung von *Arthur Gordon Pym* Poes längster Text, ist ein Welterklärungsversuch mit höchsten philosophischen Ansprüchen. Der Titel gibt den Ausruf »Ich hab's gefunden!«, der dem antiken Mathematiker Archimedes zugeschrieben wird, auf griechisch wieder. Die Erstausgabe von *Heureka*, die 1848 bei Putnam in New York erschien, widmete Poe keinem Geringeren als Alexander von Humboldt, dem deutschen Universalgelehrten.

Poe hat sich immer zu Fragen hingezogen gefühlt, die man als »proto-naturwissenschaftlich« bezeichnen könnte, wie seine Auslassungen zur Elektrizität, zum Mesmerismus und zu Schachautomaten zeigen. Wie Goethe, Georg Büchner, Paul Valéry oder Gottfried Benn gehört Poe zu den nicht allzu häufig auftretenden Schriftstellern, die sich mit Naturwissenschaften beschäftigt und teilweise sogar neue Erkenntnisse befördert haben. Valéry hat nicht zuletzt wegen *Heureka* große Stücke auf Poe gehalten.

1838 war im *Southern Literary Messenger* eine Serie mit dem Titel *Neue Ansichten zum Solarsystem* erschienen, die Poe sicher gelesen, wenn nicht zum Teil selbst verfaßt hatte. Mit *Heureka* griff er nach den Sternen. Etwas manieriert nennt er den Text ein *Prose Poem* – ein Gedicht in Prosa. Er behandelt schwierige metaphysische Grundfragen: das Nichts und das Sein der Dinge, die Theorie der Schwerkraft als der Tendenz aller Dinge, zur ursprünglichen Einheit, dem Nichts, zurückzukehren. (Heute spricht man von Entropie.) Nur durch die Gravitation werde die Materie gleichmäßig im begrenzten Raum der Welt verteilt: Wäre das Universum der Sterne (im Gegensatz zum Universum des Raumes) unbegrenzt, es könnten keine Welten existieren. Alle Materie sei der Einheit, das heißt dem Nichts entsprungen, sie wurde also aus dem Nichts erschaffen. Alle Materie werde wieder zur Einheit des Nichts zurückkehren.

Poe begab sich speziell hier auf ein Terrain, das ihm sonst fern lag. Fragen nach der Entstehung der Welt wurden in Antike und Mittelalter in Mythologie und Religion zu beantworten versucht, ganze Generationen von Priestern, Schriftgelehrten und Metaphysikern stellten sich ihnen. In der Neuzeit rationalisierte und objektivierte man diese Fragen, entkleidete sie ihrer mythischen Beigaben. Auch traten jetzt forschende Individuen, nicht mehr nur Vertreter religiöser Institutionen, als Kosmologen auf, doch verstanden sie sich als Mitglieder einer *scientific community*, die ihre Individualität transzendierte.

Wenn Poe sich kosmologischen Fragen widmete, so indessen nicht in der Kontinuität eines Gelehrtenlebens, das sein Werk einzig diesem Thema gewidmet hätte, sondern als beliebiger weiterer Gegenstand in einem buntscheckigen Œuvre.

Mit positiven Weltsichten hatte Poe bekanntlich nichts im Sinn. So lehnte er auch religiöse Weltbilder ab, die zur Zuversicht aufriefen. Seine einzigen positiven Fluchtperspektiven waren ideale Landschaften oder mathematische Kosmologien. Und natürlich war ihm die Kunst Religionsersatz – jener »Bereich einer makellosen *Schönheit*, wo die Seele in einen Zustand gerät, der in der Elevation so stiller und intensiver Entzückung schon ein Ahnen des künftigen, vergeistigten Lebens in sich birgt und alle irdische Leidenschaft nicht minder transcendiert wie das heilige Feuer der Sonne den schwächlich phosphorescierenden Schimmer des armseeligen Glüh-Wurms«, wie er in *Ein Irrweg der Poesie – Das Überhandnehmen des Didacticismus* (1845) ausführte. Für viele wackere Gläubige jedoch war Poe das lebende Beispiel für den Vers 9 aus Psalm 146: »Aber die Gottlosen führt er in die Irre!«

Religion wie Politik reflektieren Fragen jenseits individueller Kleinsphären. Poe vertrat weder religiöse noch politische oder sozialethische Auffassungen von nennenswertem Gewicht. An sozialer Gerechtigkeit, kulminierend in der Sklavenfrage, war er nicht interessiert. Er war so sehr mit den eigenen Problemen beschäftigt, daß ihn die anderer kalt ließen. Und Solidarität oder gar politisches Engagement verbot ihm sein Individualismus, nicht zuletzt auch seine »vornehme« Distinktion allen Massenphänomenen gegenüber. Die Dichtung bot nicht nur seiner Individualität Zuflucht, sondern sie selbst durfte auch nicht über sich hinausgehen, etwa als didaktische Dichtung mit Anleitungen zum guten Leben. Sie hatte Selbstzweck zu bleiben. So war Poe auch vom Kern seiner Produktion her der Zugang zu Ethik oder Politik verschlossen – und zur

Religion. Alles kreiste bei ihm um sich selber und um sein Selbst.

Nur in seiner Dichtungstheorie zeigte Poe – der doch sonst alle dichterische Didaktik ablehnte – einen fast missionarischen Eifer. Hier hatte er eine *message*, die er mit einer Inbrunst unter die Leute zu bringen suchte wie sonst nur noch die Erweckungsprediger ihre Botschaft unters schlichte Volk. Neben *Ein Irrweg der Poesie – Das Überhandnehmen des Didacticismus* (1845) lauteten die einschlägigen Essays beziehungsweise Vorträge: *Die Methode der Komposition* (1846), *Die Logik des Verses* (1848) sowie postum *Das poetische Prinzip* (1850).

Wann immer es möglich war, ließ er sich zu Vorträgen einladen. Da er ohne Anstellung war, kam der Zwang des Geldverdienens hinzu. Sein Image als charismatisch-düsterer Poet ließ sich hier erfolgversprechend einsetzen. Als er im Sommer 1847 nach Washington reiste, auch um seinen alten Freund Frederick Thomas wiederzusehen, nahm er mit einer Gruppe Bekannter an der Feier der Abschlußklasse einer *Episcopal High School* teil. Man erkannte ihn, und er war sogleich Gegenstand allgemeiner Aufmerksamkeit. Natürlich ließen Schüler und Eltern ihn nicht eher gehen, bis er zu aller Entzücken den *Raben* vorgetragen hatte. Dafür konnte er sich allerdings nichts kaufen. Wenig später besuchte Poe in Philadelphia Rex Graham, und der mußte ihm zehn Dollar leihen, damit er nach Fordham zurückfahren konnte. Im Oktober beschwörte Maria Clemm den Herausgeber der *American Review*, George Colton, doch wenigstens Poes Gedicht *Ulalume* für einen Abdruck zu erwerben, damit Eddy sich ein Paar Schuhe kaufen könne.

Am liebsten referierte Poe den Stand der amerikanischen

Dichtung oder seine neue Welterklärungstheorie. Im Februar 1848 hatte er in New York vor ungefähr sechzig Zuhörern – es war ein dunkler, stürmischer Abend – über das Universum gesprochen. Zweieinhalb Stunden hielt er sein Publikum mit einer Rhapsodie von äußerster Brillanz in Bann, wie sich der junge Anwalt Maunsell B. Field erinnerte. Er fügte hinzu, Poes Augen hätten geglüht, als würde er den *Raben* vortragen. Wegen der »unverschämten« Länge des Vortrags gab es in der Presse allerdings eher kritische Kommentare.

Wenige Tage später begab sich Poe zu dem Verleger George P. Putnam und fabulierte ihm vor, für *Heureka* wären fünfzigtausend potentielle Buchkäufer zu erwarten. So hoch müsse die Erstauflage mindestens sein! Putnam blieb kühl und abweisend, als einziges Entgegenkommen lieh er Poe einen Shilling für die Rückfahrt nach Fordham.

Putnam riskierte es dann doch, *Heureka* zu drucken – in einer Auflage von siebenhundertfünfzig Exemplaren. Nach einem Jahr waren fünfhundert Exemplare abgesetzt. Vorsichtshalber hatte Putnam noch vor dem Druck im Mai 1848 mit Poe einen Vertrag geschlossen, in dem es hieß:»Nachdem der Verleger die Kosten der Veröffentlichung gedeckt hat, wird er dem Autor zehn Prozent vom Verkaufspreis zahlen von allen verkauften Exemplaren.« Man wüßte gerne, bei welcher Absatzzahl die Kosten gedeckt waren. Der Verkaufspreis betrug fünfundsiebzig Cents, zehn Prozent für den Autor machten bei fünfhundert Exemplaren 37,5 Dollar – keine Summe, mit der man weit kam. Poes Tantiemen lagen hier ohnehin unter dem Durchschnitt. Üblich war die Drittelung: ein Drittel Produktionskosten, ein Drittel für die Buchhändler, ein Drittel für Verleger und Autor hälftig, also fünfzehn Prozent. Washington Irving hatte um 1820 vom Verkaufspreis seines *Sketch Book* vierzig Prozent bekommen, doch das war eine große Ausnahme und seinem Status als Erfolgsautor geschuldet, die *Sketches* hatten wegen ihrer Vorveröffentlichung in Zeitungen bereits einen hohen Marktwert.

Poe wollte bei Vertragsunterzeichnung vierzehn Dollar Vorschuß von Putnam. Zu diesem Zweck mußte er ein zusätzliches Papier unterzeichnen: »Ich verpflichte mich, falls die Verkäufe des Werkes die Kosten bis Januar 1849 nicht abgedeckt haben, den Betrag von vierzehn Dollar zurückzuzahlen. Ebenso verpflichte ich mich, bei besagtem Putnam keine weiteren Anleihen und Vorschüsse zu fordern …« Demütigender kann eine Autorenerwartung kaum auf den Boden der Tatsachen geholt werden. Hier und da gab es begeisterte Rezensionen, die leider ebenfalls nicht realistisch waren.

Im Juli schrieb der Herausgeber des *Morning Express*, James Brooks, über *Heureka*:

Wir wären außerordentlich überrascht, wenn dieses Werk nicht eine tiefgehende Sensation provozieren würde unter den literarisch und wissenschaftlich Gebildeten der ganzen Union. Hinsichtlich ihrer Ungewöhnlichkeit wird Mr. Poes neue Theorie des Universums sicher universale Aufmerksamkeit auf sich ziehen …

Fünfhundert Exemplare Absatz in einem Jahr sprachen eine andere Sprache.

Im Juli 1848 hielt Poe auf Vermittlung seiner Freundinnen Ermina Locke und Annie Richmond in Lowell, Massachusetts (wohin er im Spätherbst 1848 und Sommer 1849 nochmals reiste), einen Vortrag mit dem Titel *Dichter und Dichtung in Amerika*, unter besonderer Berücksichtigung der Poetinnen. Die Zuhörerschaft war hier eher klein. Durch rege Vortragstätigkeit hätte vielleicht so etwas wie ein Abnehmernetz für seine Bücher zustande kommen können, und wenn es nur wenige hundert Personen gewesen wären. Aber die Einladungen blieben sporadisch und hingen von Zufällen ab, keinesfalls stand eine konsequente Strategie dahinter.

In Providence, Rhode Island, hatte er im Herbst 1848 seinen größten Vortragserfolg. Es blieb ein Einzelfall, bedingt durch die Vorarbeit der *literary ladies* und durch Gerüchte um seine Amouren. Sein sprödes Thema paßte kaum dazu. Im Rahmen einer Vortragsreihe vor dem dortigen Lyceum Club stach er unter allen Rednern hervor. Rund sechzehnhundert Zuhörer sollen seinen Ausführungen zum *Poetic Principle* gelauscht haben. Das war in der Zeit, als er um Helen Whitmans Hand anhielt.

Nach wie vor beschäftigte Poe sein Zeitschriftenprojekt *The Stylus. Heureka* war immerhin vollendet worden. Seine Zeitschrift dagegen blieb eine Vision. Im Januar 1848 ließ Poe einen Prospekt drucken:

In der ersten Nummer von *The Stylus* wird der Herausgeber die Publikation eines Werkes beginnen, an dem er die letzten zwei Jahre unablässig gearbeitet hat: Es wird heißen *Das literarische Amerika*. Es wird sich für unsere

Zeit im Detail um ein großes Desideratum bemühen, eine gewissenhafte Bestandsaufnahme nämlich der literarischen Produktionen, der literarischen Personen und der literarischen Angelegenheiten in den Vereinigten Staaten. ... In den Feldern der Künste wird das Magazin obendrein über alles berichten, was in der zivilisierten Welt vor sich geht, und seine Leser wirklich auf dem Laufenden halten. Akkurate Arrangements sind getroffen worden in London, Paris, Rom, Wien.

Der Aufruf, Abonnements anzumelden, war in den Wind gesprochen. Zum einen wurde der Prospekt über Poes Bekanntenkreis hinaus kaum wahrgenommen, zum anderen war die potentielle Leserschaft sehr begrenzt, hatte Poe als Kritiker doch ein Jahrzehnt lang gegen alle Regeln der gesellschaftskonformen Literaturbeurteilung verstoßen. Anerkannt war er nur unter wenigen Kennern. So hatte ihn das Wittenberg College in Springfield, Ohio, im Februar 1847 als Ehrenmitglied in seine *Philosophian Society* aufgenommen. Schließlich kam der rein literarische Charakter des Periodikums hinzu: Nur Magazine mit einem breiten Bild-Themen-Spektrum hatten eine Chance. Sehr nüchtern antwortete George Colton, Herausgeber der *American Review*, im Juli 1847 auf die Anfrage von George Eveleth. »Was Poes Journal betrifft, so werden Sie – offen gesagt – in den nächsten vier Jahren dessen Realisierung nicht erleben. Ein rein literarisches Magazin kann nicht überleben.«

Eine Monatsschrift dieser Art konnte nur durch einen finanzstarken Sponsor am Markt gehalten werden. Eine solche Lichtgestalt erschien Poe in seinen letzten Lebensmonaten: Ein Druckerverleger aus dem kleinen Nest Oquawka in

Illinois, weit weg im Landesinnern – für damalige Verkehrsverhältnisse kaum erreichbar. Grenzenloses Pech war es, daß dieses seit Jahren ersehnte Angebot durch widrige Umstände zunichte gemacht wurde. Poe sollte seinen potentiellen Retter nie kennenlernen.

Edward Horton Norton Patterson vereinte jugendlichen Enthusiasmus mit der finanziellen Potenz eines mittelständischen Druckunternehmers. Zu seinem einundzwanzigsten Geburtstag hatte er im Januar 1849 das Wochenblatt *Oquawka Spectator* samt zugehöriger Druckerei von seinem Vater übernommen. Bereits im Dezember 1848 schickte er Poe unter der Adresse Putnams einen Brief und lud ihn ein, ihm bei der Gründung eines nationalen Magazins zu assistieren. Poe reagierte erst im April 1849, konnte aber glaubhaft versichern, daß der Brief entweder in Putnams Büro oder im Fordhamer Postamt liegengeblieben sei. Er gab seine Zustimmung, artikulierte aber auch Skepsis im Blick auf die Anlage des Magazins, wie Patterson sie vorschwebte – da erinnerte ihn manches an Grahams Gemischtwarenladen. Begeistert war er aber von Pattersons Idee, zwei gesonderte Ausgaben für Ost und West zu vertreiben (wobei »West« damals hieß: das Landesinnere diesseits des Missouri), mit den Verlagsorten New York und St. Louis. Dann explizierte Poe sein eigenes Konzept und präzisierte die Zielgruppe: »Wir müssen hoch hinaus zielen, auf die Intelligenz und die obersten Schichten des Landes (eine Anzahl ausländische Interessenten dazugerechnet).« Für das erste Jahr rechnete er mit tausend Subskribenten, nach zwei Jahren müßten es aber fünftausend sein. Das monatliche Heft sollte sechsundneunzig Seiten im Quartformat umfassen, die Abnehmer hätten fünf Dollar pro Jahr bezahlen müssen.

Patterson überwies Poe im Juni fünfzig Dollar Spesen für eine Fahrt in den Süden und Westen bis nach St. Louis, auf der er Abonnenten werben sollte. Diese Tour wurde Poes letzte Reise.

Das Ende

»Ist, was wir scheinen und schaun im Raum, nur ein Traum in einem Traum?« zweifelte einst ein Achtzehnjähriger in einem Gedicht namens *Ein Traum in einem Traum.* Zweiundzwanzig Jahre später redete er von einem »Fieber«, das »Leben« heiße *(To Annie).* *To Annie* spiegelt eine schwere Krankheit, die Poe im Frühjahr 1849 ans Bett gefesselt hatte, und seine verworrenen Frauengeschichten in Massachusetts. Sein Briefpartner Eveleth beschrieb das Gedicht als »schlicht, fast kindlich; aber wunderschön in seiner Schlichtheit«.

Poe muß sich zu Beginn des Jahres 1849 immer wieder mit Depressionen herumgequält haben. Die Erzählung *Hopp-Frosch,* erschienen in *The Flag of Our Union* in Boston, März 1849, handelt von einem Hofnarren, der den König und dessen Minister bei lebendigem Leibe verbrennen läßt. Diese Erzählung wirkt wie Poes letzte und endgültige poetische Rache. Hier scheint sich sein Haß auf alle auszusprechen, die seinen Lebensplan durchkreuzt hatten: die Vaterfiguren, die ihn in jeder Hinsicht im Stich gelassen hatten, auch die Repräsentanten der Gesellschaft und des geistigen Establishments (Emersons *Representative Men),* die seinen Erfolg vereitelt hatten. Sie alle baumeln am Ende als lebende Fackeln hoch oben in der riesigen Kuppel des Festsaals eines imaginierten Lebens.

Im Juni 1849 war Poe für eine gute Woche nach Lowell in Massachusetts gereist, wo die Eifersucht Jane Ermina Lokkes und Annie Richmonds seine innere Zerrissenheit verstärkte – und als ob das alles nicht genug sei, verliebte er sich dort auch noch in die junge Lehrerin Eliza Jane Butterfield.

Dann ging Poe auf Werbereise für sein neues Magazin. Am Nachmittag des 29. Juni gaben Sarah Lewis und ihr Mann in Brooklyn, 125 Dean Street, ein Abschiedsessen für Poe und Mrs. Clemm. Edgar mußte um fünf Uhr nachmittags auf das Dampfschiff nach Richmond. Mr. Lewis erinnerte sich:

Als Poe sich endlich zu seiner Reise nach Süden verabschiedete, gab es Küsse und Händeschütteln vor unserer Haustür. Er war guter Hoffnung. Wir waren traurig. Und Tränen ergossen sich in Strömen, als er seine »liebe Muddy« küßte und meiner Frau »good-bye« sagte.

Zufällig am folgenden Tag erschien in der *Flag of Our Union* Poes *Sonnet – To my Mother*, sein Dank an Muddy Clemm:

Weil ich denn fühle, daß im Himmel hoch
die Engel, wenn in Liebe sie entbrennen,
von allen heißen Liebesworten doch
kein so verehrendes wie »Mutter« kennen,
drum war's dies Wort, mit dem ich lang dich ehrte –
dich, die als Mutter über mir gewacht
und nun das Herz mir füllt, wo Tod es leerte,
als er Virginias Seele frei gemacht.
Die eigne Mutter, die ich früh verloren,

war nur die Mutter meiner selbst; doch du
bist's jener Einen, der ich Lieb' geschworen,
und mehr mir so, als die in Frieden ruh' –
um so unendlich viel, als mir mein Weib
war lieber als mein eigen Seel' und Leib.

Auf Zwischenstation in Philadelphia, suchte Edgar sofort
eine Bar auf und begann zu trinken. Sein Koffer, der immerhin die Manuskripte zweier Vorträge enthielt, die er in Richmond zu halten gedachte, ging auf dem Bahnhof verloren.
Am Tag darauf wurde er wegen Volltrunkenheit im Ortsge-
fängnis in Gewahrsam genommen. Poe taumelte zwischen
Verfolgungswahn und Selbstzerstörung. Am 2. Juli erschien
er im Studio des Graphikers John Sartain, mit dem er hinsichtlich der neuen Zeitschrift ins Geschäft kommen wollte.
Bleich und verstört, mit einem wilden und angsterfüllten
Ausdruck in den Augen, bat er Sartain um Schutz. Einige
Männer seien hinter ihm her und wollten ihn töten. Nach
brütendem Schweigen stieß er plötzlich aus: »Ich muß meinen Schnurrbart entfernen, dann erkennt man mich nicht so
leicht!« Ob Sartain ihm ein Rasiermesser leihen könne? Da
letzterer einen Vollbart trug, konnte er nicht mit einem solchen Instrument dienen. Aber eine Schere könne er ihm
geben. Poe begab sich ins Bad und schnitt sich den Bart ab.
   In diesem verworrenen Zustand schrieb er am 7. Juli einen Brief an Mrs. Clemm in Fordham:

Ich war derart krank! Hatte ich die Cholera? Oder
ebenso schlimme Krämpfe? Kaum kann ich meinen Stift
halten. Sobald du dieses erhältst, komm bitte sofort! Die
Freude, dich zu sehen, wird unsere Sorgen aufwiegen.

Wir können nur noch zusammen in den Tod gehen. Es hat keinen Sinn, mit mir zu argumentieren. Ich muß sterben. Nachdem ich *Heureka* verfertigt habe, habe ich kein Bedürfnis mehr zu leben ... Du bist mein Ein und Alles gewesen, immer geliebte Mutter, meine liebste und treueste Freundin!

Zwölf Tage später entschuldigte er sich bei Muddy: Eine Attacke von Säuferwahnsinn habe ihn zehn Tage lang in Bann geschlagen, das erkläre den todessehnsüchtigen Brief.

Seinen Koffer fand er im Bahnhofsdepot wieder – doch er war geöffnet und die beiden Manuskripte gestohlen worden. Und damit nicht genug: Da Patterson die fünfzig Dollar nach Richmond zu John Thompson vom *Messenger* geschickt und der sie in Erwartung von Poes Besuch gar nicht erst nach Fordham gesendet hatte, saß der in Philadelphia ohne einen Cent fest. Er sprach bei einigen Honoratioren vor, deren Texte er früher lobend erwähnt hatte, und verbrachte den 12. Juli in Vorzimmern und Büros.

So besuchte er einen seiner jungen Fans, George Lippard, Herausgeber von *Quaker City*. Armselig gekleidet und mit nur einem Schuh sei er die vier Treppen zur Druckerwerkstatt hinaufgekommen und habe Lippard zugeflüstert: »Kein Brot zum Essen, kein Platz zum Schlafen!« Da Lippard gerade die Miete fürs letzte Quartal bezahlt hatte, war er selbst blank. Da machte sich der junge Mann auf die Suche. Doch jedermann war aus der Stadt geflohen. Cholera-Warnungen klebten an den Türen der Zeitungsbüros – und eine gnadenlos heiße Sonne brannte auf die verlassenen Straßen. Am nächsten Tag konnte Lippard bei zwei Kollegen je fünf Dollar lockermachen, Sartain legte noch einen drauf – und abends um zehn Uhr brachten sie Poe auf den Zug nach Baltimore. Am 14. Juli kam er in Richmond an und nahm ein Zimmer im neuen American Hotel.

Mit Pattersons fünfzig Dollar in der Hinterhand kam Poe in Richmond noch einmal auf die Beine. Erst kleidete er sich standesgemäß ein: heller Anzug, Weste, Halstuch, Hut. Hier in seiner Heimatstadt, wie überhaupt in den Südstaaten, umgab ein Nimbus seinen Namen. Am 24. Juli erschien im *Richmond Whig* zur Begrüßung ein Artikel mit Edgar Allan Poes Name als Schlagzeile. »Dieser Gentleman, gebürtig aus unserer Stadt, hat jüngst in Frankreich literarische Anerkennung gefunden.« Auf entsprechende Rezensionen und Abdrucke in Paris wurde hingewiesen.

Dann begab sich Poe als eleganter Gentleman auf Brautschau. Schon ein Jahr zuvor hatte er bei einem Besuch in Richmond die Kontakte zu seiner Jugendliebe Mira aufgewärmt. Jetzt war Elmira Royster die wohlhabende Witwe Shelton. Neben der von Patterson geförderten nationalen Zeitschrift wäre eine Verbindung mit Mira Poes Rettung gewesen. Als er sie an einem Sonntagmorgen in ihrem Haus auf dem Church Hill besuchte, kam es zu folgender Szene:

Ich sagte ihm, ich müsse zur Kirche und ließe niemals etwas dazwischenkommen. Er müsse also wiederkommen. Das tat er und erneuerte seinen Antrag. Er lachte dazu, wirkte aber äußerst seriös. Schon lange habe er über eine Ehe nachgedacht. Als ich diesen Ernst sah, wurde ich selber nachdenklich. Ich sagte, er müsse mir Zeit zur Überlegung geben, falls er nicht sogleich eine Absage riskieren wolle. Da rief er aus: Eine Liebe, die zögern müsse, sei keine Liebe! Lange Zeit blieb er bei mir und war freundlich und wohlgemut. Er versprach, mich regelmäßig zu besuchen.

All die neuen Eindrücke und Rollenspiele überforderten Poe. Heimweh plagte ihn; wie ein Kind sehnte er sich nach seiner »Muddy«: »Wenn ich bei dir bin, kann ich alles ertragen. Aber wenn ich weg von dir bin, fühle ich mich zu elend, um überhaupt noch leben zu wollen«, schrieb er ihr.

Der schwarze Duft der Schwermut wehte um seine Gestalt. Der junge Oscar P. Fitzgerald, später Methodistenbischof, traf Poe an einem heißen Sommertag. »Es war eine Faszination um ihn, die jedermann empfand«, beschrieb er später seinen Eindruck. »Erblickte man ihn unter tausend anderen Leuten, man schaute als Fremder ein zweites Mal und fragte sich: Wer ist das? In einem besonderen Sinne war er *distingué* – ein Mann, der die Prägung des Genius trug und den Zauber einer Melancholie, die einen mit seltsamer Sympathie anzog.«

Elmira Shelton war nicht die einzige Frau, der Poe näherkam. Als er in seiner Heimatstadt herumgereicht wurde, begleitete ihn die junge Literatin Susan Archer Talley. Im August hatte Poe wieder einen Blackout. Er sagte Verabredungen ab und wurde von den Mackenzies, den Pflegeeltern seiner Schwester Rosalie, betreut, die ihn nach mehreren Zusammenbrüchen in ihrem Haus aufnahmen. Susan Talley sah ihn in jenen Tagen:

Er war in ständiger Lebensgefahr ein paar Tage lang. Der Arzt Dr. Carter wies ihn darauf hin, daß noch so ein Anfall in Folge von Alkoholgenuß fatal sein könne. Er hatte lange Unterredungen mit ihm. Poe betonte, wenn Leute ihn nicht dazu verführten, würde er auch nicht einbrechen. Er schwur heilige Eide, nicht wieder rückfällig zu werden. Solange er in Richmond war, hat er sich auch daran gehalten.

Ende August trat Poe dann dem Anti-Alkoholiker-Verein *Sons of Temperance* bei.

Maria Clemm hat er in all den Tagen ohne jede Nachricht gelassen, wohl weil Krankheit ihn daran hinderte. Vielleicht wollte er sie auch nicht beunruhigen. Völlig verzweifelt schrieb Muddy am 4. August an Annie Richmond, vor fünf Wochen habe sie sich von Edgar auf dem Dampfschiff verabschiedet, und seit zwei Wochen habe sie nichts mehr von ihm gehört. Erst am 13. August erreichte sie ein Brief von Eddy, in dem er sie bat, nach Richmond zu kommen. Doch woher sollte sie das Geld nehmen? Ende August bat sie Rufus Griswold, den Poe mittlerweile als seinen Nachlaßverwalter eingesetzt hatte, um eine kleine Summe, »bis ich wieder Geld von Edgar bekommen kann. Ich habe nicht einmal Geld, um in die City zu fahren.«

Seine Freunde und Bekannten richteten Poe so weit auf, daß er schon bald wieder in die Rolle des *literary gentleman* schlüpfen konnte und einen Vortrag im Exchange Hall Concert Room hielt, Eintritt fünfundzwanzig Cents. Die Presse hatte darauf hingewiesen, daß er ein Jahr zuvor mit demselben Vortrag über das Prinzip der Poesie im Providence Lyceum mehr als tausend Personen angelockt hatte. Poe spielte seine Rolle mit Bravour. Von Anfang an – seit den Tagen des ersten Literaturpreises in Baltimore – hatte er in hervorragender Weise die Fähigkeit bewiesen, sich als Dichter zu inszenieren. Daß sein Verhalten in Alltag und Privatleben weit prosaischer war, bekamen seine Zuhörer und Fans meist nicht mit.

Man nahm seinen Vortrag wohlwollend auf, wie sich der Schriftsteller John Esten Cooke erinnerte:

> Der Redner stand in einnehmender Haltung, eine Hand auf dem kleinen Tischchen neben sich. Seine wundervoll klare und musikalische Stimme schlug das Auditorium schnell in seinen Bann. Wer diese sonderbare Stimme einmal gehört hat, vergißt sie nie wieder. Sie ist anders als jede, die ich gehört habe. Der exquisite, wenn auch anstößige Singsang, als er den *Raben* rezitierte, dazu noch andere Gedichte ... Die Lesung endete in vollem Applaus.

Die Concert Hall war bis auf den letzten Platz gefüllt. Poe mußte die Vorstellung eine Woche später wiederholen.

Ein einziger Kritiker fällte ein weitsichtiges Urteil. Der scharfsinnige John Moncure Daniel, damals vierundzwanzig Jahre alt, war mit Poe früher einmal aneinandergeraten. Poe hatte sich im August 1848 von Daniel verleumdet gefühlt und ihn zum Duell gefordert. So weit kam es aber nicht; Poe pflegte solche Drohungen nachträglich zurückzunehmen. Daniel verfaßte nun für den *Semi-Weekly Examiner* eine lange Besprechung von Poes Vortrag. Sie hat prophetische Züge, was die Wirkungsgeschichte des Dichters wie seines Werkes in den USA betrifft:

> Mr. Poe ist ein Mann von unzweifelhaftem Genie. In der Tat: Wir kennen keinen anderen Schriftsteller in den Vereinigten Staaten, der nur halbwegs seine Chance hätte, in

der Literaturgeschichte einen Platz einzunehmen. Aber seine Reputation wird nur auf einem ganz kleinen Teil seiner Kompositionen aufruhen. Unter seinen Gedichten gibt es nur zwei, die nicht abscheulich schlecht sind: *The Raven* und *Dreamland*. Der Großteil seiner Erzählungen sind Erzeugnisse von Mangel und Verdauungsstörung, von Druckteufelchen und Teufeln der Schwermut. Hätte er die Kraft besessen, seine Kreativität *anzuwenden* [auf große Stoffe, D. K.] – wie es die Miltons, Shakespeares und all die anderen Dichterfürsten getan haben –, er wäre ein großer Mann geworden. Doch von solcher Kraft ist nichts zu finden in all seinen Kompositionen. Hätte Mr. Poe aber lediglich Talent besessen anstelle seines Genies, er könnte ein populärer und gut verdienender Mann sein. … Doch noch einmal: Die wenigen Dinge, welche dieser Autor verfaßt hat und die tolerabel erscheinen, sind Münzen mit einer unverkennbaren Prägung. Sie sind in sich selber – *sui generis* – weder vergangen, gegenwärtig oder zukünftig, sie glühen vielmehr in den Diamantfarben der Ewigkeit.

Am ersten Vortrag hatte Poe nicht schlecht verdient, für den zweiten wollte er gleich fünfzig Cents Eintritt nehmen – da müßten hundert Dollar zusammenkommen, wie er sich ausrechnete. In Norfolk, weiter abwärts am James River, hatte er vor einem kleinen, aber enthusiastischen Auditorium eine Lesung gehalten. Der Ertrag reichte, um im Madison House in Richmond eine Rechnung über zwei Dollar zu begleichen, wie er Muddy drei Tage später berichtete. In Richmond hoffte er nun auf ein großes Publikum und versicherte seiner Schwiegermutter: »Meine arme, arme Muddy, ich bin immer noch außerstande, Dir auch nur einen Dollar zu schicken – doch laß den Mut nicht sinken – ich hoffe, daß unsere Schwierigkeiten nun fast vorüber sind.«

In jenen Tagen akzeptierte Elmira Shelton Poes Heiratsantrag. Ihre Bedenken hatten in erster Linie finanzielle Gründe, denn durch den Eheschluß würde sie ihre Unterhaltsquellen verlieren. Ihr Ehemann Alexander Shelton war 1844 verstorben. Sein Testament hatte einen Wert von über hunderttausend Dollar, ein enormer Besitz. Elmira war als einzige Erbin des Vermögens samt aller Einkünfte und Gewinne eingesetzt –»solange sie lebt und meine Witwe bleibt«. Im Fall einer Wiederverheiratung reduzierte sich Elmiras Anteil auf ein Viertel der Nettoeinkünfte aus dem Vermögen. Sie würde aller sonstigen Rechte als Besitzerin und Verwalterin des Vermögens verlustig gehen. Diese Klausel sollte Erbschleicher von der Witwe fernhalten.

Miras Liebe zu Poe – die Möglichkeit, eine Jugendleidenschaft auszuleben – war stärker als alle Bedenken. Sicher tat auch das Renommee des in seiner Heimatstadt gefeierten Poeten ein übriges. Voll Stolz berichtete Poe seiner Muddy von seinen Heiratsplänen. Er wolle sogleich nach New York kommen und sie nach Richmond holen. Ein Brief Elmiras an Mrs. Clemm ging mit gleicher Post ab, in dem sie ihr ihre Liebe versicherte – und: »Gerade habe ich einen äußerst glücklichen Abend mit Ihrem lieben Edgar verbracht, und es wird Sie, wie ich weiß, mit Genugtuung erfüllen zu hören, daß er jetzt all das verkörpert, was Sie immer für ihn gewünscht haben: nüchtern, mäßig, moralisch und vielgeliebt …«

Das war am 22. September. Als Poe zwei Tage später im

Concert Room des Exchange Hotel ein zweites Mal seinen Vortrag hält, sitzt Elmira in der ersten Reihe. Sein Glück muß vollkommen gewesen sein!

Ein Mann liegt in der Gosse. Fahles Frühlicht über den Hafenkais von Baltimore. Möwengekreische. Die Pflastersteine glänzen vom nächtlichen Regen. Pfützen sammeln sich zwischen den Steinen. In den Lagerhäusern beginnt es zu rumoren, von der Chesapeake Bay her weht frischer Wind. Ein Mann ist zusammengebrochen. Wie ein Stoffbündel wirkt er von weitem. Ist er tot, ohnmächtig, volltrunken? Schwer zu erkennen im Morgengrauen. Der Brustkorb zeigt Atembewegungen. Er lebt also. Sein Gesicht wirkt unrasiert, ein kleiner Oberlippenbart, hohe Stirn. Ein schäbiger Strohhut in Greifnähe. Die Möwen lärmen. Der Mann stöhnt, er hat Schmerzen. Wie schäbig seine Kleider sind! Eine abgewetzte Jacke, schmierige hellgraue Hosen, weder Weste noch Halstuch, die Hemdbrust verdreckt. Mittleren Alters der Physiognomie nach. Er röchelt, Speichel rinnt aus dem Mundwinkel. Lallend und in schmutzigen Kleidern wird er zu einem Arzt gebracht, der seine letzten Lebensstunden überwacht.

Da liegt der Mann nun in einem Krankenhaussaal, umgeben von den jämmerlichsten Kreaturen. Womöglich hat er sich wegen seiner Geld- und Alkoholprobleme geschämt und ist in den Suff geflohen. Der Arzt versucht, ihn aufzumuntern, er kennt ihn vom Hörensagen. Plötzlich fährt der Mann hoch und ruft aus: »Das Beste, was ein guter Freund für mich tun kann, ist, mir eine Kugel durch den Kopf zu jagen!« Kurze Zeit später fällt er ins Delirium und phantasiert von einer Fahrt in die unendlichen Weiten um den Südpol.

Dann stirbt er. Es ist der Abend des 7. Oktober, ein Sonntag. Der Mann heißt Edgar Allan Poe.

Was war geschehen? Direkte Zeugen fehlen, aber es läßt sich mit einiger Wahrscheinlichkeit rekonstruieren, daß Poe überfallen wurde. Vielleicht war es das viele Geld, das er bei sich trug, vielleicht die edle Kleidung, die abhanden gekommen war, vielleicht auch Stimmenfang. In Baltimore waren am 3. Oktober 1849 Wahlen: Die Kandidaten für den Washingtoner Kongreß und für das *House of Delegates* des Staates Maryland stellten sich. Stimmenfang (amerikanischer Ausdruck: *cooping*) war üblich, Arme und Fremde die bevorzugten Opfer. Die Methoden der *press gangs* waren schlicht, aber wirkungsvoll: Einsperren und Einschüchtern und das Abfüllen mit Whiskey bis zum Wahlabend. Dann gemeinsamer Wahlgang. Poes Kleiderwechsel wäre dann darauf zurückzuführen, daß seine Schlepper um die Bekanntheit ihres Opfers wußten und es durch Bettlerkleidung tarnten.

Gleichgültig, ob er ihm von anderen eingeflößt worden war oder nicht: Der Alkohol wird ihn vollends aus dem Lot gebracht haben. Verschärfende Umstände werden hinzugekommen sein; denkbar wären chronische Herzschwäche, Diabetes oder Überdruck in einer Hirnhälfte als Ursache für die schnelle Wirkung des Alkohols. Neuerdings wird noch Tollwut als Todesursache ins Spiel gebracht.

Jedenfalls war Poe von einem Droschkenfahrer eingeliefert worden. Dr. John Moran, der Arzt, der ihn ins Spital aufnahm, legte Poes finalen Blackout in die Nacht vom 5. auf den 6. Oktober – und am Abend des Sonntags, dem 7. Oktober, sei Edgar Allan Poe im *Washington Hospital* zu Baltimore verstorben. Andere sehen Poe am Morgen des 4. Oktober, nach dem Wahltag, in der Gosse am Hafen liegen. Im Spital hätte er dann bis zu seinem Tod drei Tage verbracht. Über die Zeit, die zwischen der Einlieferung ins *Washington Hospital* und Poes Tod verstrich – ob es vierzig Stunden waren oder vier Tage –, existieren mehrere unterschiedliche Geschichten. Aber sie alle eint die Kernaussage, daß Poe im Krankenhaus starb. Vor seinem Tod waren angeblich Verwandte aus Baltimore benachrichtigt worden. Doch der Dichter habe sie nicht sehen wollen. Und wichtiger noch: Weder sie noch irgend jemand anderer kam für die Spitalkosten auf. Dr. Moran später:

Das Hospital war keine Wohlfahrtseinrichtung; mein Lebensunterhalt hing allein von den Einkünften des Hauses ab. Die Patienten oder ihre Freunde beglichen die Summe in der Regel im voraus. Um Poe kümmerte sich am Tag der Einlieferung niemand. Er hatte keine Freunde und keinen Cent in der Tasche. Und bis heute habe ich meine Auslagen nicht zurückerhalten.

Viele Jahre später, 1880, wurde ein Dokument gefunden, das Licht in die Affäre zu bringen schien. Ein Joseph W. Walker, als Drucker bei der Zeitung *Baltimore Sun* angestellt, hatte eine Notiz auf einen Zettel gekritzelt. Der Adressat war Poes Freund Dr. Joseph E. Snodgrass. Die Bleistiftnotiz lautet: »*Werter Herr*, da ist ein Gentleman in sehr schlechtem Zustand in Ryans Lokal im vierten Wahlbezirk, der sich Edgar Poe nennt und sich in großer Not zu befinden scheint. Er sagt, daß er mit Ihnen bekannt sei, und ich versichere Sie, daß er sofort Hilfe braucht. – *In Eile, Jos. W. Walker.*«
Alles dreht sich nun um die Frage, wie Poe in diese Bar

gekommen war und so versacken konnte. John Walsh hat kürzlich eine ganz neue Erklärung von Poes mysteriösen Todesumständen vorgelegt. Er kombiniert die Vorkommnisse im Juni 1849 in Philadelphia mit seinem Ende. Demnach waren die Brüder Elmira Shelton-Roysters die Schurken im Stück, und das spielte an zwei noch heißen Oktobertagen zwischen Richmond, Baltimore und Philadelphia. Die Brüder Royster hätten die Eheschließung mit allen Mitteln verhindern wollen und deshalb Poe auf seiner Reise nach Norden mit der Absicht verfolgt, ihm die Ehe »auszureden« – sprich: ihn mit Gewaltandrohung an der Rückkehr zu hindern. Nicht nur auf dem Boot nach Baltimore, sondern auch noch per Bahn bis nach Philadelphia seien sie ihm gefolgt. Das könnte die Szene bei Sartain erklären: Um sie abzuschütteln, veränderte Poe sein Aussehen und machte sich auf den Weg zurück nach Richmond in Miras Arme. Da hätten die Brüder Royster – wieder in Baltimore – zu dem Mittel gegriffen, das Erfolg haben *mußte*: ihn mit Gewalt unter Alkohol gesetzt, ihm eine Flasche Whiskey eingeflößt. Dann würde er in dieser Stadt aufgegriffen werden, Elmira erführe, daß er sein heiliges Versprechen – bekräftigt durch den Beitritt zum Verein der Temperenzler – gebrochen habe. Das müßte wiederum sie von der Heirat abbringen! Und so sei Poe nach Schließung der Bar, in die ihn die Brüder bereits betrunken gesetzt hatten, in der Gosse am Hafen von Baltimore gelandet und am nächsten Morgen aufgegriffen worden.

Wie auch immer: Ob Poe von den *coopers* traktiert worden war, ob er einfach nur mit Freunden getrunken hatte und dann auf den Weg zum Hotel hinschlug, ob er ausgeraubt worden war, ob die Royster-Brüder ihn gejagt hatten, ob er nach dem nächtlichen Sturz und Schlaf am Hafen erst ins Lokal zurückgebracht wurde (wo Walker dann die Notiz verfaßte) oder schließlich nur in volltrunkenem Zustand im Lokal hockengeblieben war: Wir werden es wohl nie erfahren. Sicher ist lediglich, daß er einen einsamen Tod starb.

In Edgar Allan Poes Sterben kommt alles zusammen, was seit seinem achtzehnten Lebensjahr sein Dasein charakterisiert hatte: das Außenseitertum, die einsame Existenz, die Alkoholexzesse, Krankheitssymptome, falsche Freunde, Armut. Sein Leben lang hatte er von der Hand in den Mund gelebt. Jetzt, im Jahr 1849, als immerhin Vierzigjähriger, hatte er zum ersten Mal in seinem Leben eine größere Summe Geldes in der Tasche und – an der Seite von Mira – eine gesicherte Existenz in Aussicht. Hätte man ihn deswegen überfallen und in die erbärmliche Lage gebracht, die zu seinem Tod führte: Es wäre ein schlechter Witz des Schicksals. *Miserable death.*

ANHANG

Zitatnachweis

Vorbemerkungen: Zitate aus Poe werden – wenn möglich – aus der Walter-Ausgabe (GW) gegeben. Manche Manierismen der Übersetzungen Arno Schmidts und Hans Wollschlägers sind zu berücksichtigen und können mitunter irritieren. Offenkundige Übersetzungsschwächen wurden korrigiert und sind in Klammern bei der entsprechenden Stelle angegeben.

Wo – vor allem bei Zitaten aus anderen Quellen – Zumbach als Fundstelle angegeben ist, habe ich mich dessen Übersetzung bedient. Dort findet sich auch die Nennung wenn nicht der Originalquelle, so doch der Fundstelle in älterer Poe-Literatur.

Abkürzungen für Sekundärliteratur: Namen und, falls mehrere Titel, Erscheinungsjahr; GW für die Walter-Ausgabe, PL für das »Poe Log« und Z für Zumbach.

10: Moran 1966, 60f.

Die Poes und die Allans

14: PL 61 / 15: Z 9 / 16f.: Ingram 2 / 20: Norfolk Herald, 26. 7. 11 bei Z 17 / 21: Z 20 / 22. Quinn 32f. / 26f.: Z 33

Aufbruch ins Ungewisse

32: Mabbott I,146 / 33: PL 35 und 26 sowie GW 6,31 / 34: Z 61 / 35f.: GW 4,678 / 36f.: PL 36 und 42 / 39: Z 83 / 40: GW 9,27 (in der ersten Zeile wurde »wär's« durch »blieb's« ausgewechselt, im Original GW 9,26 steht »*lasting* dream«) / 41: Z 75 / 44f.: bei J. Harrison, Virginia Edition, Bd.1,23f. / 44: Z 80 / 46: GW 9,20 (Im Original »And boyhood is a summer sun« wurde in der Übersetzung GW 9,21 mit »Einer Sonne gleicht der Knabenzeit Frist« wiedergegeben, wo doch gerade die Jahreszeitangabe für Poes Lebensverständnis wichtig ist. Diesen Vers habe ich neu übersetzt.) / 48f.: PL 63f. und PL 42f. / 50: GW 9,82 (meine Übersetzung) sowie Z 92

Gastspiel auf der Universität

53: Z 126f. / 56–58: GW 8,634–636 / 59: GW 10,757 / 60: Z 107f. / 61: Z 137 / 62: GW 1,257 / 63f.: Z 144

Soldat Perry

69: GW 2,859f. 71: Z 161 (meine Hervorhebung) / 73: GW 10, 539f. (»dichterischste« wurde durch »poetischste« ersetzt) / 73f.: GW 9,58–63 / 74: GW 9,190f.

Baltimore und das Desaster von West Point

78: Z 172 (meine Hervorhebung) / 80f.: GW 7,460f. / 81f.: GW 3,25f. / 83: PL 99 / 86f.: GW 8,636f. / 87f.: PL 113f.

Die »Freiheit« eines Schriftstellers

93f.: Z 270 / 95: Z 274 / 96–98: GW 3,15–17 / 98: GW 2,674
/ 101: Z 275 / 103: PL 792

Redakteur in Richmond

104: GW 2,556 / 105: Vgl. Charvat, Origins 167ff. / 105–107:
GW 2,556–560 / 108 bei Weissberg 171 und GW 2,610 / 110:
PL 170f. / 111f.: Z 291 / 113f.: GW 8, 642–645 / 115: PL 171f.
/ 119: PL 183 / 119f.: Z 326 / 125: Vgl. Charvat, Profession
283–297 / 128: PL 168 / 129f.: Z 339

New York, erster Anlauf

133: PL 242 / 134: Z 354 / 135: GW 3,112ff. / 136: Zu den Kritiken vgl. PL 249ff. / 137: PL 333 / 139: Z 391

Philadelphia

142f.: PL 259 / 144: PL 248 / 145: Z 379 / 145f.: PL 261f. /
146f.: PL 262 / 147–149: GW 2,662–664 (Um die Verwirrung nicht zu befördern, habe ich mir erlaubt, die etwas manierierte Namenswiedergabe »Ascher« durch die Originalschreibweise zu ersetzen.) / 151: GW 9,353f. / 152f.: PL 322
und Z 406 / 154: PL 299–301 / 155: Charvat, Origins 7–26 /
156: PL 302f. und Z 410 / 158: PL 332 und 327 / 159f.:
PL 346f. / 160: PL 359 / 162: Baudelaire, Werke 2, 317 /
162f.: Z 458 und PL 368 / 164f.: Z 460 / 165f.: GW 8,675f. /
168f.: PL 404–406 / 169: Kerlen 15 und PL 405 / 170–172:
GW 4,733–735 / 173: GW 2,887f.

Die große Ernte

176: GW 4,758f. / 177: GW 4,788 / 178: GW 4,806f. / 180: GW 2,706 / 181f.: Eliot 1252, 1259f., 1269 / 182f.: GW 1,401f. / 183: Zettels Traum, I. Buch, zettel 48 / 184: GW 9,27 / 185: GW 9,243 / 186f.: GW 9,39 und GW 9,97 / 189: GW 1,287 / 190: Eliot 1265 / 193–195: GW 3,243–245 / 196f.: GW 4,542f. / 197f.: GW 4,618f. / 199f.: GW 2,727

New York, zweiter Anlauf

206–208: GW 8,680–683 / 209: Z 546 / 210: GW 10,759 /211f.: GW 9,134 / 213: Z 540 / 214: PL 475f. /217–219: GW 9,391–393 / 221: PL 579 / 222: GW 9,522f. / 223: PL 526 / 224: PL 545f. / 225: Z 567f. / 229: GW 8,698 / 230f.: GW 8,699–701 / 231: PL 659f. / 232: GW 8,684 / 233: PL 563f. und 762f.

Der Tod einer schönen Frau

234: PL 644 / 237: PL 644 / 238: GW 2,675, 678, 679 / 240: Z 610f. / 246f.: PL 729 / 247f.: GW 9,175 / 248: PL 768f. / 249: GW 1, 67f.

Poe, Europa und Amerika

253: GW 1,39 und Hansen/Pollin passim / 255f.: PL 53 und PL 741 / 258: PL 202 und PL 717f. / 259: GW 9,164 / 259f.: Lowell 175; Melville passim; Emerson, Nominalist and Realist, 136 / 260–262: Baudelaire, Werke 2,304,260,316,284 / 263: GW 8,686 / 264: GW 10,679 / 265f.: GW 9,188–191 / 267: Friedrich 40 und GW 9,13; Mallarmés Gedicht *Sainte* bei Friedrich 97f./ 268: GW 4,776 / 269: GW 2, 563

Der unstete Wanderer

271: PL 701 / 271f.: GW 4,620–623 / 272: GW 4, 598f. / 273:
PL 727 / 274: PL 749 / 279: GW 9,364 / 281: PL 720 und
PL 734 / 282: PL 742f. / 283f.: PL 714 / 284: PL 702 / 285:
PL 800f.

Das Ende

287: GW 9,35, GW 9,179 und PL 814 / 288: PL 812 / 288f.:
GW 9, 187 / 289f.: PL 814 und 817 / 291: PL 820 / 291f.:
PL 821 / 292: PL 821f. / 292f.: PL 822 und 829 / 294:
PL 825f. / 294f.: PL 827 / 295f.: GW 8,761 / 296: PL 840 /
297: PL 846 / 299: Z 688 und PL 844 / 300: Walsh passim

Auswahlbibliographie

Werke Edgar Allan Poes

Collected Works of Edgar Allan Poe, ed. by Thomas Ollive Mabbott, Three Volumes, Cambridge/Mass. and London 1969, 1978, 1979 (abgekürzt: Mabbott)
The Complete Works of Edgar Allan Poe, ed. by James Harrison (Virginia Edition), New York 1902
Edgar Allan Poe: *Das gesamte Werk in zehn Bänden*, hg. von Kuno Schumann und Hans Dieter Müller, Olten und Freiburg/Br. 1966 (abgekürzt: GW)
Edgar Allan Poe: *Ausgewählte Werke in drei Bänden*, hg. von Günter Gentsch, Frankfurt/M. 1990

Literatur

Allen, Hervey: *Israfel. The Life and Times of Edgar Allan Poe*, New York 1926
Baudelaire, Charles: *Studien über Poe (1848–1857)*, in: Charles Baudelaire, *Sämtliche Werke/Briefe*, hg. von Friedhelm Kemp, Claude Pichois, Wolfgang Drost, Bd. 2, 255–365, München 1977
Bonaparte, Marie: *Edgar Poe. Eine psychoanalytische Studie*, Wien 1934
Campbell, Killis: *The Mind of Poe and Other Studies*, Cambridge, Mass., 1932

Charvat, William: *The Origins of American Critical Thought 1810–1835*, Philadelphia 1936, reprint New York 1968

Charvat, William: *Literary Publishing in America, 1790–1850*, Philadelphia 1959

Charvat, William: *The Profession of Autorship in America, 1800–1870* (The Papers of William Charvat, edited by Matthew J. Bruccoli), Columbus, Ohio, 1968

Dictionary of American History, ed. by James T. Adams and R. V. Coleman, 5 vols., New York 1951

Eliot, Thomas Stearns: *Von Poe zu Valéry*, in: *Merkur*, Jg. IV (1950), 1252–1267

Emerson, Ralph Waldo: *The Collected Works of R. W. E.*, ed. Joseph Slater and D. E. Wilson, vol. III (Essays: second series; essay VIII: *Nominalist and Realist*), Cambridge, Mass., and London 1983

Emerson, Ralph Waldo: *The Complete Works of R. W. E.*, Centenary Edition, vol. IX: *Poems*, New York 1904

Friedrich, Hugo: *Die Struktur der modernen Lyrik: von Baudelaire bis zur Gegenwart*, Hamburg 1956

Gentsch, Günter: *Poe oder Der Aufbruch in die Moderne* (Vorwort zu den Ausgewählten Werken), Erster Band, V-XLIX, Frankfurt/M. 1990

Hansen, Thomas S./Burton R. Pollin: *The German Face of Edgar Allan Poe. A Study of Literary References in his Work*, Columbia S. C., 1995

Ingram, John H.: *Edgar Allan Poe – His Life, Letters and Opinions* (1880), New York 1965

Kennedy, John Gerald: *Poe, death and life of writing*, New Haven 1987

Kerlen, Dietrich: Edgar Allan Poe. *Elixiere der Moderne*, München 1988

Lauvrière, Émile P.: *Le Génie morbide d'Edgar Poe*, Paris 1935

Lehmann-Haupt, Hellmut: *Das amerikanische Buchwesen: Buchdruck und Buchhandel, Bibliophilie und Bibliothekswesen in den Vereinigten Staaten bis zur Gegenwart*, Leipzig 1937

Lennig, Walter: *Edgar Allan Poe in Selbstzeugnissen und Bilddokumenten*, Reinbek 1959

Link, Franz H.: *Edgar Allan Poe. Ein Dichter zwischen Romantik und Moderne*, Frankfurt/M. und Bonn 1968

Lowell, James Russell: *A Fable for Critics*, In: Smith, Herbert F. (ed.): *Literary Criticism of J. R. L.*, Lincoln 1969, 253–205

Melville, Herman: *The Confidence-Man*, in: *The Writings of H. M.*, The Northwestern-Newberry Edition, vol. 10, Evanston and Chicago 1984

Meyers, Jeffrey: *Edgar Allan Poe: his life and legacy*, London 1992

Moran, J.J.: *A Defence of E.A.Poe* (1885), New York 1966

Ostrom, John Ward (ed.): *The Letters of Edgar Allan Poe*, New York 1966

Philipps, Mary E.: *Edgar Allan Poe – The Man*, Chicago/Philadelphia/Toronto 1926

The Poe Log. A Documentary Life of Edgar Allan Poe 1809–1849, ed. by Dwight Thomas and David K. Jackson, New York 1987 (abgekürzt: PL)

Quinn, Arthur Hobson: *Edgar Allan Poe. A Critical Biography*, New York 1941

Rosenheim, Shawn (ed.): *The American Face of Edgar Allan Poe*, Baltimore 1995

Silverman, Kenneth: *Edgar Allan Poe. Mournful and Never-Ending Remembrance*, New York 1991

Sinclair, David: *Edgar Allan Poe*, London 1977

Wagenknecht, Edgar: *Edgar Allan Poe. The Man behind the Legend*, New York 1963

Walsh, John E.: *Midnight Dreary. The Mysterious Death of Edgar Allan Poe*, New Brunswick, N. J., and London 1998

Weissberg, Liliane: *Edgar Allan Poe*, Stuttgart 1961

Wroth, Lawrence C.: *Der Buchhandel von 1784–1860*, In: Lehmann-Haupt, s.o., 82–103, Leipzig 1937

Zumbach, Frank T.: *Edgar Allan Poe. Eine Biographie*, München 1986 (abgekürzt: Z)

Zeittafel

1809   Edgar Poe wird am 19. Januar in Boston geboren.

1809/10   Schauspielverpflichtungen der Eltern in New York. Der Vater David Poe verschwindet für immer.

1810/11   Die Mutter Elizabeth Poe hat diverse Engagements in Richmond (Virginia), Charleston (South Carolina) und Norfolk (Virginia). Ab Herbst 1811 lebt sie mit ihren beiden jüngsten Kindern wieder in Richmond, wo sie bald darauf stirbt. Edgar Poe wird in das Haus von John und Frances Allan aufgenommen.

1815   Die Familie Allan begibt sich nach Schottland und England, Edgar wird in London auf eine private Schule geschickt.

1818   Internat in Stoke Newington bei London.

1820   Rückkehr der Allans nach Richmond, Edgar Allan-Poe besucht die dortigen Schulen.

1826   Beginn des Studiums an der University of Virginia in Charlottesville. Wenige Monate später Abbruch der Grundausbildung in Sprachen, Historie, Literatur.

1827   Ausbruch nach Boston. Versuche, als Journalist oder Schauspieler angestellt zu werden, scheitern. Aus Not tritt Edgar Allan-Poe in die Armee ein; er dient bei der Artillerie auf Fort Independence.

Im Spätjahr wird Poes Einheit verlegt nach Fort Moultrie, Sullivan's Island bei Charleston in South Carolina.

1828 Dienst auf Fort Monroe an der Mündung des James River in Virginia.

1829 Die Pflegemutter Frances Allan stirbt. Poe bewirbt sich um Aufnahme in die Militärakademie von West Point. Aufenthalt in Baltimore bei der Familie seines leiblichen Vaters.

1830 Eintritt als Kadett in die Akademie von West Point.

1831 Entlassung aus West Point und aus der Armee der Vereinigten Staaten. Nach einem kurzen Abstecher nach New York wird Edgar von der Familie Poe in Baltimore aufgenommen. Er bemüht sich um eine Anstellung als Lehrer.

1832/33 Erste Erzählungen, u. a. *Metzgerstein* und *Manuskriptfund in einer Flasche*.

1834 John Allan stirbt, von seiner immensen Erbschaft bekommt Poe keinen einzigen Cent.

1835 Anstellung als Redakteur beim *Southern Literary Messenger* in Richmond. Am 22. September Aufgebot von Edgar und seiner Cousine Virginia Clemm in Baltimore. *Berenice*. Im Herbst ziehen Virginia und ihre Mutter Maria Clemm zu Poe nach Richmond.

1836 Am 16. Mai Eheschließung und presbyterianische Trauung in Richmond.

1837 Poe beendet seine Redakteurstätigkeit in Richmond. Übersiedlung nach New York, Hoffnung auf eine Anstellung bei der *New York Review*. Bis

	1838 Niederschrift des *Umständlichen Berichtes von Arthur Gordon Pym aus Nantucket.*
1838	Umzug nach Philadelphia, dem zweiten Verlagszentrum der Staaten. *Ligeia.*
1839	Redaktionelle Mitarbeit an *Burton's Gentleman Magazine*, wenige Monate später Zerwürfnis mit dem Herausgeber. *Der Fall des Hauses Usher.*
1840	*William Wilson. Der Massenmensch.*
1841	Redaktionelle Mitarbeit an *Graham's Lady's and Gentleman's Magazine* (bis April 1842). *Die Morde in der Rue Morgue. Ein Sturz in den Maelström.*
1842	*Die Maske des Roten Todes.*
1843	Vertrag mit Thomas Clarke über die Herausgabe einer Zeitschrift *The Stylus.* Nach Poes »Auftritt« in Washington Abbruch des Projektes. *Grube und Pendel. Die schwarze Katze. Der Goldkäfer.*
1844	Übersiedlung nach New York. Regelmäßiger Kolumnist beim *Evening Mirror.*
1845	Freundschaft mit der Dichterin Frances Sargent Osgood. Anstellung und Beteiligung beim *Broadway Journal.* Der sogenannte Longfellow-Krieg. Im Herbst Zerwürfnis mit den Partnern, Poe wird alleiniger Herausgeber, aus Geldnot wird das Blatt Anfang 1846 aufgegeben.
1846	In Fordham bei New York wird ein Häuschen gemietet. *Das Gebinde Amontillado.* Louise Shew, ehemalige Arztfrau und Krankenschwester, hilft der kranken Virginia.
1847	Am 30. Januar stirbt Virginia Eliza Poe. Louise Shew »rettet« Poe. *Der Park von Arnheim.*
1847/48	Diverse Reisen nach Philadelphia und Richmond.

1848   Heiratspläne mit der Dichterin Helen Whitman
        scheitern.

1849   *Hopp-Frosch.* Das Projekt *The Stylus* lebt noch-
        mals auf; Poe glaubt, einen Finanzier aus der Pro-
        vinz überzeugt zu haben. Er begegnet seiner Ju-
        gendliebe Sarah Elmira Royster, verwitwete
        Shelton; beide wollen in Richmond heiraten. Für
        seine beruflichen und privaten Pläne reist er von
        New York aus nach Philadelphia, Baltimore und
        Richmond. In Baltimore stirbt er am 7. Oktober.

Personenregister

Bildnachweis

1010

€ 8.—